Frauen · Gesellschaft · Kritik

Band 34

Frauen und nachhaltige ländliche Entwicklung

**Beiträge der III. Internationalen Tagung
»Frauen in der ländlichen Entwicklung«**

Parto Teherani-Krönner
Uta Hoffmann-Altmann
Ulrike Schultz (Hg.)

Centaurus Verlag & Media UG 1999

Die Herausgeberinnen:

Dr. Parto Teherani-Krönner, geb. 1948, Soziologin, ist Leiterin des ergänzenden Fachgebiets Frauenforschung der Lanwirtschaftlich-Gärtnerischen Fakultät der Humboldt-Universität zu Berlin.

Dr. Uta Hoffmann-Altmann, geb. 1959, Gartenbaupädagogin, ist Koordinatorin des Schwerpunktes »Frauen in der ländlichen Entwicklung« an der Humboldt-Universität zu Berlin.

Dr. Ulrike Schultz, geb. 1960, Diplom-Volkswirtin, ist wissenschaftliche Mitarbeiterin an der Humboldt-Universität zu Berlin.

Die Deutsche Bibliothek – CIP-Einheitsaufnahme

Frauen und nachhaltige ländliche Entwicklung :
Beiträge der III. Internationalen Tagung "Frauen
in der ländlichen Entwicklung"/ Uta Hoffmann-Altmann ... (Hg.). –
Pfaffenweiler : Centaurus-Verl.-Ges., 1999
  (Frauen, Gesellschaft, Kritik ; Bd. 34)
  ISBN 978-3-8255-0283-6   ISBN 978-3-86226-399-8 (eBook)
  DOI 10.1007/978-3-86226-399-8

ISSN 0939-4540

Alle Rechte, insbesondere das Recht der Vervielfältigung und Verbreitung sowie der Übersetzung, vorbehalten. Kein Teil des Werkes darf in irgendeiner Form (durch Fotokopie, Mikrofilm oder ein anderes Verfahren) ohne schriftliche Genehmigung des Verlages reproduziert oder unter Verwendung elektronischer Systeme verarbeitet, vervielfältigt oder verbreitet werden.

© CENTAURUS-Verlagsgesellschaft mit beschränkter Haftung, Pfaffenweiler 1999

Satz: Vorlage der Herausgeberinnen
Umschlaggestaltung: impetus Marketinggesellschaft, Berlin

Seite

Inhalt 5

Vorwort 8

Einleitung 9

Abschnitt A
Visionen der nachhaltlichen ländlichen Entwicklung aus der Sicht der Frauen

Parto Teherani-Krönner 21
Feministische Beiträge zur nachhaltigen ländlichen Entwicklung

Heidi Wittmer 30
Sustainability from women's point of view:
Building blocks for the analysis of conflicts of interest

Ines Weller 35
Ansätze der feministischen Auseinandersetzung mit dem bundesdeutschen Nachhaltigkeitsdiskurs

Birte Rodenberg 41
Internationale Frauen-Umwelt-Politik: Globale Diskurse, lokale Erfahrungen

Maimunah Ismail 49
The Role of Rural Women in Sustainable Development: A Malaysian Experience

Rusinah Joned 57
Knowledge and Skills Needs for Development of Rural Woman Entrepreneurs: A Case For Program Development

Soorya Vennila 64
Who is Involved? A Study Explores Links Between Gender and Technology in Irrigated Agriculture in Two Villages of Tamil Nadu

Abschnitt B
Erfahrungsbereiche zur nachhaltigen Entwicklung mit Beispielen zur Ernährung und Ernährungssicherung, Frauen und Wissen sowie Frauen und Umwelt

Martina Kaller-Dietrich 69
Essen oder „nachhaltige" Ernährung?

Bernhard Heindl 75
Vom Herrn der Schöpfung zu den Stifterinnen des Friedens mit der Natur: Männliches Gewinnstreben versus weibliches Fürsorgen

Ulrike Schultz 81
Milk, Meat and Maize – Food, Food security and Changing Gender Identities in Turkana society

Elisabeth Meyer-Renschhausen 87
Zur Leibvergessenheit der Agrarpolitik
Nachhaltiges Wirtschaften als haushälterisches Wirtschaften

Elisabeth Bücking 98
Vorsorge oder Risikobereitschaft? Alltagswissen in der Konfrontation mit neuenTechnologien in der Landwirtschaft

Rita Schäfer 104
Gender Aspekte des lokalen Wissens in Zimbabwe

Bina Desai 110
Knowledge and Sustainability: The Introduction of Agency into Agricultural Research in Northern Ghana

Funmi Soetan 119
Women and the Environment: Women farmers' utilization of environmental resources and sustainability practices in rural South Western Nigeria

Bärbel von Römer-Seel 134
Sozial-ökologische Methoden in Umwelt- und Gesundheitsprojekten mit Frauen auf Java

Jacqueline I. George 143
Women and Nature Sustainability in East Africa

Abschnitt C
Politische Programmatik - Frauen und Agenda 21 - Nachhaltige Strategien für den ländlichen Raum

Susanne Schunter-Kleemann 152
Nachhaltige Entwicklung als Zielsetzung der Europäischen Agrarpolitik?

Karin Bachmann 162
Die Gemeinsame Agrarpolitik der Europäischen Union: Die Bevormundung der „BürgerInnen Europas"

Sabine Voigt 167
Geschlechterdifferenzierung in der urbanen Natur- und Landschaftsaneignung

Bettina Iganski 173
From 'Superwomen' to 'Prosperity Trash'- Women in Rural Development in the former GDR.

Maite Mathes 180
„Selbst"vermarktung, Exempel für die Feminisierung der Arbeit im ländlichen Norden

Helga Purgand 185
Freiheit allein macht nicht satt und auch nicht emanzipiert!
Anmerkungen zur „Frauenfrage" und zum Frauenalltag in Reformstaaten Mittel- und Osteuropas

Veronika Bennholdt-Thomsen 195
Nachwort

Vorwort

Dieses Buch enthält die Beiträge, welche während des 3. Internationalen Workshop „Frauen und nachhaltige ländliche Entwicklung" zur Diskussion gestellt wurden. Die Veranstaltung fand vom 3. bis 5. Juli 1998 im Jagdschloß Glienicke in Berlin statt und wurde von der Landwirtschaftlich-Gärtnerischen Fakultät der Humboldt-Universität ausgerichtet.

Wir möchten allen Beteiligten danken, die uns ihre schriftlich ausgearbeiteten Referate zur Verfügung gestellt haben. Insbesondere wollen wir die Arbeit von Ulrike Schultz hervorheben, die die Überarbeitung der Beiträge koordinierte. Frau Schäfer und Frau Bräuning waren die Motoren der letzten Überarbeitung. Für ihre fachkundige und geduldige Hilfe bei der Korrektur und dem Lay-out sei besonders gedankt.

Das Bundesministerium für Familie, Senioren, Frauen und Jugend und die Deutsche Stiftung für Internationale Entwicklung haben finanzielle Unterstützung gewährt und unsere Landwirtschaftlich-Gärtnerische Fakultät hat es mit der Einrichtung des Fakultätsschwerpunktes „Frauen in der Ländlichen Entwicklung" ermöglicht, sich dieser Thematik zu widmen.

Dr. Parto Teherani-Krönner
Vorstandsvorsitzende des Schwerpunktes
„Frauen in der Ländlichen Entwicklung"

Dr. Uta Hoffmann-Altmann
Koordinatorin des Schwerpunktes
„Frauen in der Ländlichen Entwicklung"

Einleitung

Mit der 3. internationalen Tagung des Schwerpunktes „Frauen in der Ländlichen Entwicklung" der Landwirtschaftlich-Gärtnerischen Fakultät der Humboldt-Universität zu Berlin greifen wir Fragestellungen auf, die in den letzten Jahren auf internationaler Ebene diskutiert wurden und in der Öffentlichkeit ihren Widerhall gefunden haben. Neben der breiten Akzeptanz, die einer "nachhaltigen Entwicklung" entgegengebracht wird, geht es uns vor allem um Problemanalysen aus der Geschlechterperspektive und um Auswirkungen „bisheriger Entwicklungsprozesse" auf die Situation von Frauen im ländlichen Raum. Dabei stützen wir uns auf die Agenda 21 der UN-Umweltkonferenz in Rio/Brasilien, die ausdrücklich eine basisorientierte Beteiligung von Frauen zur nachhaltigen Entwicklung einfordert. Desweiteren beziehen wir uns auf die „Platform of Action" und die „Beijing Declaration" der UN-Weltfrauenkonferenz 1995 in Peking/China sowie auf die FAO-Gipfelkonferenz 1996 in Rom/Italien, wo die Bedeutung von Frauen in der Ernährungssicherung nicht mehr ignoriert werden konnte.

Aus den Beiträgen zu unserer Tagung wird deutlich, daß sich ein Defizit in der Forschung und der politischen Unterstützung der Maßnahmen zur geforderten "Globalen Aktion für Frauen- auf dem Weg zu einer nachhaltigen gleichberechtigten Entwicklung" (Kapitel 24, Agenda 21) abzeichnet. Auch die eingeforderten Rechte zu besserem Ressourcen- und Landzugang für Frauen werden nirgendwo ausreichend berücksichtigt (Kapitel 14 der Agenda 21) und zwar weder im Süden noch im Norden. Insgesamt sind eher Verschlechterungen der Situation der Frauen zu konstatieren, gleichwohl wir auch auf positive Erfahrungen zurückgreifen können und wollen.

Unsere leitende Fragestellung lautet: Wie können wir in Zukunft unser Leben so gestalten, daß wir unsere existentiellen Grundlagen und Ressourcen nicht zerstören und destruktive Asymmetrien unter den Geschlechtern und Kulturen abbauen?

Die Beiträge in diesem Band greifen auf verschiedene Weise und mit unterschiedlicher Gewichtung diese Fragestellung auf: Einerseits werden bestehende Kategorien und Konzepte im Nachhaltigkeits-Diskurs aus feministischer Sicht kritisch beleuchtet, andererseits eine Vielzahl von Beispielen aufgeführt, wie Frauen aktiv ihre konkrete Situation mit Blick auf die Zukunft "nachhaltig" zu verändern trachten. Die Tagung hat dazu beigetragen, unterschiedliche theoretische und methodische Ansätze mit Erfahrungen der Lebenspraxis zusammenzuführen und Widersprüche und Gemeinsamkeiten aus sehr unterschiedlichen Gesellschaften und Perspektiven sichtbar zu machen. Kontroversen haben die Diskussionen im Plenum und am Rande der Workshops befruchtet und mit Leben erfüllt.

In Konfrontation mit Prozessen der Globalisierung wird der interkulturelle Austausch inhaltlich wie politisch für eine nachhaltige Entwicklung notwendig sein. Der Schwerpunkt "Frauen in der ländlichen Entwicklung" hat sich zur Aufgabe gemacht, in diesem Themenfeld ein Diskussionsforum für die Auseinandersetzung verschiedener Positionen und Herangehensweise zu schaffen. Wie auch bei unseren vorangegangenen Tagungen stellt die Begegnung von Frauen mit unterschiedlichem kulturellen Hintergrund aus Industrieländern und nicht industrialisierten Gesellschaften eine Bereicherung für alle Beteiligten dar. Erfahrungen und Aktivitäten von Frauen in den verschiedenen Gesellschaften bieten eine hoffnungsvolle Grundlage für zukunftsorientierte theoretische und praktische Arbeiten und den Austausch von Informationen, den wir ausbauen wollen.

So können erarbeitete Ansätze der Frauen- und Geschlechterforschung immer wieder mit konkreten Erfahrungen aus unterschiedlichen Gesellschaften und ländlichen Gemeinschaften konfrontiert und aktuelle Bezüge zur Theorie und Praxis der Frauenförderung oder der Frauen- und Umweltschutzprojekte im ländlichen Raum hergestellt werden.

Viele am Anfang der Frauenforschung stehende Verallgemeinerungen wurden besonders durch die Beschäftigung mit der Lebenslage von Frauen in den Entwicklungsländern modifiziert. In den letzten Jahren können wir in der Geschlechter- und Frauenforschung die Tendenz zu Fallstudien beobachten, in denen differenziert Alltagserfahrungen von Frauen und Ausformungen des Gechlechterverhältnisses recherchiert und dargelegt werden. Auch dies spiegelt sich in den hier veröffentlichten Beiträgen wider. Wir sehen es als große Herausforderung an, eine Öffnung theoretischer Konzepte für die tatsächliche Vielfalt der Lebensbedingungen und Alltagswelten von Frauen in verschiedenen Kulturen herbeizuführen und Differenzen und Gemeinsamkeiten im Austausch fruchtbar werden zu lassen.

Auf der ersten Konferenz, ein Jahr nach der Gründung des Schwerpunktes der Fakultät (1994), ging es uns zunächst darum, das Forschungsterrain zum Thema „Frauen in der ländlichen Entwicklung" abzustecken, das sich aus der einmaligen Einbettung in die Struktur einer deutschsprachigen Landwirtschaftlich- Gärtnerischen Fakultät ergab. Die Relevanz der Frauen- und Geschlechterforschung in den Agrarwissenschaften sollte, gestützt auf internationale und nationale Erfahrungen, hervorgehoben werden. Die Analyse von Geschlechterverhältnissen und die Suche nach Zukunftsperspektiven für die Entwicklung des ländlichen Raums waren Hauptinhalte der ersten Tagung (Altmann/ Teherani-Krönner 1995). Wir diskutierten theoretische und methodische Ansätze sowie Erfahrungen aus verschiedenen Ländern.

Die Ergebnisse wiesen u.a. darauf hin, daß in Deutschland bei den methodischen Ansätzen in den Frauenprojekten auf dem Land die jahrzehntelangen Erfahrungen aus der Arbeit in den Entwicklungsländern nicht genug reflektiert wurden. Diese Überlegungen führten uns zu der Fragestellung: "Was haben Frauenprojekte im ländlichen Raum gebracht?" Dieses Thema stellten wir daher in den Mittelpunkt unserer 2. Internationalen Konferenz (Teherani-Krönner/Altmann 1997). Der Personenkreis unserer zweiten Konferenz aus mehr als 20 verschiedenen Ländern war zur Teilnahme angereist, um über die vielfältigen Aktivitäten von Frauenprojekten in Afrika, Asien,

Lateinamerika und Nordamerika sowie Europa zu berichten, die wir zu einer reichen Dokumentation zusammenstellen konnten.

Eine in der Diskussion der Arbeitsgruppen der 2. Konferenz aufkommende Frage richtete sich auf Kriterien zum "Empowerment" sowie der Kontinuität und Absicherung von Frauen-Projekten. Haben Frauenprojekte Alibifunktion und sind sie nicht mehr als ein Tropfen auf dem heißen Stein, oder wird durch die – geforderte und geförderte - Partizipation von Frauen in der Entwicklung ländlicher Räume ein qualitativ neuer, zukunftsorientierter Ansatz zur ruralen Entwicklung ins Leben gerufen?

Als Ergebnis wurde ein Forderungskatalog zur Unterstützung der Frauenpolitik in ländlichen Räumen formuliert, den wir zu einem 13 Punkte-Programm zusammengefaßt haben. Dazu gehören strukturelle und institutionelle Verankerung in der lokalen und nationalen Politik, da Frauenprojekte Bestandteil allgemeiner Frauenpolitik auf lokaler, regionaler und nationaler sowie internationaler Ebene sind. Es bedarf umfassender Politikmaßnahmen aus allen Richtungen und Verknüpfungen von Mikro- und Makroebenen sowie Vernetzungen, um die Nachhaltigkeit von Frauenprojekten über die unmittelbare Projektimplementierung hinaus zu gewährleisten. Wirksame Entwicklungsprozesse bedürfen langfristig gesicherter Grundlagen.

Das im Bereich der Frauenforschung und -förderung verwendete Konzept der Nachhaltigkeit muß umfassend sein. Neben ökologischen Kriterien sind ökonomische, soziale und kulturelle Komponenten des Lebensvollzugs der Geschlechter im ländlichen Raum tragend. Dem Diskurs über dieses ganzheitliche Konzept nachhaltiger Entwicklung widmet sich unsere 3. Internationale Tagung.

Die Beiträge bieten kein geschlossenes Werk, wohl aber zeichnen sie ein Bild der Vielfalt mit verschiedenen Aspekten, die im Kontext einer "nachhaltigen Entwicklung" aus Frauensicht mit zu betrachten sind. Die bunte Palette der vielfältigen Ansätze deutet auf die Komplexität unserer Fragestellung hin, die wir nicht in ein übergestülptes gemeinsames Korsett zwingen wollen. Dieses Mosaik an Farben und Schattierungen ist Bestandteil einer Nachhaltigkeitsdebatte aus Frauensicht. Sie lebt aus der Vielfalt, die wir geradezu als essentiell für eine nachhaltige Entwicklung der Kulturen ansehen wollen. Die verschiedenen Beiträge mit unterschiedlichen methodischen und theoretischen Ansätzen regt eine Diskussion an, die uns im Zusammenhang mit Umweltproblemen und Geschlechterfragen voraussichtlich auch noch ins kommende Jahrhundert begleiten werden.

Der vorliegende Band ist weitgehend in der Reihenfolge der Beiträge während der Tagung aufgebaut und gliedert sich in drei Abschnitte:

A) Visionen einer nachhaltigen ländlichen Entwicklung aus der Sicht von Frauen

B) Erfahrungsbereiche zur nachhaltigen Entwicklung mit Beispielen zur Ernährung und Ernährungssicherung, Frauen und Wissen sowie Frauen und Umwelt

C) Politische Programmatik – Frauen und Agenda 21

Abschnitt A: Visionen einer nachhaltigen ländlichen Entwicklung aus der Sicht von Frauen

Wir beginnen mit unseren Zukunftsvisionen, da jeder Schritt zur Veränderung, insbesondere für jene, die im Schatten bisheriger Entwicklungsprozesse stehen, mit der Hoffnung auf eine gerechtere Welt verbunden wird. Die Realität des Alltags wird dann in den darauf folgenden Beiträgen zur Sprache kommen und uns auf die Schwierigkeiten der Realisierung aber auch auf konkrete Handlungsspielräume für Veränderungsprozesse aus vielfältigen Erfahrungen verweisen. Wir wollen in einer Welt mit irreversiblen Belastungen der Umwelt und dramatischen Zuständen der Chancenungleichheiten den Hoffnungsschimmer erhalten, der uns die gemeinsame Kraft zur Gestaltung der Zukunft gibt.

So sieht *Parto Teherani-Krönner* in der möglichen Verknüpfung zwischen Ökologie und Feminismus, die auf der wissenschaftstheoretischen und auch in den theoretischen Ansätzen und Konzepten noch kaum Verbindungen eingegangen sind, eine notwendige Zukunftsaufgabe der kommenden Dekaden. Zur nachhaltigen ländlichen Entwicklung sind sowohl Umweltbelange als auch der Abbau von Asymmetrien zwischen den Kulturen und Geschlechtern zu verfolgen. Dazu bedarf es einer gerechteren Verteilung von Ressourcen und Lebenschancen weltweit, wie sie dann auch in den folgenden Beiträgen mit konkreten Forderungen verbunden werden.

Heidi Wittmer problematisiert, ohne sich auf konkrete Texte zu beziehen, einen Ökofeminismus, der Frauen als eine homogene Gruppe ansieht und Klassen, Rassen und kulturelle Differenzen übergeht. Diese Unterschiede spielen in der Konstruktion der Kategorie Geschlecht eine wesentliche Rolle. Konflikte auch zwischen Fraueninteressen und Umweltschutzmaßnahmen sollten klar erkannt und einer Geschlecheranalyse unterzogen werden. Eine Harmonie zwischen Ökologie und Feminismus kann nicht stillschweigend unterstellt werden. Dies wird auch in mehreren Beiträgen aus Europa, wie z.B. von *Susanne Schunter-Kleemann, Karin Bachmann* und *Maite Mathes*, aber auch in den Berichten aus Afrika von *Funmi Soetan* und *Jacqueline I. George* aufgegriffen.

Exemplarisch hierfür steht auch die Arbeit von *Ines Weller*, die einen kritischen Blick auf die bundesdeutschen Nachhaltigkeitsdebatten wirft. Sie zeigt am Beispiel der Arbeit: "Zukunftsfähiges Deutschland", das beim Wuppertal Institut erarbeitet wurde, wie ein als naturwissenschaftlich ausgegebener Diskurs, Selektionsmechanismen in Gang setzt, mit denen die Geschlechterperspektiven und insbesondere Interessen von Frauen übergangen wurden. Dabei wird das Ziel "Nachhaltigkeit" zunächst im Exkurs auf naturwissenschaftlichen Analysen hin festgelegt und danach gefragt, wie diese ökologisch notwendigen Ziele sozial, kulturell und ökonomisch attraktiv gestaltet werden können, um Akzeptanz zu finden. Dazu sollen dann Frauen als Verbraucherinnen ihren Beitrag leisten. Ines Weller plädiert für eine stärkere Gestaltungsmacht von Frauen bei der Entwicklung nachhaltiger Produktions- und Konsummuster, die sie mit einer Reihe von

Forderungen an Politik, Wirtschaft und Wissenschaft verbindet, womit nicht nur das bisherige Geschlechterarrangement zur Disposition gestellt wird.

Nach einem Diskurs zum Thema Frauen und nachhaltige Entwicklung auf der internationalen Ebene berichtet **Birte Rodenberg** aus ihren lokalen Erfahrungen mit einer Umweltaktivität von Frauen in Mexiko, die sie in bekannte Beispiele wie die Chipko-Bewegung in Indien und Green-Belt-Bewegung in Kenia einreiht. In ihrem Ansatz, in dem Frauen als Handelnde ins Zentrum gerückt werden, zeigt sie wie durch konkrete Schritte auf der lokalen Ebene unkonventionelle Aktionsformen einen Modellcharakter auf nationaler und möglicherweise auch internationaler Ebene zu erlangen vermögen. Erfahrungen mit der Mülltrennung von Frauen in einem Recycling–Zentrum haben die Umwelt- und Frauenpolitik des Landes gefärbt und sogar Grenzen zwischen Öffentlichkeit und Privatheit wie auch Grenzen zwischen einer formalisierten Politik und einer Aktionspolitik "von unten" in Bewegung gebracht.

Die Beiträge der teilnehmenden Wissenschaftlerinnen aus Afrika und Asien verbindet das Anliegen, zunächst einmal Leistungen von Frauen zur ländlichen Entwicklung datenmäßig zu verdeutlichen und sichtbar zu machen. So verweist **Maimunah Ismail** auf die vielfältigen Aktivitäten von Frauen zur ländlichen Entwicklung in Malaysia, wobei sie auch auf die bisher wenig beachtete Verantwortung von Frauen als Haushaltsvorstand "female headed households" in ihrem Land aufmerksam macht. Sie plädiert für eine besondere Berücksichtigung von Frauen zur nachhaltigen ländlichen Entwicklung auch in Entwicklungsprogrammen der Regierung.

Ihre Arbeiten wie auch diejenige von **Rusinah Joned** aus Malaysia stützen sich auf empirische Erhebungen mit standardisierten Verfahren. Auch in anderen Ländern des Südens wird von Wissenschaftlerinnen meist dieser sog. Königsweg der empirischen Sozialforschung beschritten. Hieraus wird ein starkes Bedürfnis nach abgesicherten "objektiven" Daten in den Ländern des Südens ersichtlich. Zum einen geht es darum, Leistungen von Frauen im Agrarsektor und im ländlichen Raum zu veranschaulichen, zum anderen Forderungen nach Entwicklungsprogrammen und Weiterbildungsmaßnahmen speziell für Frauen auch gegenüber den jeweiligen Planungsbehörden zu stellen. Statistische Daten sollen dazu beitragen, frauenpolitischen Forderungen Nachdruck zu verleihen. Eine methodische und methodologische Problematisierung findet daher – wenn überhaupt - nur am Rande statt.

In diesem Kontext steht dann auch die empirische Untersuchung von **Soorya Vennila**, die sich mit den Auswirkungen des Technologieeinsatzes in der bewässerten Landwirtschaft in zwei ausgewählten Dörfern von Tamil Nadu/Indien befaßt. Zum einen bleiben Frauen im Bereich landwirtschaftlicher Aktivitäten meist unsichtbar, zum anderen werden ihre Aufgaben mit dem Einsatz neuer Technologien in der Landnutzung nicht gefördert. Der Anteil von Frauen in der unmittelbaren agrarischen Produktion zeigt rückläufige Tendenzen. Damit geht der ländlichen Entwicklung ein Großteil ihres Potentials verloren.

Abschnitt B: Erfahrungsbereiche zur nachhaltigen Entwicklung mit Beispielen zur Ernährung und Ernährungssicherung, Frauen und Wissen sowie Frauen und Umwelt

Ernährung und Ernährungssicherung

bilden zentrale Themen dieser Tagung. Dabei werden Verbindungen sowohl zur Natur-Umwelt (wie bei *Martina Kaller-Dietrich*) als auch zur sozialen Umwelt (wie bei *Ulrike Schultz*) hergestellt oder auch deren Verknüpfung gesucht, die wir in den Beiträgen von *Elisabeth Bücking, Elisabeth Meyer-Renschhausen* oder auch bei *Karin Bachmann* angedeutet finden.

Martina Kaller-Dietrich führt uns ein in die lebensweltliche Erfahrung mit dem Essen aus der persönlichen Darstellung der Bäuerin Dona Elvira aus Mexiko. Gestützt auf ein narratives Interview gelingt ihr auf sensible Weise der Zugang zu einer anderen Weltanschauung, in der die besondere Beziehung von Dona Elvira zur Erde und zum Wasser Gestalt annimmt. Erde und Wasser werden in der Vorstellung dieser Bäuerin aus Mexiko in ihre Versorgungsgemeinschaft eingeschlossen. Die Liebe und Hingabe, mit der Dona Elvira ihre Saat auswählt und zum Gedeihen führt, sind Garant ihrer Beständigkeit; sie fügt sich nicht in ein wachstumsorientiertes Marktsystem ein. Ähnlich verfährt auch *Bernhard Heindl* in seiner Schilderung der Rituale und Kosmologie unter den Sicca Frauen in Indonesien.

Er konfrontiert uns in seinem Beitrag mit zwei unterschiedlichen Prinzipien des Wirtschaftens, die er als Idealtypen konstruiert. Er erläutert die Dichotomie „männliches Gewinnstreben" versus „weibliches Fürsorgen" anhand von historischen Dokumenten. Zum einen am Beispiel eines Lehrbuchs für „erfolgreiches Wirtschaften", adressiert an den Bauer, der zum Betriebswirt konvertiert werden muß und zum anderen entlang einer enthnologischen Darstellung der den rituellen Lebensweg von Frauen in der Herstellung kostbarer Ikat-Baumwolltücher zeichnet. Da es sich hierbei um ein altes Schriftstück aus den 40er Jahren handelt, ist der häufig verwendete Begriff „man" in der Sprache der Ethnologin Käthe Tietze aus heutiger Sicht zwar etwas befremdend, als historisches Zeitdokument jedoch von den Herausgeberinnen nicht verändert worden.

Ernährungssicherheit bei den Turkana/Kenia und die Veränderung der Geschlechteridentität sind das Thema, das *Ulrike Schultz* gestützt auf ihre Feldaufenthalte erörtert. Die Balance zwischen Subsistenz und Erhalt ihrer produktiven Ressource in den Tierbeständen beruht auf Ernährungsgewohnheiten in Kombination mit sozialen und rituellen Bräuchen, die allerdings durch Migration eines Teils der Frauen in die Städte zwecks Gelderwerb einem Wandel unterliegen. Dem Verlust an traditionellen Institutionen in den nomadischen Gebieten versuchen Turkana-Frauen durch Neugründung eigener Netzwerke entgegenzuwirken, jedoch sind sie weit labiler und verändern das Verhältnis unter den Geschlechtern zum Teil zu Gunsten der Frauen.

Dennoch sind einige tradierte Gewohnheiten auch unter den Stadtbewohnern im Zusammenhang mit Eßgewohnheiten beständig, so auch die Vorstellung, daß nur ein geteiltes Essen ein bekömmliches Mahl ist. Damit kommt die starke gegenseitige Verantwortung innerhalb einer stets mit knappen Ressourcen operierenden Gemeinschaft zum Ausdruck. Essen und Mahlzeiten sind primärer Bestandteil sozialer Interaktion, nicht nur unter den Turkana. Im Zusammenhang mit Fragen der weltweiten Ernährungssicherung sind diese Komponenten bis heute nur unzureichend erforscht und meist vernachlässigt worden (vgl. auch Teherani-Krönner 1998).

Elisabeth Meyer-Renschhausen zeichnet in einem historischen Rückblick, wie im Zuge der industriellen Entwicklung in Europa das nachhaltige Wirtschaften durch Ausblenden der Haus- und Hofarbeit der Frauen mit dem "Primat der Ökonomie" verdrängt wurde. In Anlehnung an Arbeiten von Veronika Bennholdt-Thomsen und Maria Mies plädiert sie für eine Selbstversorgerwirtschaft. Garant für gesunde Nahrungsmittel sind Produzenten, die ihr eigenes Gemüse oder die aufgezogenen Tiere auch selber konsumieren; sie werden weit nachsichtiger mit dem Einsatz von Chemikalien umgehen und somit auch den Schutz der Natur im Auge behalten.

Befürchtungen hinsichtlich der Qualität von Agrarprodukten beim Einsatz neuer Gentechnologien in der Landwirtschaft werden von Landfrauen geäußert. Dies berichtet *Elisabeth Bücking* vom Ökoinstitut in Freiburg, die mit Landfrauen Informationsveranstaltungen durchführt. Diese Frauen, mit hoher Sensibilität für Komplexität und dem Vorsorgeprinzip, wollen ihren Gestaltungsraum nicht verlieren, der durch die Monotonie hoher Technisierung gefährdet ist. Ähnlich argumentiert auch *Karin Bachmann* bezüglich der Interessen der Bäuerinnen in Österreich, die ihre Autonomie in den globalen Zusammenhängen gefährdet sehen.

Frauen und Wissen

Wissenssysteme werden in einer Reihe von Beiträgen als Schlüssel zu einer nachhaltigen Entwicklung eingestuft. *Rita Schäfer* geht in ihrem Beitrag auf das indigene Wissen von Frauen als wichtige Grundlage für das Überleben in ländlichen Räumen Zimbabwes ein. In ihrem akteurorientierten Ansatz würdigt sie das Wissen von Frauen, das nicht nur in der Kenntnis über Saatgut, Wachstum und Ernte, sondern insbesondere auch auf der Vermittlung und Interaktion untereinander beruht. Darüber trachten Frauen ihre Position und Einflußmöglichkeiten zu verbessern. Hier zielt das Engagement insbesondere auf größere Geschlechtergerechtigkeit in der Landverteilung, das sie mit Nachdruck verfolgen. Der parzielle Erfolg im Witwenerbrecht bietet ihnen einen Hoffnungsschimmer.
Da Frauen immer noch als mithelfende Familienmitglieder und nicht als eigenständige Produzentinnen angesehen werden, wird jedoch ein Großteil der staatlichen Instrumente der Agrarförderung fehlgeleitet.

Als symptomatisch für die entwicklungspolitische Debatte und Praxis stellt **Bina Desai** die Systeme der Ignoranz, wie sie bei Gudrun Lachenmann behandelt werden, in bezug auf die Geschlechterdifferenz im Entwicklunsprozeß dar. So wird ein Großteil lokalen Wissens der Frauen über ernährungssichernde Kulturpflanzen – subsistence crops – entweder unterbewertet oder ignoriert. Entwicklungsprogramme und Forschungsorganisationen die eine Partizipation und die Einbeziehung von lokalem Wissen anstreben, müssen sich darüber im Klaren sein, welches Wissen sie aufgreifen, um zukunftsfähige und nachhaltige Prozesse zu fördern. Relevant ist dabei insbesondere geschlechtsspezifisches lokales Wissen im Bereich der Landwirtschaft.

Frauen und Umwelt

In den folgenden Beiträgen aus sehr unterschiedlichen Regionen dieser Welt, klingen immer wieder gleichlautende Forderungen an: „Partizipation von Frauen" wird als ein entscheidender Weg zur nachhaltigen ländlichen Entwicklung eingestuft. Dabei steht außer Zweifel, daß Frauen einen großen Anteil an den Lebensaufgaben auf dem Land übernehmen. Das Verlangen nach Partizipation ist an die Adresse von Planern und Politikern gerichtet, Frauen als Akteurinnen des Wandels ernst zu nehmen und zu fördern.

Funmi Soetan schildert den Konflikt zwischen Umweltschutz und den Landfrauen in West-Nigeria. Sie greift die Kritik an gängigen Ansätzen der Frauen- und Geschlechterforschung in der Entwicklungspolitik, wie WID (Women in Development), WED (Women, Environment and Sustainable Development), aber auch den Ökofeminismus auf. Neben dem Verweis, daß Frauen nicht als homogene Gruppe angesehen werden können, argumentiert sie, daß der sozio-ökonomische und politische Kontext der Beziehung von Frauen und Umwelt verfehlt wird, wenn die Beziehung zur Natur nicht als Teil der weiblichen Lebensgrundlage gesehen wird. Sie gibt zu bedenken, daß die fehlende Kontrolle von Frauen über Ressourcen eine Feminisierung der Armut zur Folge hat. Auch die wachsender Abhängigkeit der Frauen von eben dieser Umwelt darf nicht übergangen werden. Unberücksichtigt bleiben auch die Auswirkungen der globalen Ökonomie, die Kleinbetriebe, insbesondere Betriebe, die von Frauen geleitet werden, dazu zwingt, ihre Umweltressourcen intensiver zu nutzen – was schnell zur Übernutzung führt.

Ergänzend zu ihren zunächst schriftlich, standardisierten Erhebungen unter Landfrauen führt sie Gruppengespräche und Tiefeninterviews durch. Ihre Empfehlung richtet sich auf die dringend notwendige Beteiligung von Frauen an Umweltschutzprogrammen. Dafür müssen Voraussetzungen und Handlungsspielräume auf nationaler und regionaler Ebene geschaffen werden.

Bärbel v. Römer-Seel stellt in ihrem Beitrag die Probleme von Umwelt- und Gesundheitsprojekten mit Frauen in Java dar. Sie zeigt methodisch am Beispiel der

Analyse der Qualität von Wasser die Chancen für Frauen auf. So können in der Umweltbildung auch unter dem Dach religiöser Frauenorganisationen Freiräume für selbstorganisierte Projekte entstehen.

Jacqueline I. George entwirft ihre Vorstellungen zur Nachhaltigkeit am Beispiel der Agroforstwirtschaft in Ost Afrika. Sie plädiert vehement für eine stärkere Einbeziehung von Frauen in Projekte der ländlichen Entwicklung. Sie schlägt die Förderung von Frauenkooperativen, die Teilhabe von Frauen an Landnutzung, Weiterbildung, Krediten, Partizipation an Projektplanung und Implementation, Ermutigung zur Diskussion und Streitkultur und schließlich Gender-Trainingsprogramme vor. Die Umsetzung der Agenda 21 bleibt auf der Strecke, wenn nicht die Existenzgrundlage und eine regionale Stabilität gewährleistet ist.

Dazu ist anzumerken, daß der Prozeß der Umsetzung der Agenda 21 in den reichen Industrieländern auch noch nicht besonders fortgeschritten ist, und die Partizipation der Bevölkerung an diesem Programm nur mehr auf dem Papier steht. Dies wird in den folgenden Beiträgen von *Bettina Iganski* und auch *Karin Bachmann* zur Sprache gebracht.

Abschnitt C: Politische Programmatik – Frauen und Agenda 21

Europäische Agrarpolitik, die Nachhaltigkeitsdebatte und Chancen sowie Barrieren einer umwelt- wie frauengerechten Entwicklung in ländlichen Regionen werden von *Susanne Schunter-Kleemann* für Portugal und von *Karin Bachmann* für Österreich aufgegriffen. Dabei stellt Susanne Schunter-Kleemann eine der entscheidenden Fragen: Geht es um nachhaltige Entwicklung oder um "nachhaltiges Wachstum"? Mit der Inflation des Begriffes „Nachhaltigkeit" ist zu befürchten, daß der anfänglich ganzheitlich, qualitativ andere, ökologisch und soziokulturell bestimmte Begriff nunmehr zu einem neuen Gewand verkommen ist, unter dem ehemalige Wachstumsideologien verschleiert werden. Jedenfalls zeigen die hier dargestellten Beispiele der EU-Politik die Einschränkung der lokalen Autonomie der ländlichen Räume und die besondere Betroffenheit der Frauen in diesem Prozeß, die wenig Chancen für Umweltschutz und Geschlechtergerechtigkeit bieten.

Am Beispiel Portugal nimmt *Susanne Schunter-Kleemann* Widersprüche der EU-Agrarstrategie aufs Korn. Der Beitritt zur Europäischen Gemeinschaft beschert Bäuerinnen und Bauern auf dem Land auch höhere Lebensmittelpreise. In Anbetracht der schwierigen ökonomischen Lage der Landbevölkerung und der EU-geförderten Intensivierung der Landwirtschaft, begegnet Susanne Schunter-Kleemann Absichtserklärungen der Union in Richtung auf mehr Umweltschutz mit berechtigter Skepsis. Damit wird die Grundlage für eine zukünftige umweltgerechtere Landwirtschaft in Frage gestellt, geschweige denn, daß Anstrengungen in Richtung auf eine auch auf die Geschlechterfrage hin orientierte Verbesserung der Lebensbedingungen der weiblichen Bevölkerung Realisierungschancen hätten.

Auch dieser Beitrag gibt zu bedenken, ob ‚ökologisch', ‚wirtschaftlich' und ‚gerecht' mit einander vereinbare Ziele zukünftiger Entwicklung sind. Mögen die Weichen dafür auch nicht günstig gestellt sein, wir begegnen immer wieder Anstrengungen in dieser Richtung, wie aus dem folgenden Beispiel deutlich wird.

Zur Europapolitik meldet sich auch *Karin Bachmann* mit ihrem Beitrag aus Österreich. Sie stellt die unterschiedlichen Bewertungskriterien der Bäuerinnen einem auf ökonomisches Wachstum orientierten Kurs entgegen. Die Eigenständigkeit der Landbevölkerung ist dabei wichtiger Hintergrund ihrer Naturverbundenheit und Selbständigkeit. Die Selbstversorgung mit Nahrungsmitteln sowie die Verbindung von Beruf und Familie und die Möglichkeit der ganztägigen Kinderbetreuung bilden wichtige Kriterien dafür, daß der höhere Arbeitsaufwand auf dem Hof in Kauf genommen wird. Der Protest gegen die EU-Politik wächst und dabei sind Frauen besonders aktiv: Sie wollen sich nicht bevormunden lassen, wenn es um die Ernährung geht.

Sabine Voigt vermittelt ein differenziertes Bild der Perzeption von Kulturlandschaft unter befragten Personen in Berlin. Je nach Geschlecht, Alter, (Ost-West-) Herkunft und Einkommen entsteht ein buntes Bild unterschiedlicher Einstellungen zum Erhalt und zur Nutzung des ländlichen Raums. Vorsichtig stellt sie fest, daß eine soziale und ökologische Stabilität auf dem Land und damit ein Konzept der Nachhaltigkeit im Sinne der Agenda 21 eher mit der Unterstützung von Frauen rechnen kann, da Männer in ihrer Einstellung zur Landnutzung eher wirtschaftliche Aspekte und Freizeitinteressen im Auge haben. Jedoch erlauben die ermittelten Daten noch keine Verallgemeinerung, da die Befragung unter einer ausgewählten Gruppe der Mitglieder des Vereins für Urlaub und Freizeit in Brandenburg e.V. stattgefunden hat und die Kontrollgruppe das gezeichnete Bild positiver Einstellung nicht bestätigt.

Mit den Veränderungen in der Stellung von Landfrauen in den Neuen Bundesländern befaßt sich *Bettina Iganski*. Sie beschreibt den Wandel als eine völlige Umkehrung von der "Superfrau", die vielfältige Aufgaben zu meistern wußte, zur Almosenempfängerin der Wohlstandsgesellschaft. Dabei konstatiert Bettina Iganski eine bisher in den neuen Bundesländern nur zögernde Umsetzung der Beschlüsse der UN-Umweltschutzkonferenz von Rio 1992. Detailliert geht sie den Gründen nach, die es gerade Frauen erschweren, sich bei der Umsetzung der Lokale Agenda 21 zu engagieren. Dennoch sieht sie das positive Potential einer gesellschaftlichen Partizipation in Umweltfragen durch sozialkommunikative Prozesse, die von Frauen selbst als starkes Bedürfnis artikuliert werden.

Maite Mathes greift mit "Feminisierung der Arbeit im ländlichen Norden" einen Terminus auf, der bisher eher für den ländlichen Süden (Safilios-Rothschild) diskutiert wurde. Ein Beweis mehr, daß gerade in der ruralen Frauen- und Geschlechterforschung die Nord-Süd Debatte fruchtbar, anregend und bereichernd sein kann. Auch wenn direkte interkulturell vergleichende Forschungen bisher wenig durchgeführt worden sind, nicht zuletzt, weil ein solches Vorhaben mit erheblichen Kosten noch keine Forschungsförderung erfahren hat.

Maite Mathes schildert die Ausbeutung der Landfrauen die ihre "wertlose" Hausarbeit mit der "wertvollen Produktion" zu verbinden trachten und dabei ein nie endendes Arbeitspensum absolvieren. Neben der geschätzten Flexibilität und Selbstbestimmtheit des Arbeitsablaufs wird in diesem Beitrag die hohe gesundheitliche Belastung von Bäuerinnen betont. Da immer weniger junge Frauen diese "Opferwilligkeit" mitbringen, wird wohl eine bäuerliche Landwirtschaft nicht ohne ein Mindestmaß an Verteilungsgerechtigkeit unter den Geschlechtern auch in alternativ wirtschaftenden Betrieben auskommen. Dieses Stück Alltagsrealität steht im Gegensatz zu der Vision vom Landleben, als ein Leben im Einklang mit den natürlichen und eigenen Rhythmen.

Schließlich konfrontiert uns *Helga Purgand* mit dem bitteren Alltag vieler Frauen in den osteuropäischen Ländern. Im Zuge der liberalen Wirtschaftspolitik und der Einführung des freien Marktes wächst die Armut besonders unter Frauen und Kinder auf dem Land. Unter der Existenznot verblassen ehemalige Errungenschaften zur Gleichberechtigung. Osteuropa spiegelt in krasser Form eine Feminisierung der Armut wider, wie sie zuvor nur in bezug auf Länder des Südens thematisiert worden ist. Durch verschiedene Formen der Diskriminierung bleibt wenig Raum für politische und wirtschaftliche Partizipation und kaum eine Chance für Umweltschutz.

Wenn wir jedoch die Umsetzung der Lokalen Agenda 21 anstreben, drängt sich die Frage auf, ob nicht gerade Frauen voneinander und untereinander lernen können. Erfahrungen - auch positive - in vielen südlichen und nördlichen Ländern, wie wir sie auch auf dieser Tagung zusammenführen konnten, bieten durchaus auch für die Ostregionen Anregungen und Impulse. Informationsaustausch und der Aufbau von Netzwerken für und in benachteiligten Regionen erscheinen uns als eine notwendige Aufgabe zur Verbesserung der Lebensbedingungen im ländlichen Raum, der wir uns in Zukunft verstärkt stellen wollen.

Im Laufe der Tagung wurde häufig die Mahnung an die Agrarwissenschaft und die Agrarpolitik ausgesprochen, sich nicht einseitig auf die Mehrproduktion von Nahrungsmitteln zu konzentrieren. Vielmehr sollten lokale Ressourcen und Lebensbedingungen der Landbevölkerung stärkere Beachtung finden. In den Beiträgen sind Argumente zusammengeführt, warum gerade Frauen ins Blickfeld rücken müssen, wenn Menschen als Teil der natürlichen Umwelt gesehen werden sollen, die nicht nur konsumieren und produzieren, sondern auch Verantwortung für die Reproduktion der Umwelt haben.

Die Tagung bot uns allen die Möglichkeit, Erfahrungen, Bedürfnisse und Sichtweisen zur nachhaltigen ländlichen Entwicklung vorzubringen und zu diskutieren. Wir wollen diesen gefundenen Gesprächsfaden auch über diesen Tagungsband hinaus nicht abreißen lassen und Ergebnisse unserer Forschungen und Aktivitäten in ein Netzwerk einflechten, das über die Email-Adressen in ständigem Austausch miteinander schon jetzt funktioniert (Email-netzwerk "Frauen und nachhaltige Entwicklung": uta.altmann@rz.hu-berlin.de).

Literatur

Altmann, U./Teherani-Krönner, P. (1995): Tagungsbericht Frauen in der ländlichen Entwicklung. Heft 1, Humboldt-Universität.

Teherani-Krönner, P./Altmann, U. (1997): What have Women's Projects Accomplished so Far?. Humboldt-Universität.

Teherani-Krönner, P. (1998): Women in Rural Production, Household and Food – Security: An Iranian Perspektive. In: Working Paper Humboldt-Universität zu Berlin Wirtschafts- und Sozialwissenschaften an der Landwirtschaftlich-Gärtnerischen Fakultät, 49.

Parto Teherani-Krönner
Humboldt-Universität Berlin

Feministische Beiträge zur nachhaltigen ländlichen Entwicklung[1]

1. Einleitung

Das ausgehende 20. Jh. ist mit zwei großen, fundamentalen Herausforderungen konfrontiert. Es geht dabei zum einen um die Beziehung der Gesellschaft zu ihrer Umwelt, wobei diese Umwelt sowohl eine soziale als auch eine naturräumliche Dimension beinhaltet. Zum anderen handelt es sich um Fragen der Interaktion zwischen Menschen, also auch um das Zusammenspiel der Geschlechter (Geschlechterordnung). Hierarchien und Dominanzstrukturen innerhalb der Gesellschaft als patriarchal aufgedeckt zu haben, ist Verdienst feministischer Arbeit. Die anthropogene Zerstörung der Umwelt ist Thema der Ökologie, der Human-, Sozial- und Kulturökologie wie auch der Tiefenökologie geworden.

In einigen Ländern formieren sich soziale Bewegungen (Ökologiebewegungen), die von seiten der Bürger Forderungen an Politik und Wissenschaft stellen. Dabei ist festzustellen, daß die Wissenschaft den praktisch technischen wie sozialen Problemen hinterherhinkt. Ähnlich verhält es sich mit dem Ökofeminismus, von dem angenommen wird, daß Forderungen und Aktionen von Frauen in vielen Ländern des Südens und des Nordens den theoretischen und akademischen Diskursen weit voraus sind.

Trotz jahrzehntelanger Bemühungen um Chancengleichheit und zur Besserstellung von Frauen in den Industrieländern des Nordens und den nicht industrialisierten Ländern des Südens kommt es nicht zu einer positiven Bilanz der bisherigen Entwicklung. Wir können davon ausgehen, daß sich die Situation der weiblichen Hälfte der Menschheit im Zuge der vergangenen Dekaden eher verschlechtert und eben nicht verbessert hat. Das mag den westlichen Vorstellungen vom Fortschritt nicht entsprechen, ist aber Realität. Auch führt der bisherige Entwicklungsprozeß zu irreversiblen Zerstörungen unserer Lebensgrundlage. Eine fundamentale Veränderung in den Machtstrukturen und Ausbeutungspraktiken weltweit ist Bestandteil feministischer Forderung. Die Hoffnung auf eine solche Umwälzung auch im Umgang mit der Natur ist Inspiration ökofeministischer Theorie und Praxis.

Gemeinsamkeiten, Kontroversen und Ambivalenzen zwischen Ökologie und Feminismus können als spannende zukunftsweisende Themen aufgefaßt werden. So erhoffen wir uns aus den praktischen Erfahrungen und Beiträgen dieser Tagung fruchtbare Gestal-

---

[1] Eine ausführlichere Behandlung dieses Themas ist erschienen in: Teherani-Krönner 1996.

tungsimpulse zur nachhaltigen ländlichen Entwicklung und Abbau von Asymmetrien zwischen den Geschlechtern.

2. Ökologie und feministische Theorie

Seit dem „Stummen Frühling" der 60er Jahre (Carson 1962/1987) bis zur UN-Umweltkonferenz in Rio Anfang der 90er Jahre ist einiges auf der politischen Arena (Agenda 21) in Bewegung geraten. Doch zeichnen sich Asymmetrien infolge von Herrschaftsverhältnissen innerhalb und zwischen den Gesellschaften, also auch innergesellschaftliche Hierarchien in der Geschlechterordnung und Dominanz von Kulturen durch große Beharrlichkeit aus, die mit Frauendekaden und UN-Weltfrauenkonferenzen kaum zu erschüttern sind. Dennoch sind wir auf der Suche nach Symbolen und Spuren, um neue Horizonte zu entdecken. Es ist eine Herausforderung für alle Menschen - Frauen und Männer - auf lokaler, nationaler und internationaler Ebene auf die neuen Zeichen der Zeit einzugehen und Gegenwart und Zukunft zu gestalten.

Erstaunlich ist, daß z.B. im wissenschaftlichen Diskurs Ökologiedebatte und Feminismusdiskussion nebeneinander laufen und bisher noch wenig miteinander verknüpft sind; gleichwohl beide über eine fundamentale Kritik an der bisherigen Entwicklung sich verbinden und verbünden könnten. Dies möchte ich im folgenden am Beispiel der „New Human Ecology" (NHE) und der „Deep Ecology" (DE) in Konfrontation mit dem „Ökofeminismus" aufzeigen.

3. Die Paradigmendiskussion in der sozialwissenschaftlichen Umweltforschung

Mit der „ökologischen Krise", die eine gesellschaftliche und kulturelle Krise ist, wird im wissenschaftlichen Diskurs die Forderung nach einem ökologischen Paradigma gestellt (vgl. Glaeser 1992). Wie aber gelangen wir zu einem neuen „ecological paradigm"?

Im Großteil sozialwissenschaftlicher Ansätze - einschließlich der Ökonomie - wurde Natur als eine selbstverständlich gegebene, weil unerschöpfbare Ressource betrachtet und daher eben nicht behandelt. Soziologische Theorien wurden nach der Devise von Dürkheim der Erklärung sozialer Tatbestände „sui generis" dadurch gekennzeichnet, daß Umweltbedingungen auszublenden waren, um nicht einem Umweltdeterminismus zu verfallen. Doch mittlerweile bemüht sich die sozialwissenschaftliche Ökologiedebatte um eine Einbettung ihrer Gesellschaftstheorie in Umweltkonzepte mit einer Neudefinition ihrer Beziehung zur Natur. In Konfrontation mit Risiken der Umweltzerstörung suchen sozialwissenschaftliche Ansätze nach den „Wurzeln des Übels", die weit in die Tradition der abendländischen Kultur zurückverfolgt werden.

3.1 Die „New Human Ecology"

Im neuen humanökologischen Ansatz von Catton und Dunlap (1980) „the new human ecology" geht es zunächst um eine Kritik an den Prämissen der Moderne und ihrem Wissenschaftsverständnis, bzw. ihrer Weltanschauung. Sie formulieren ihr Konzept zu einem neuen ökologischen Paradigma aus der Kritik an den Hauptmerkmalen der bisherigen Entwicklung. Dabei geht es um:

a. die dominante westliche Weltsicht
   (DWW=Dominant Western Worldview) und
b. Anthropozentrismus
   (HEP = Human Exemptionalism Paradigm)

Gefordert wird ein NEP = New Ecological Paradigm mit grundsätzlich neuen Annahmen und Prämissen zur Natur des Menschen und der Entwicklung. Ähnliche Argumente lassen sich auch in der Tiefenökologie wiederfinden (Teherani-Krönner 1996).

3.2 'Deep Ecology': Die Tiefenökologie

Die 'Deep Ecology' , die in den 70er Jahren von dem norwegischen Philosophen Arne Naess (1989) gegründet wurde, richtet die Kritik auf ähnliche Punkte wie die NHE :

a. Anthropozentrismus: Aus der anthropozentrischen Perspektive muß Natur beherrscht, erobert oder „gemanaged" werden, um dem Menschen zu dienen. Damit wird der Mensch aus der Natur ausgegrenzt, von der er zum Überleben abhängig ist.
b. Dualismus: Die Hierarchisierung und Fragmentierung der westlichen Kultur einschließlich ihrer Begrifflichkeit in der Wissenschaft und der Erkenntnistheorie verbaut den Blick auf kulturökologische Kreisläufe.

Anstelle des Anthropozentrismus wird für einen Bio- bzw. den Gaia-Zentrismus plädiert.

„The contribution of the Gaia theory was to highlight interdependencies within and among the organic and inorganic world and to focus on Gaia-centrism instead of an anthropocentrism, competition, and individualistic aggression typical of some other biological and social theories." (Braidotti et al. 1994)

Es kommt darauf an: „......'Earth as a machine' with the image of the 'Earth as an organism'" (ebd) zu ersetzen. In Konfrontation mit der Zerstörung von Natur soll die Zukunftsaufgabe darin liegen, das Überleben des Planeten Erde zu sichern.

Beachtenswert für eine Kritik an den historischen Wurzeln der Moderne ist m.E., daß mit dem Schwinden der religiösen Vorstellungen vom Jenseits die Visionen vom Paradies nicht aufgegeben, sondern zur treibenden Kraft der Entwicklung zur Moderne geworden ist. Die Ich-bezogene Fristigkeit unseres Daseins und unserer Weltauffassung erzeugt einen enormen Druck auf die Realisierung aller Aspirationen im Hier und Jetzt, die einem zukunftsbezogenen „Nachhaltigkeitspostulat" nunmehr wenig Realisierungsraum bietet.

4. Der feministische Diskurs

Der feministische Diskurs hat von Anbeginn seine Hauptargumentation aus der Analyse der gesellschaftlichen Macht- und Herrschaftsverhältnisse entwickelt. Dabei steht das Geschlechterverhältnis im Zentrum theoretischer Überlegungen wie praktischer Erfahrungen von Frauen.

4.1 Kritik an der patriarchalen Gesellschaftsordnung

Feminismusforschung rüttelt seit einigen Jahrzehnten paradigmatisch an den Fundamenten der männerdominanten Weltanschauung, Begrifflichkeit und Wissenschaft - wie sie eben auch bei der NHE und der Tiefenökologie zur Sprache kommen.

Wenn der feministische Diskurs noch keinen Paradigmenwechsel in den bisherigen klassischen sozialwissenschaftlichen Ansätzen, dem „mainstream" soziologischer Theorien hervorgerufen hat, dann auch deshalb, so Acker (1989), weil:

„Historically, as Kuhn (1964) observed, a shift does not come about simply because the new perspective is more persuasive and provides 'better' knowledge than the old one, but also as a result of a struggle for organizational power and intellectual dominance. (...) If a paradigm shift can only occur with a shift in power, and if that means taking power in institutions that are already structured within the historical context of gendered relations of domination, what are the chances for the survival of critical feminist theories?" (Acker 1989). Demnach sind Machtstrukturen innerhalb gesellschaftlicher Institutionen - auch die der Wissenschaft - so verfestigt, daß nicht unbedingt bessere Argumente zum Zuge kommen.

4.2 Kritik an der Zuordnung von Frau zur Natur

Daß Frau selbst im männlichen Konzept historisch als Teil der Natur angesehen und damit auch im Herrschaftskonzept eingeschlossen wird, wurde zum Thema vieler feministischer Recherchen und historischer Forschung (Merchant 1987).

Auf der Suche nach den Ursprüngen des Patriarchats ist das biologische Geschlecht mal als mehr, mal als weniger relevant eingestuft worden.

„How is it and why is it that men, who are part of nature, manage to see themselves as 'other than' nature even though, in order to subsist, they must constantly maintain 'relations with' nature?" (nach MacCormack 1980).

Ein Weltbild, das auf solchen Dichotomisierungen aufbaut, gilt es demnach zu problematisieren. Wobei aus der Argumentation der 'deep ecology' nicht die Nähe der Frau zur Natur - sondern die Entfremdung des Mannes von der Natur der eigentliche Kritikpunkt der bisherigen westlichen Weltanschauung sein könnte.

„Much of the ethnographic literature suggests that rather than viewing women as metaphorically in nature, they (and men) might better be seen as mediating between nature and culture...." (MacCormack 1980). Die Menschen - Frauen und Männer - haben eine Vermittlerfunktion zwischen Natur und Kultur. Hier bietet sich der Begriff der Akkommodation[2] an, der für eine nachhaltige Entwicklung Pate stehen kann.

5. Der Ökofeminismus

Der Begriff Ökofeminismus wurde Mitte der 70er Jahre von der Französin Francoise d'Eaubonne eingeführt. Einen Aufschwung erfuhr der Ökofeminismus auf der Tagung: „Women and Life on Earth: A Conference on Eco-Feminism in the Eighties" im März 1980 in Amherst.

Aus der Kombination der Kritik an der Geschlechterhierarchie und der männlichen Zerstörung der Natur wurde der Ökofeminismus geboren.

„Just as the environmental and feminist movements, ecofeminism stands for egalitarian, nonhierarchal systems. The main argument posited by ecofeminists invoke the parallel between women's and nature's domination; the nature-culture, man - women dichotomy imposed by a patriarchal system; the importance of women's place in the 'healing of the planet'; and the need for a common perspective with the environmental movement." (Rathjen 1996)

Die ökologische Ethik plädiert zwar für eine neue Beziehung zur Natur, nimmt aber die feministische Kritik an der Zuordnung von Frau zur Natur und die besondere Betroffenheit von Frauen nicht in ihr Konzept auf. Dies obwohl die Prämissen und Paradigmen der westlichen Kultur in Frage gestellt werden.

'Deep ecology' hat die Umweltreformisten dahingehend kritisiert, daß sie nicht radikal genug die menschliche Ausbeutung der nicht-menschlichen Welt angehen. Die feministische Herrschaftskritik kann sich zwar streckenweise mit dieser Kritik aus den Reihen der Deep Ecologists (bzw. der Gaia - Hypothese) identifizieren; jedoch bemängelt sie die undifferenzierte Betrachtungsweise. Grundlegendes Argument von feministischer Seite gegenüber 'deep ecology' ist daher der starke Androzentrismus, der sich auch in diesem kritischen Ansatz widerspiegelt. „(Eco) feminists point out that deep ecology is not free of a patriarchal bias and hence reproduces androcentrism (Saleh 1984, nach Braidotti et al. 1994). Wichtig vom feministischen Standpunkt ist es, „human - centerdness" als „male - centerdness" (androcentrism) zu entlarven. Demnach scheint Gaia: Mutter Erde in Männerhand nicht gut aufgehoben zu sein.

---

[2] Akkommodation wurde in der Humanökologie als Gegenbegriff zur Adaption in der Biologie als spezifisch menschliche, weil kulturell geprägte Form der Auseinandersetzung mit der Umwelt definiert (vgl. Teherani-Krönner 1992).

6. Verbindung zwischen Ökologie und Feminismus

Mittlerweile gibt es in der Frauenforschung eine rege Auseinandersetzung in der Frage der Verknüpfungen zwischen der Herrschaft über die Natur und der Dominanz über Frauen (Merchant 1987, 1995). Zunächst einmal ging es Feministinnen darum, aus der „naturbehafteten" Position, die Frauen zugeteilt wurde, auszubrechen. Im Laufe der Zeit aber trat der biologische Unterschied fast völlig in den Hintergrund. Die Kategorie „sex", also das biologische Geschlecht, wurde über weite Strecken in der Geschlechterforschung gar nicht mehr in den Diskurs aufgenommen und fast tabuisiert. Mittlerweile jedoch kommt in der Frauenforschung das Thema „weibliche Natur" wieder auf, doch dieses Mal mit einem verwandelten Gesicht. Im (öko)feministischen Diskurs driften die Positionen zum Teil stark auseinander. Es sind Extrempositionen zu verzeichnen, die gleichzeitig auftreten:

a) Mystifikation der Frau-Natur
b) Feminismus ohne biologisches Geschlecht
c) Politischer Ökofeminismus

Eine völlige Absage an die Natur und biologischen Eigenschaften des Menschen steht zwar im konstruktivistischen Zeitgeist einer androgynen Gesellschaft, verliert aber den Boden, auf dem wir stehen. Auch mit der Konstruktion der Kategorie Geschlecht, kommt es darauf an, 'gender' wieder zu „erden". Dazu sei auf Ansätze der Human- und Kulturökologie verweisen, in denen der Bezug zur „ökologischen Basis" Grundlage soziologischer / sozialwissenschaftlicher Untersuchungen ist (Park 1936. In: Teherani-Krönner 1992 und 1997). Auch Menschen sind Teil der Natur, auf die sie angewiesen sind. Feminismus ohne Verbindung zur Natur erinnert an eine Soziologie - sui generis (Dürkheim) - ohne Umwelt und Ökologie.

Eine ökofeministische Theorie wird in Zukunft daran arbeiten müssen, diese sehr getrennt liegenden Lager einander näher zu bringen und den Dualismus, den sie selbst kritisiert, nämlich: Natur und Kultur, in ein dialektisches Verhältnis zu setzen.

Frauen- und Geschlechterforschung sind gefordert, sich auch im „mainstream" sozialwissenschaftlicher Umweltforschung einzubringen, um in der Nachhaltigkeitsdebatte wahrgenommen und gehört zu werden (vgl. Warren 1987, Zimmermann 1987).

7. Gemeinsam oder getrennt marschieren?

Der Ökofeminismus ist angetreten, um die bestehenden Dominanz- und Machtstrukturen in den Geschlechterverhältnissen einschließlich der Beziehung zur Natur zu überwinden. Mit der Hoffnung auf das transformative Potential der Ökologie und des Feminismus wird eine neue, kraftvolle Bewegung zum kulturellen und sozialen Wandel in Gang gesetzt, die mit ihrer Wissenschaftskritik eine epistemologische Wende hervorbringen kann (Braidotti et al. 1994).

Denn der Ökofeminismus umfaßt eine Grundsatzkritik am dominanten Wissenschaftsverständnis, dem Konzept der Herrschaft über Natur, wie er auch von der Tiefenökologie angesprochen wird (Merchant 1987, Zimmerman 1987). Es ist insbesondere die Freiheitsvorstellung der westlichen Welt, die prominente Ökofeministinnen (Mies/Shiva 1993/1995) anprangern. Einer Freiheit, die auf Kosten Anderer - der Menschen wie der Natur - geht, ist Einhalt zu gebieten. Die Beachtung von Grenzen und die Einsicht in das Reich der Notwendigkeit ist kein moralischer Imperativ, sondern eine materielle Notwendigkeit des menschlichen Überlebens.

„Within a limited planet, there can be no escape from necessity." (Mies/Shiva 1993).„Freiheit im Reich der Notwendigkeit kann für alle universalisiert werden. Freiheit von der Notwendigkeit können dagegen nur einige wenige erreichen." (Mies/Shiva 1995)

Von Frauen getragene ökologisch orientierte Bewegungen werden sichtbar. Dafür stehen Aktionen von Frauen in den Ländern des Südens, die durch die „green belt" Bewegung in Kenia und der „Chipko" Bewegung in Indien bekannt geworden sind (Shiva 1989, Jain 1991), und Aktivitäten von Frauen in den Industriegesellschaften zur Entwicklung umweltgerechter Handlungsstrategien. Der Diskurs zum Thema Frauen und nachhaltige Entwicklung wird auch in der Bundesrepublik intensiv geführt - so auch auf der Tagung in Tutzingen, Ende Juni 1998 - kurz vor unserer Tagung.

Zu beobachten ist, daß Frauen oft die weitsichtigeren Ökonominnen sind, denn sie haushalten auf längere Sicht, da sie ihre Kinder stets vor Augen haben. In der Tat besteht eine große Übereinstimmung in den Aussagen über die Verwendung zusätzlichen Einkommens durch Frauen und Männer z.B. aus Lohnarbeit in ökonomisch schwachen Regionen. Auch ohne eine besondere feministische Perspektive konstatieren sogar männliche Wissenschaftler, daß Frauen das erworbene Geld fast ausschließlich für die Verbesserung der Ernährung und für die Versorgung des Haushalts verwenden. Männer hingegen setzen andere Prioritäten und geben das erworbene Geld auch zur Erfüllung individueller Wünsche aus (vgl. Rauch et al. 1996, Jacobson 1992, Schultz 1996, Teherani-Krönner 1996).

Zur nachhaltigen ländlichen Entwicklung sind der Zerfall sozialer Netzwerke und der moralischen Ökonomie mindestens genauso gravierend wie das Schwinden ökologischer Ressourcen in Gemeinschaften, die auf Gegenseitigkeit angewiesen sind. Auch darauf werden ökologisch orientierte Projekte und die Agrar- und Wirtschaftspolitik achten müssen. Hierzu sind die soziokulturellen Prozesse der Akkommodation der Menschen mit ihrer Umwelt weit mehr zu gewichten als in den bisherigen Untersuchungen zum Tragen gekommen sind. Für eine umfassende ländliche Entwicklung und Ernährungssicherung wird der gesamte Ernährungskreislauf ins Blickfeld der Betrachtung zu nehmen sein. Eine Trennung zwischen Agrarproduktion auf der einen und der Ernährungsfrage (Ernährungswissenschaft) auf der anderen Seite sollte aufgehoben werden. Es bedarf z.B. einer Kulturökologie der Ernährung, wo Zugangschancen zu den vielfältigen Ressourcen genauso wie die Zubereitung, der Energieeinsatz und die Abfälle mit in Betracht gezogen werden. Es ist eine Herausforderung, die Wechselwirkungen der Alltagswelt auf der Mikroebene mit den Prozessen zur Globalisierung auf Makroebene auszubalancieren.

Was helfen Prognosen für die Zukunft, wenn nicht einmal die Gegenwart bewältigt wird? Unglaubwürdig sind alle Nachhaltigkeitsdiskussionen mit der 'angeblichen' Sorge für die zukünftigen Generationen, wenn keine Verantwortung für die Lebenden aufgebracht wird und die weltweit ungerechte Ressourcennutzung und -verteilung einseitig hingenommen wird. Hierunter fällt auch die so ungleiche Verteilung von Ressourcen, des Einkommens und der Eigentumstitel unter den Geschlechtern.

Der politische Ökofeminismus zielt auf eine Zukunft in einer gerechteren Welt. Dazu gehört die Ausbalancierung ungerechter Asymmetrien, die nur durch Abbau von Hierarchien, innerhalb und zwischen den Kulturen, Gesellschaften und der Geschlechter zu vollziehen ist. Sollte die Vision von Ökofeministinnen realisierbar werden, dann dürften auch neue kulturelle Lebensentwürfe mit und in der Natur konstruierbar sein. Das Aufspüren von kulturökologischen Handlungsspielräumen, in denen ökologische, ökonomische, soziale und feministische Belange zusammentreffen, könnte Utopie und Realität einander näher bringen.

Auch wir wollen auf dieser Tagung bisherige Erfahrungen zusammentragen und neue kreative Möglichkeiten der Gestaltung einer gemeinsamen und gerechteren Zukunft der Kulturen und Geschlechter entwerfen.

Literatur

Acker, J. (1989): Making Gender Visible. In: Wallace, Ruth (ed.): Feminism and Sociological Theory. London:. 65 - 81.

Braidotti, R./Charkiewicz, E./Hausler, S./Wieringa, S. (1994): Women, the Environment and Sustainable Development. INSTRAW, London.

Carson, R. (1962/1987): Der stumme Frühling. München.

Catton, William R. Jr./Dunlap, Riley E. (1980): A New Ecological Paradigm for Post Exuberant Sociology. American Behav. Science 24: 15 - 47.

Glaeser, B. (1992): Natur in der Krise? Ein kulturelles Mißverständnis. In: Glaeser, B./Teherani-Krönner, P. (Hg.): Humanökologie und Kulturökologie. Opladen: 48-70.

Jacobson, J.L. (1992): Gender Bias: Readblock to Sustainable Development. Wordwatch Inst. Washington.

Jain, S. (1991): Standing up for Trees: Women's Role in the Chipko Movement. In: Sontheimer: Women and the Environment. 163 - 178.

Leach, M. (1991): Engendered Environments: Understanding Natural Resource Management in the West African Forest Zone. In: IDS Bulletin (Institute of Development Studies), 22 (4): 17 - 24.

MacCormack, C. (1980): Nature, Culture and Gender: a Critique. In: MacCormack, C. /Strathern, M. (eds.): Nature, Culture and Gender. Cambridge: 25 - 41.

Merchant, C. (1987): Der Tod der Natur. Ökologie, Frauen und neuzeitliche Wissenschaft. München.

Merchant, C. (1995): Earthcare. Women and the Environment. Routledge, New York.

Mies, M./Shiva, V. (1995): Ökofeminismus, Beiträge zur Praxis und Theorie. Zürich.

Mies, M./Shiva, V. (1993: Ecofeminism. London & New Jersey.

Naess, A. (1989): Ecology, Community and Life Style. Cambridge.

Rathjen, C. (1996): Women in the environment and in the environmental movement: A multi-perspecitve analysis. MS.Université de Montréal, Initiation à la recherche BIO, 29 Avril 1996.

Rauch, Th./Haas, A./Lohnert, B. (1996): Ernährungssicherheit in ländlichen Regionen des tropischen Afrikas zwischen Weltmarkt, nationaler Agarpolitik und den Sicherungsstrategien der Landbevölkerung. Peripherie 63: 33-72.

Shiva V. (1989): Das Geschlecht des Lebens. Frauen. Ökologie und Dritte Welt. Berlin.

Schultz, U. (1996): Vom guten und schlechten Geld: Wertsetzungen in der Nomadenwirtschaft der Turkana's. In: Lorenzl, G. (Hg.): Urbane Naturaneignung als agrarische Marktchance?. Berlin: 151-174 .

Teherani-Krönner, P. (1992): Human- und Kulturökologische Ansätze zur Umweltforschung. Ein Beitrag zur Umweltsoziologie. Opladen.

Teherani-Krönner, P. (1994): Frauen in der Ernährungssicherung und Bevölkerungsentwicklung. In: Schmid, Josef (Hg.): Bevölkerung, Umwelt, Entwicklung. Eine humanökologische Perspektive. Opladen: 179-193.

Teherani-Krönner, P. (1996): Ökofeministische Positionen zur Naturaneignung. In: Lorenzl, G. (Hg.): Urbane Naturaneignung als agrarische Marktchance?. Berlin:123 – 150.

Teherani-Krönner, P. (1997): „ Veränderung von Handlungsspielräumen von Frauen in Agrarkulturen". In: Steiner, D. (Hg.): Mensch und Lebensraum. Fragen zu Identität und Wissen. Opladen: 267 - 289.

Teherani-Krönner, P. (1998): „Women in Rural Production, Household and Food Security: An Iranian Perspective". In: Kracht, U./Schulz, M. (eds.): Food Security and Nutrition - The Global Challenge. Münster: 189 - 218.

Warren, K.J. (1987): Feminism and Ecology: Making Connections. In: Environmental Ethics, 9 (1): 3 – 20.

Zimmerman, M.E. (1987): Feminism, Deep Ecology, and Environmental Ethics. In: Environmental Ethics, 9 (1): 21 - 44.

Heidi Wittmer
Institute of Rural Development, Georg August University Göttingen

Sustainability from women's point of view: Building blocks for the analysis of conflicts of interest

The concept of sustainable development combines three dimensions: economic development, equity and environmental sustainability. Between these dimensions there are complementarities and trade-offs. My presentation relates to conflicts between the social and economic interests of woman and the protection of natural resources. It thereby refers directly to chapter 24.8 (d) of the Agenda 21 which explicitly formulates „the analysis of the structural linkages between gender relations, environment and development" as a task for research, data collection and dissemination of information.

The theoretical discussion on the relationship between women and the environment tends to postulate general connections. According to Jackson (1993a), a theoretically founded analysis is often missing from the dominant discourses on women and environment[1]. As Zein-Elabdin (1996) observes, the two extreme positions are occupied by Ecofeminism on the one hand and the Women-in-Development discourse on the other. Ecofeminism constructs an essentialist link between women and nature by claiming that women have a special relationship to their environment that implies congruency of interest: what serves the environment serves women and vice versa (see Jackson 1993a, 1993b, Zein-Elabdin 1996). It is argued that women and nature are subordinated to men and culture and the causes of this subordination are seen as identical (i.e., colonialism or capitalism).

There may be common causes of subordination of women and nature and in certain contexts it might be strategically helpful to link women's issues with environmental issues. However, the claimed affinity[2] between women and nature is theoretically questionable and strategically dangerous in that it postulates essentially feminine characteristics that distinguish women and men. In treating women as a homogeneous group across class, race and culture, ecofeminism is opposed to gender analysis, which

---

[1] Of course there are exceptions: for a very comprehensive theoretical discussion see for example Braidotti et al. 1994, for a conceptual discussion see Joekes et al. 1995.
[2] In fact the special link between women and nature might not be the crucial point, as Bina Agarwal (1991 cited in Braidotti 1994: 172) has shown: „what is at stake is not to idealise our position as women, but to deconstruct the power structure that sustains a specific patriarchal ideology which has assigned women a closer relationship to nature, and specific sexual division of labour."

differentiates along these categories and understands differences as socially and culturally determined.

Another equally undifferentiated position is what Zein-Elabdin calls the „poverty-gender-environment nexus" or Green (1994) the 'downward spiral' argumentation. Environmental degradation is claimed to be caused by poverty which leads to the overuse of natural resources. Women are seen to be most affected by poverty and depend most on degraded resources and therefore to contribute to environmental degradation. This implies a direct opposition of women's interests and natural resource protection.

This paper presents building blocks for an analytical framework that permits the analysis of conflicts of interests between women and environmental protection. The framework draws on concepts of New Institutional Economics (NIE), especially the analysis of property rights and collective action. The analysis consists of three steps:
1. Environmental use: analysis of the gender division of labour.
2. Access to resources: analysis of property rights.
3. Women's interests: analysis of the potential for collective action.

The *first step* in the proposed analysis consists in establishing where possible conflicts arise. This can occur either if women require scarce natural resources or if their activities affect the environment. Both processes depend on the division of labour within the households. The gendered division of labour is established through social norms and values and implies in most societies that women are in charge of practically all reproductive tasks and often of part of the so called productive activities as well. However the specific tasks expected of women differ drastically by class and may be modified through religion or ethnicity as well.

The *second step* consists in establishing women's access to the resources needed fulfil to their responsibilities. The concept of property rights is very useful for the analysis[3]. NIE distinguishes different types of property rights:
- the right to use
- the right to manage
- the right to the income generated
- the right of exclusion
- the right of transfer
- the right to compensation

The structure of incentives is revealed by establishing a gendered analysis of the rights each group holds concerning the access to natural resources. A commonly cited example is that of women's need of firewood combined with an apparent unwillingness to plant trees to generate this resource. The explanation is often that women are not allowed to plant trees since planted trees imply a right over the land they are planted on (compare Bliss 1996). In many societies the fact that women can not possess land in their own right also works as a disincentive against long term improvements.

There is however another link between property rights and the conflict of interests between women and environmental protection: According to Sen's household model, the

---

[3] For an application of the concept of property rights on the analysis of state policy see Folbre 1997.

position of each member within the household and the division of labour between household members also depends on their perceived contribution and perceived needs. The contribution of women is typically less visible, thus rendering perceived contribution less important. Sen (1990) constructs an entitlement matrix including the endowment of each household member and their options of exchange. With few exceptions women's endowment consists only of her capacity to work (compare also Folbre 1997).

Thus limited property rights have repercussions on the position of women and the division of labour and vice versa. In terms of conflicts of interests this situation often becomes relevant if measures to protect natural resources are labour intensive. Women are often expected to do this additional work, however they can usually not reap the full benefits due to their limited property rights.

The *third step* in the analysis is to determine what women's interests are and how they can be met. A widely used concept is that of strategical and practical gender needs[4]. Moser defines interests as „prioritised concerns" and needs as the „means by which concerns can be satisfied". Strategic interests are those „women identify because of their subordinate position to men in their society...they relate to gender divisions of labour, power and control" (Moser 1993). Practical needs rise out of women's fulfilment of their socially assigned roles without challenging them.

Wieringa (1994) finds this distinction theoretically unsound since „both needs are derived from women's engendered position in society". Equally she argues the distinction is empirically untenable since „it seems, ...not the nature of the activities whether they affect the relations of oppression ... but the context ... and the political motivation behind them." She proposes to use the term women's gender needs for „the concerns ... being of importance for the women concerned", and interests as „politicised (and thus collectivised) needs."

Certainly, the strategic potential of a measure can only be determined by taking the context into account. By taking the context into account it is however possible to distinguish between needs arising from fulfilling what is currently expected and those oriented towards changing the present set of expectations in favour of women. Jonasdottir analyses where the concept of interest comes from and suggests to concentrate on its original meaning: „to be among" which implies participating and „having control over conditions of choice" (1988). If interest is defined in this more formal[5] sense, it necessarily refers to the strategical dimension of women's needs and implies that the content at stake is both situation-specific and dynamic. It equally implies collectivisation and politicisation.

The recovering of degraded natural resources requires a communal effort and cannot be achieved individually. In the first part it was shown that conflicts of interests between women and natural resource protection usually arise due to socio-cultural expectations on the tasks women are to fulfil in combination with limited property rights to the resources necessary to do so. Again neither changing the gendered division of labour nor

---

[4] Speaking of *gender* interests is important since it takes into account that women's interests arise from a specific social and historical context.

[5] as opposed to content

improving property rights can be achieved individually. The analysis has also shown that collective action is essential for women to pursue their interests. If they manage to organise themselves with respect to natural resource management the foundation is laid to „improve their control of choices" in a more general sense as well.

Some such cases are referred to in the literature: Rodenberg (1994) describes a group of young women in Mexico that successfully employ sustainable agricultural practices and acquire other skills in the process, like speaking in public. Rocheleau et al. (1995) analyse a drought situation in Kenya where women by organising themselves manage to obtain access to resources. More often though the process of organising natural resource management is dominated by men and women's interests are often not taken into account. Agarwal (1997) analyses the Indian experience and although she identifies some informal groups where women are successful in meeting their interests, the more formal groups are dominated by men. Here again the NIE have analytical tools to offer for understanding the situation. Drawing on Davis/North (1971, cited in Birner forthcoming), it will take more time to organise,

1. the larger the number, and the smaller the socio-cultural homogeneity of persons who compose the relevant interest group,
2. the smaller the expected net benefits, the farther away (in point of time), and the lower the degree of certainty with which the expected costs and benefits are known,
3. the shorter the menu of known institutional alternatives to the present situation,
4. the smaller the possibility to redirect an already existing organisation or to pursue the interests within an existing organisation, and
5. the more difficult the access of the potential members to the communication and transportation infra-structure.

In addition to the above mentioned disincentives precisely those social norms that would have to be changed to improve the situation of women also impede the organisation of women. Looking at the above list with a gender perspective, it becomes immediately evident why it is often so difficult for women to organise themselves. (compare also Agarwal 1997)

In summary, NIE offer concepts that permit us to understand where conflicts of interest arise and why. They also help to analyse why women often do not act collectively to improve their situation. However where social norms and values come from and how they can be changed cannot be analysed by NIE. Preferences are assumed as given. Here the contribution of other disciplines such as sociology or psychology is needed.

Literature

Agarwal, B. (1997): Gender, Environment, and Poverty Interlinks: Regional Variations and Temporal Shifts in Rural India, 1971-91. In: World Development 25(1): 23-52.

Birner, R. (1998, forthcoming): The Political Economy of Change in Property Regimes.

A Case Study from Sri Lanka.

Bliss, F. (1996): FrauenBäume: Wie Frauen in der Dritten Welt eine lebenswichtige Ressource nutzen. Bonn.

Braidotti, R., et al. (1994): Women, the Environment, and Sustainable Development: Towards a Theoretical Synthesis. London.

Folbre, N. (1997): Gender Coalitions: Extrafamily Influences on Intrafamily Inequality. In: Haddad, L./ Hoddinott, J./ Alderman, H. (ed.): Intrahousehold Resource Allocation in Developing Countries. Models, Methods, and Policy. IFPRI, Baltimore: 263-274.

Green, C. (1994) Poverty, Population and Environment: Does Synergism work for Women? IDS Discussion paper 343.

Jackson, C. (1993a) Doing What Comes Naturally? Women and Environment in Development. In: World Development 21(12): 1947-1963.

Jackson, C. (1993b) Environmentalisms and Gender Interests in the Third World. Development and Change 24: 649-677.

Joekes, S., et al. (1995) (Ed): Gender Relations and Environmental Change. In: IDS-Bulletin 26(1): 1-8.

Jonasdottir, A. (1988): On the Concept of Interest, Women's Interests, and the Limitations of Interest Theory. In: Jones, K./ Jonasdottir, A. (ed.): The Political Interests of Gender. Developing Theory and Research with a Feminist Face. London, New Delhi: 33-66.

Moser, C. (1993): Gender Planning and Development: Theory, Practise and Training. London.

Rocheleau, D./Jama, M./Wamalwa-Muragori, B. (1995): Gender, Ecology, and Agroforestry: Science and Survival in Kathama. In: Thomas-Slayter, B./ Rocheleau, D. (ed.): Gender, Environment, and Development in Kenya. A Grassroots Perspective. Boulder, London: 47-73.

Rodenberg, B. (1994): Mehr als Überlebenspragmatismus - Zur Handlungsrationalität von Frauen in der Ökologiebewegung. In: Entwicklungsethnologie 3(2): 56-65.

Sen, A. (1990): Gender and Cooperative Conflicts. In: Tinker, I. (ed.): Persistent Inequalities. Women and World Development. Oxford: 123-149.

Wieringa, S. (1994): Women's Interests and Empowerment: Gender Planning Reconsidered. In: Development and Change 25(4): 829-848.

Zein-Elabdin (1996): Development, Gender, and the Environment: Theoretical or Contextual Link? Toward an Institutional Analysis of Gender. In: Journal of Economic Issues 30(4): 927-947.

Ines Weller
TU Berlin

Ansätze der feministischen Auseinandersetzung mit dem bundesdeutschen Nachhaltigkeitsdiskurs

In der Bundesrepublik wurde das Leitbild Nachhaltigkeit nach dem Erdgipfel 1992 in Rio de Janeiro insbesondere von der Umweltpolitik und -forschung aufgegriffen und hat dort - zumindest auf programmatischer Ebene - deutlich erkennbare Um- und Neuorientierungen bewirkt (vgl. z.b. Enquête-Kommission "Schutz des Menschen und der Umwelt" 1994, Jahn et al. 1996). Nach meinem Eindruck läßt sich der bundesdeutsche Nachhaltigkeitsdiskurs grob in zwei Hauptstränge einteilen. Dabei handelt es sich einerseits um die eher theorieorientierte Ebene der Definitionen und Konzeptualisierungen des Begriffs Nachhaltigkeit selbst (vgl. z.B. Fritz et al. 1995, Brand 1997) und andererseits um die eher anwendungsbezogene Ebene der weiteren Konkretisierung und Operationalisierung einer nachhaltigen Entwicklung (vgl. z.B. BUND/Misereor 1996, UBA 1997).

In diese Nachhaltigkeitsdebatte haben sich Frauen und Feministinnen in der Bundesrepublik im Vergleich zur internationalen feministischen Debatte zunächst, d.h. unmittelbar vor und in den ersten ein bis zwei Jahren nach der UNCED-Konferenz, bis auf wenige Ausnahmen nur wenig explizit beteiligt (z.B. Wichterich 1992). Erst Mitte der 90er Jahre begann eine etwas breitere feministische Auseinandersetzung mit und die Mitwirkung von Frauen an dem nationalen Nachhaltigkeitsdiskurs, die sich insbesondere (aber nicht ausschließlich) auf die eher umsetzungs- und anwendungsorientierte Ebene des Konzepts Nachhaltigkeit richtete. Auf globaler Ebene war hierfür ein wichtiger Anlaß die Vorbereitung und Beteiligung an der Weltfrauenkonferenz 1995 in Peking (Forum Umwelt & Entwicklung 1996).

Auf nationaler Ebene haben dazu die Lokalen Agenda-Prozesse, auf die ich hier nicht weiter eingehen werde, sowie insbesondere die Diskussion der Studie "Zukunftsfähiges Deutschland", die 1996 vom Wuppertal-Institut veröffentlicht wurde, beigetragen. Diese Studie wurde vom Bund für Umwelt- und Naturschutz (BUND) und Misereor in Auftrag gegeben, um eine nachhaltige Entwicklung für Deutschland zu konkretisieren (BUND/Misereor 1996). Sie versteht sich als Kursbuch für die Umstellung der Weichen in Richtung einer zukunftsfähigen Entwicklung. Dazu hat sie in einem quantitativ naturwissenschaftlichen Teil umweltpolitische Ziele aufgestellt, z.B. soll in Deutschland bis zum Jahr 2010 der Primärenergieverbrauch um 30% reduziert und die Landwirtschaft flächendeckend auf ökologischen Landbau umgestellt werden. In einem eher qualitativen Teil stellt die Studie Leitbilder vor. Zur Erreichung umweltpolitischer Ziele werden z.B. die Leitbilder "Gut leben statt viel haben" oder "Rechtes Maß für Raum und Zeit", die den erforderlichen gesellschaftlichen Wandel veranschaulichen sollen, verwendet.

An dem "Zukunftsfähigen Deutschland" hat sich eine vergleichsweise breite feministische Debatte mit unterschiedlichen Kritikpunkten und Positionen entzündet, die sich u.a. auf das Naturverständnis und eine einseitige ökonomische Orientierung am männlichen "Normalverdiener" richtet (vgl. z.B. Forum Umwelt & Entwicklung 1997, BUND 1997). Auf drei weitere Kritikansätze werde ich genauer eingehen. Das ist zum einen die These von der Feminisierung der Umweltverantwortung, die Kritik der unzureichenden Berücksichtigung der unterschiedlichen Ausgangspositionen von Frauen und Männern auf dem Weg in eine nachhaltige Entwicklung sowie die Kritik an dem Objektivitätsanspruch der naturwissenschaftlich-quantitativen Ziele der Studie.

1. Die These von der Feminisierung der Umweltverantwortung

Die feministische Kritik an der Studie "Zukunftsfähiges Deutschland" bestätigt die für die Umweltforschung schon länger formulierte These von der Feminisierung der Umweltverantwortung. Darunter ist zu verstehen, daß ein Großteil der Verantwortung für die Umsetzung eines umweltverantwortlichen Handelns den privaten Verbraucherinnen und Verbrauchern zugewiesen wird, während gleichzeitig die Rahmenbedingungen und Handlungsmöglichkeiten/-grenzen des Alltagshandelns kaum berücksichtigt werden. Statt dessen werden die Einflußmöglichkeiten privater Konsumentinnen und Konsumenten deutlich überhöht und ihr Handeln moralisiert.

So hat ein Großteil der feministischen Kritiken des "Zukunftsfähigen Deutschlands" herausgearbeitet, daß die dort skizzierten Umorientierungen und Verhaltensumstellungen einseitig zu Lasten von Frauen gehen (Bernhard 1996, Bund 1997, Forum Umwelt & Entwicklung 1997, Schultz 1997). Dies läßt sich darauf zurückführen, daß die Studie auf der einen Seite die nach wie vor bestehende geschlechtsspezifische Macht- und Arbeitsteilung explizit nicht erwähnt, andererseits aber den sogenannten Privatbereich und das private Konsumverhalten als entscheidend für Veränderungen darstellt. Frauen erscheinen so *zwischen den Zeilen* als die Hauptverantwortlichen für den gesellschaftlichen Wandel in Richtung auf Nachhaltigkeit. An der Studie wird besonders kritisiert, daß sie unreflektiert die klassische geschlechtliche Arbeitsteilung reproduziert, indem sie die beiden zentralen Nachhaltigkeitsstrategien Effizienz und Suffizienz geschlechtsspezifisch zuweist. Suffizienz, d.h. Bescheidenheit und Verzichtsbereitschaft, wird vor allem von den privaten Verbraucherinnen und Verbrauchern gefordert. Effizienz, d.h. die optimale Nutzung natürlicher Ressourcen, wird dagegen vorrangig als Aufgabe von männlichen Technikern und Ingenieuren und somit der wirtschaftlichen Akteure dargestellt. Dieser heimliche Lehrplan wird von der feministischen Kritik zugespitzt als "Effizienz für die Männer, Suffizienz für die Frauen" bezeichnet (Bernhard 1996). Während die Kritik an der Überhöhung der KonsumentInnenmacht und die Zuweisung der Umweltverantwortung an die Privathaushalte einen Großteil der feministischen Auseinandersetzung mit dem "Zukunftsfähigen Deutschland" charakterisiert, werden daraus unterschiedliche Konsequenzen gezogen. Während z.B. für

Claudia Bernhard daran die prinzipielle Unvereinbarkeit von Nachhaltigkeit und Feminismus deutlich wird, leitet Irmgard Schultz aus ihrer feministischen Analyse ab, daß Konzepte und Konkretisierungen von Nachhaltigkeit die unterschiedlichen Ausgangspositionen von Frauen und Männern berücksichtigen müssen (Schultz 1996).

2. Unzureichende Berücksichtigung der unterschiedlichen Ausgangspositionen von Frauen und Männern auf dem Weg in eine nachhaltige Entwicklung

Auf dem Hintergrund des sozial-ökologischen Forschungsansatzes weist Irmgard Schultz in ihrer Analyse der Studie u.a. nach, daß die Leitbilder die gesellschaftliche Situation von Frauen und mögliche Unterschiede zwischen den Geschlechtern in ihren Ausgangspositionen nicht berücksichtigt. Sie führt als ein konkretes Beispiel die für Österreich festgestellten erheblichen Unterschiede im Fleischkonsum von Frauen (55 kg/a) und Männern (99 kg/a) an, die von Strategien zur Veränderung der zur Zeit wenig nachhaltigen Ernährungsmuster thematisiert werden müssen, um tatsächliche Umstellungen erreichen zu können (Schultz 1996). Insgesamt hält sie es für problematisch, daß prinzipiell nicht nach dem Zusammenhang zwischen Art und Umfang der Naturnutzung und Geschlechtergerechtigkeit gefragt wird. An der Studie kritisiert sie insbesondere sowohl die allgemeine Ausblendung der sozialstrukturellen Ausgangsbedingungen für eine nachhaltige Entwicklung als auch die Nicht-Wahrnehmung der von der Frauen- und feministischen Forschung erarbeiteten Ergebnisse, die verdeutlichen, daß sich die Gegenwartssituationen und Zukunftserwartungen von Frauen und Männern noch immer erheblich unterscheiden.

3. Feministische Kritik am Objektivitätsanspruch der naturwissenschaftlich - quantitativen Dimensionen von Nachhaltigkeit

Auffallend ist, daß auch im feministischen Diskurs die naturwissenschaftlichen Teile des "Zukunftsfähigen Deutschlands" zunächst kaum in die Kritik gerieten und sich ein Großteil der feministischen Kritik vorrangig auf den qualitativen Teil und die Leitbilder der Studie bezieht. Deswegen hat sich eine Arbeitsgruppe des Vereins "Frauen in Naturwissenschaft und Technik" (NUT) aus der Perspektive kritisch-femininistischer Naturwissenschaftlerinnen explizit mit den naturwissenschaftlichen Kapiteln auseinandergesetzt. Sie hat aufgezeigt, daß die Studie nach wie vor von der vermeintlichen Objektivität der naturwissenschaftlich-quantitativen Daten, die für die Bestimmung der ökologischen Grenzen und Ziele hinzugezogen werden, ausgeht (Arbeitsgruppe "Nachhaltigkeit" im Verein Frauen in Naturwissenschaft und Technik NUT 1996). Daß die Studie beansprucht, naturwissenschaftlich objektiv das ökologisch Notwendige festgelegt zu haben, zeigt folgendes Zitat: "Ihr Erfolg (von Strategien für eine zukunftsfähige Entwicklung Deutschlands, d.V.) wird davon abhängen, inwieweit es gelingt, plausibel zu machen, daß das ökologisch Notwendige auch aus sozialer, kultureller und ökonomischer Perspektive attraktiv ist" (BUND/ Misereor 1996).

Beteiligung und Gestaltungsmöglichkeiten werden so den verschiedenen gesellschaftlichen Gruppen allein bei den Überlegungen eingeräumt, wie diese Ziele zu erreichen sind. Zu kritisieren ist, daß die naturwissenschaftlich-quantitativen und die sozialwissenschaftlich-qualitativen Beschreibungen einer nachhaltigen Entwicklung in einem hierarchischen Verhältnis stehen. Letztere erhalten nur die Aufgabe, sozusagen "end-of-the-pipe" Akzeptanz für die Ziele, die die Naturwissenschaften festlegen, herzustellen.

Daß in die Bestimmung der Umweltziele jedoch auch Bewertungen einfließen, läßt sich an der Fokussierung der Studie auf Mengenströme, die Stoffe, die in Megatonnen auftreten, zeigen. Darin drückt sich eine Prioritätensetzung in der Wahrnehmung und Bewertung von Umweltrisiken aus, die z.B. den Massenströmen von Kohlendioxid als klimarelevantes Spurengas eine besonders hohe Umweltrelevanz zuschreibt. Damit einher geht eine geringere Wahrnehmung der Risikopotentiale von Problemstoffen wie Dioxine oder Schwermetalle, die bereits in äußerst geringen Konzentrationen mit Gesundheitsgefährdungen verbunden sein können und auf die sich daher insbesondere die Aufmerksamkeit von privaten KonsumentInnen bei ihrem Umweltverhalten richtet (ausführlicher Weller 1997).

Mit diesen drei Beispielen wollte ich einen ersten Eindruck von der feministischen Auseinandersetzung mit der bundesdeutschen Nachhaltigkeitsdebatte vermitteln. Abschließend möchte ich noch meinen Forschungsansatz skizzieren, der insbesondere auf die Frage nach der Gestaltungsmacht von Frauen bei der Entwicklung nachhaltiger Produktions- und Konsummuster fokussiert und sich auf den von Irmgard Schultz und mir entwickelten Ansatz "Gender & Environment" bezieht (Schultz/ Weller 1995).

4. Die Gestaltungsmacht von Frauen bezogen auf nachhaltige Produktions- und Konsummuster

Auf dem Hintergrund eines sozial-ökologischen Verständnisses der Umweltprobleme und insbesondere anknüpfend an der These von der Feminisierung der Umweltverantwortung bedeutet die Fokussierung auf den Begriff der Gestaltungsmacht von Frauen:
- Für Strategien zur Veränderung der derzeitigen nichtnachhaltigen Produktions- und Konsummuster in den westlichen Industriestaaten ist eine zielgenaue Analyse der Einflußmöglichkeiten der verschiedenen Akteure entlang einer Produktlinie erforderlich, die insbesondere der Frage nach den real existierenden Gestaltungsmöglichkeiten von Frauen als wirtschaftlichen und professionellen Akteuren sowie als Privatmenschen und private Konsumentinnen nachgeht. Mit der geschlechtsspezifischen Analyse der Verantwortungs- und Zuständigkeitsbereiche ist eine Analyse der mit den jeweiligen Entscheidungen verbundenen Stoff- und Energieströme zu verknüpfen, um eine Antwort darauf geben zu können, durch welche Entscheidungen von welchen Akteuren welche Stoffströme verursacht werden, um jenseits von Moralisierung und Pauschalisierung zielgenaue, akteursspezifische Vorschläge für Verhaltensumstellungen ableiten zu können.
- Aus der Analyse der Gestaltungsmacht von Frauen sind Strategien, Methoden und Verfahren zur Verbesserung ihrer Einflußmöglichkeiten zu entwickeln. Wobei sich dies

nicht nur auf ein Mehr an politischer, sondern auch an wissenschaftlich-technischer Partzipation bezieht. Beispielsweise bedeutet dies die Entwicklung von Methoden, um Frauen als direkt Gestaltende an der wissenschaftlich-technischen Produktentwicklung zu beteiligen. Dies setzt jedoch voraus, das "Laien"-Wissen, das aus dem alltäglichen Gebrauch von Produkten resultiert, als dem wissenschaftlichen Expertenwissen gleichwertig zu akzeptieren und als ebenfalls relevant für Forschung- und Entwicklungsprozesse zu verstehen ist. Damit ist der Universalitätsanspruch von Wissenschaft und wissenschaftlich-technischem Wissen, der häufig mit einer Abwertung anderer Wissensformen einher geht, in Frage zu stellen.

Die Frage nach der Gestaltungsmacht von Frauen zielt einerseits auf Frauen, weil sie strukturell nach wie vor von den Entscheidungen in Wissenschaft und Politik weitgehend ausgeschlossen sind. Sie zielt andererseits auf Frauen als Repräsentantinnen der sogenannten privaten Sphäre der Reproduktion, die in Wissenschaft und Politik ebenfalls nur wenig auf adäquate Berücksichtigung stößt. Dabei sind auch Männer als Privatmenschen gemeint und dabei ist immer mit zu denken, daß die heutige Form der geschlechtshierarchischen Arbeits- und Machtteilung und daher auch die vielfach für selbstverständlich gehaltene Zuweisung der Reproduktionsarbeiten an Frauen nicht als nachhaltig zu verstehen ist und insofern für eine nachhaltige Entwicklung grundsätzlich zur Disposition steht.

Insgesamt ist mit der Frage nach der Gestaltungsmacht von Frauen ein Perspektivenwechsel bzw. eine Perspektivenerweiterung für die Umweltforschung insofern verbunden, daß damit die Bedürfnisse, die Anforderungen und das Wissen der Gebrauchsphase als wesentlich für die Entwicklung nachhaltiger Produktions- und Konsummuster angesehen werden. Dies knüpft unmittelbar an den in der Nachhaltigkeitsdebatte z.B. von der Enquête-Kommission "Schutz des Menschen und der Umwelt" geforderten Paradigmenwechsel von Forschung und Entwicklung an, der u.a. betont, daß eine technologische Neuorientierung Verwendungszusammenhänge und Nutzungsinteressen sowie die sie bestimmenden Wertvorstellungen und Lebensstile aller Akteure mit berücksichtigen muß und sich nicht mehr wie bisher vorwiegend an der Logik und den Interessen der Hersteller orientieren kann.

Literatur

Arbeitsgruppe "Nachhaltigkeit" im Verein Frauen in Naturwissenschaft und Technik (NUT) (1996): "Ein Mann hat eine Vision..." Zur Studie "Zukunftsfähiges Deutschland". Berlin, Frankfurt am Main.

Bernhard, C. (1996): Good girls go sustainable, bad girls go everywhere. Über die Unvereinbarkeit von Feminismus und Nachhaltigkeit. In: FORUM entwicklungpolitischer Aktionsgruppen (1): 7 - 10.

Brand, K.W. (Hrsg.) (1997): Nachhaltige Entwicklung. Eine Herausforderung an die Soziologie. Leverkusen.

BUND/Misereor (Hrsg.) (1996): Zukunftsfähiges Deutschland: Ein Beitrag zu einer global nachhaltigen Entwicklung, Basel.

BUND (Hrsg.) (1997): "Zukunftsfähiges Deutschland" aus weiblicher Sicht. Dokumentation eines Frauenworkshops. Schriftenreihe zur politischen Ökologie 3, München.

Enquête-Kommission "Schutz des Menschen und der Umwelt" des deutschen Bundestages (Hrsg.) (1994): Die Industriegesellschaft gestalten - Perspektiven für einen nachhaltigen Umgang mit Stoff- und Materialströmen. Bonn.

Forum Umwelt & Entwicklung (Hrsg.) (1996): Schwerpunktthema Frauen. In: Rundbrief Forum Umwelt & Entwicklung 1, Bonn.

Forum Umwelt & Entwicklung (Hrsg.) (1997): Zukunftsfähiges Deutschland. Zukunft für Frauen? Memorandum der AG Frauen im Forum Umwelt & Entwicklung, Bonn.

Fritz, P./Huber, J./Levi, H.W. (Hrsg.) (1995): Nachhaltigkeit in naturwissenschaftlicher und sozialwissenschaftlicher Perspektive. Stuttgart.

Jahn,Th./Wehling, P./Weller, I. (1996): Forschungspolitik für eine nachhaltige Entwicklung. Monitoring-Studie im Auftrag des Büros für Technikfolgenabschätzung beim Deutschen Bundestag (TAB), Frankfurt am Main.

Schultz, I. (1996): Die Liebe der Männer zu nachhaltigen Zahlen. Eine Betrachtung der Studie "Zukunftsfähiges Deutschland" aus feministischer Sicht. In: Wechselwirkung, 18 (78): 59 - 63.

Schultz, I./Weller, I. (Hg.) (1995): Gender & Environment: Ökologie und die Gestaltungsmacht der Frauen. Forschungstexte des Instituts für sozial-ökologische Forschung, Frankfurt am Main.

Umweltbundesamt (UBA) (1997): Nachhaltiges Deutschland. Wege zu einer dauerhaft umweltgerechten Entwicklung. Berlin.

Weller, I. (1997): Schlüsselakteure und Alltagsakteurinnen: Perspektive Stoffstrommanagement und Perspektive Entchemisierung. In: Becker, E.: Soziale Ökologie und Sustainable Development. Jahrbuch für sozial-ökologische Forschung 3. Frankfurt am Main: 103 - 116.

Wichterich, Ch. (1992): Die Erde bemuttern. Frauen und Ökologie nach dem Erdgipfel in Rio. Köln.

Birte Rodenberg
Universität Bielefeld

Internationale Frauen-Umwelt-Politik: Globale Diskurse, lokale Erfahrungen[1]

Mit der UN-Konferenz "Umwelt und Entwicklung" (UNCED), die 1992 in Rio de Janeiro stattgefunden hat, ist deutlich geworden, daß Umweltzerstörungen ein weltweites Problem sind und internationale Vereinbarungen zum Umwelt- und Ressourcenschutz notwendig machen. Die Diskussionen des UNCED-Prozesses haben auch grundlegende Fragen der Verteilung der Ressourcen und damit die Ungleichheit zwischen den Ländern des Nordens und des Südens aufgeworfen (20% der Menschheit verfügen über 80% der weltweiten Ressourcen). Es waren vor allem die Nicht-Regierungs-Organisationen (NRO) - und unter ihnen insbesondere die feministischen Frauenorganisationen - die im UNCED-Prozeß eine radikale Kritik an der Verallgemeinerung des wachstumsorientierten Wirtschaftsmodells übten.

Das Lobbying der internationalen Frauenorganisation WEDO[2] hat im Vorfeld und bei der Durchführung des Erdgipfels in Rio de Janeiro bewirkt, daß sich dieser Themenkomplex Frauen, Umwelt und Entwicklung in der entwicklungspolitischen Debatte als eigenständiger Diskurs etablierte. Der Beharrlichkeit im Einbringen von feministischen Positionen sowie der unnachgiebigen politischen Präsenz der engagierten Frauenorganisationen ist es zu verdanken, daß die besondere Betroffenheit von Frauen durch die weltweiten Umweltdegradierungen seitdem nicht mehr angezweifelt wird. Zugleich steht eine feministische Betrachtung der Umweltkrise als gesellschaftlicher Umbruch mit geschlechtspezifischen Auswirkungen im Gegensatz zu Positionen, die allenfalls eine stärkere Betroffenheit des Südens bemerken, nicht aber soziale, ethnische oder geschlechtsspezifische Unterschiede berücksichtigen. Auch das Argument der "armutsbedingten Ressourcenzerstörung", das Frauen zu Verursacherinnen von Naturzerstörung macht,

---

[1] Im vorliegenden Beitrag kann die Fragestellung nur in Teilaspekten diskutiert werden. Für eine ausführliche Analyse vgl. Ruppert, U. (Hrsg.) (1998): Lokal bewegen - global verhandeln. Internationale Politik und Geschlecht, Frankfurt a.M: 106-129. Das im Text verwendete Beispiel basiert auf Ergebnissen eigener Forschung zur Thematik (Rodenberg 1998).

[2] Als Dachorganisation koordiniert WEDO (Women's Environment Development Organization) das Engagement feministischer Umweltschützerinnen aus dem Süden und dem Norden. 1991 gegründet, arbeitete WEDO als eine der größten Frauen-Umweltorganisationen weltweit bislang unter der Leitung von Bella Abzug. Mit ihrem Tod im Frühjahr 1998 hat die internationale Frauenbewegung eine ihrer bedeutendsten Integrationsfiguren der letzten Jahre verloren.

weil sie z.B. für die Brennholzkrise und ein hohes Bevölkerungswachstum verantwortlich seien, kann fortan nicht mehr unwidersprochen geführt werden.

1. WED: Der Women-Environment-Sustainable Development-Diskurs

Bereits seit Beginn der 70er Jahre gibt es ein steigendes Interesse an dem Verhältnis von Frauen zur Umwelt. In dem WED-Diskurs haben sich verschiedene Strömungen und unterschiedliche Ansätze aus Wissenschaft, politischen Bewegungen und Institutionen niedergeschlagen (vgl. Agarwal 1992, Braidotti et al. 1994, Harcourt 1994). In Anlehnung an Rocheleau u.a. (1996) lassen sich im wesentlichen vier Richtungen herausstellen: feministisch-ökologischer Poststrukturalismus[3], Ökofeminismus, feministische Ökologie und feministische Ökonomie. Insbesondere in den frühen 90er Jahren ist der Diskurs von einer konträr geführten Debatte unter feministischen Wissenschaftlerinnen um die "Konstruktion von Weiblichkeit" (vgl. Wichterich 1993) bestimmt gewesen. Die Auseinandersetzung um die vom sozialen Ökofeminismus vertretene Gleichsetzung von Frauen und Natur als Opfer von Ausbeutung durch das patriarchalische Gesellschaftssystem war dabei zentral. Eine sozialhistorisch und kulturell bedingte "größere Nähe von Frauen zur Natur" prädestiniere diese anders als Männer dazu, Natur und Umwelt zu schonen und zu schützen (vgl. Mies/Shiva 1995). Dieser Aspekt markiert zwar - ideengeschichtlich betrachtet - einen wichtigen Punkt im gesamten Verlauf des Frauen-Ökologie-Diskurses; nicht zuletzt, weil er einen holistischen Erklärungsansatz ebenso wie eine radikale Kritik am herrschenden Zivilisationsparadigma in sich vereint. Aber er hat immer wieder harsche Kritik und scharfe Abgrenzungen hervorgerufen, da die kategorische Einordnung von Frauen als Opfer und "Heilende" von Umweltzerstörung eine einseitige Zuweisung von Verantwortlichkeit für die ökologischen Schäden impliziert. Hier soll jedoch ein sozial begründetes geschlechtsspezifisches Interesse von Frauen an der beeinträchtigenden Umweltzerstörung angenommen werden. Deshalb sind die Positionen einer feministischen politischen Ökologie von besonderem Interesse. In ihnen werden auf der Basis konkreter Alltagserfahrungen von Frauen die Wechselwirkungen zwischen den sozio-ökonomischen Bedingungen und geschlechtsspezischen Fraueninteressen in den Mittelpunkt der Analysen gerückt. Dabei sind Aspekte feministischer Ökonomie integraler Bestandteil der Betrachtung (Wee/Heyzer 1995).

---

[3] Der feministisch-ökologische Poststrukturalismus basiert gleichwohl auf Ansätzen feministischer Wissenschaftskritik (Harding 1994) wie auf denen poststrukturalistischer Ökopolitik (Andermatt Conley 1997). Der geschlechtsspezifische Zusammenhang zur Natur manifestiert sich weniger in einer essentiellen Zweigeschlechtlichkeit, denn in Formen "situierten Wissens" (Haraway 1995: 73ff.). Dieses entsteht "aus der Verknüpfung von Körpern und Bedeutungen" (ebd.: 22) und wird von verschiedenen Identitäten wie Geschlecht, Ethnizität, Alter, Klasse geformt.

2. Frauen als Handelnde

Die vielfältigen lokalen Erfahrungen von Frauen des Südens im Umgang mit der Natur und den natürlichen Ressourcen haben den internationalen Frauen-Ökologie-Diskurs von Anfang an geprägt. Insbesondere im UNCED-Prozeß wurde daran verdeutlicht, daß Frauen nicht nur Opfer von Umweltzerstörung sind, sondern aktiv Handelnde. Dieses weltweite Phänomen macht sie - und auch die offiziellen Ergebnisse der Rio-Konferenz ließen daran keinen Zweifel - zu Schlüsselfiguren in der Gestaltung der zukünftigen globalen Entwicklung (Wichterich 1992).

Auf lokaler Ebene sind Frauen Handelnde auf zwei Ebenen:
1.) Auf der Mikroebene ihres Alltags resultiert ihr ökologisches Handeln aus einem schonenden Umgang mit den lokal verfügbaren, natürlichen Ressourcen. In der Hauptverantwortung für die Überlebenssicherung ihrer Haushalte und Familien stehend, sind sie Trägerinnen einer Fürsorgewirtschaft (Elson 1993), die auf einer nachhaltigen Wirtschaftsweise beruht.

Durch die Zerstörung oder Verknappung der natürlichen Ressourcen erhöht sich der Zeit- und Energieaufwand für die Produktion des Überlebens und wichtige Einkommensquellen fallen weg. Die Übernutzung der Böden und die Ausweitung von Bodenerosion vermindern die Ernteerträge spürbar, so daß keine Überschüsse mehr erwirtschaftet und verkauft werden können. In den urbanen und suburbanen Gebieten, die von infrastrukturellen Mängeln hinsichtlich der alltäglichen Versorgung gekennzeichnet sind, stehen ebenfalls die Frauen in der Hauptverantwortung der Existenzsicherung und der Gesundheit ihrer Familien.

Doch Handlung und Situation von Frauen müssen im Zusammenhang mit den geschlechtshierarchischen Gesellschaftsstrukturen betrachtet werden. So stellt sich die Frage nach den Handlungsspielräumen von Frauen. Deren Begrenztheit wird ersichtlich an der geringen Entscheidungsmacht, über die Frauen auf allen Ebenen, lokal, national und global, verfügen - auf dem Land wie in der Stadt:

Wer kontrolliert und bestimmt die Verfügungsrechte über die natürlichen Ressourcen Land und Wasser, aber auch Bäume, Tiere und Saatgut? Wer bestimmt über die Qualität der Lebensumwelt und wer hat die Definitionsmacht darüber, was eine erstrebenswerte und gesunde Umwelt ist? Wer trägt die Verantwortung - im Sinne einer Verfügungsmacht, nicht nur als Last - über Verteilung und Benutzung der Ressourcen im Haushalt und in der Gemeinde?

2.) Unter Berücksichtigung der Vielfältigkeit lokalen Umweltengagements von Frauen in den Ländern des Südens lassen sich übereinstimmende Zielvorhaben herauskristallisieren. Diese sind a) die Überlebenssicherung, b) das Recht auf eine gesunde Umwelt, c) eine Verantwortlichkeit für den Schutz der Lebensbedingungen (livelihoods) vor Umweltverschmutzung, Ausbeutung und Zerstörung sowie d) die Wiederherstellung und Wiedergewinnung der bereits zerstörten oder beeinträchtigten Umwelt (Rocheleau et al. 1996).

Das weit verbreitete Umweltengagement von Frauen beschränkt sich jedoch nicht auf die Mikroebene ihres Alltags und Haushaltes. Offensichtlich ist vielmehr, daß Frauen auf der lokalen bzw. regionalen Ebene der sozialen Organisation für eine qualitative Verbesserung ihrer ökologischen und sozio-ökonomischen Lebensbedingungen arbeiten: In kleinen, lokal organisierten Basisgruppen engagieren sie sich sowohl auf dem Land als auch in der Stadt für den Erhalt natürlicher Ressourcen und wehren sich gegen deren Zerstörung, wenn die Gesundheit und/oder die Überlebenssicherung der Familie durch die Umweltzerstörung bedroht ist. Mit Hilfe einfacher, lokal verfügbarer Techniken, Kreativität und meist unbezahlter Arbeit versuchen sie, lokale oder regionale Lösungswege zu finden, um die ökologische Zerstörung aufzuhalten oder zu mindern. Dabei wird das zunächst überlebenssichernde Engagement in einen kollektiven Prozeß der Selbstorganisation eingebunden, den die Beteiligten auch als solchen begreifen. Die Frauengruppe wird dabei zum "Frauenraum", einem Ort, an dem nicht nur ökologische und ökonomische Zielvorstellungen entwickelt werden, sondern dynamische Prozesse eigenständigen Wandels (Lachenmann 1992) stattfinden. Diese Prozesse eines möglichen Machtgewinns auf kommunaler Ebene durch das kollektive Umweltengagement sind ein wesentliches Kennzeichen umweltpolitischen Engagements von Frauen.

3. Machtgewinn durch Mülltrennung? Ein Recycling-Zentrum als Frauenraum

Die indische Chipko-Bewegung oder kenianische Greenbelt-Bewegung sind Beispiele für lokal verankerte Frauen-Umweltbewegungen, deren Zielvorstellungen ökologische Nachhaltigkeit mit politischen Forderungen nach gesellschaftlicher Entscheidungs- und Verfügungsmacht verbinden. Auf den ersten Blick nicht ersichtlich ist hingegen, welche Möglichkeiten eines dynamischen Organisationsprozesses auf lokaler Ebene - oder darüber hinaus - eine lokale Initiative zur Müllvermeidung bietet, ohne daß die engagierten Frauen von der Gemeindeverwaltung als unbezahlte Müllsammlerinnen funktionalisiert werden. Welchen Stellenwert hat eine lokale Umweltinitiative von Frauen für die Veränderung globaler Geschlechterverhältnisse, aber auch für die internationale Frauen-Umwelt-Politik?

In Texalpan, einer Kleinstadt im Zentrum Mexikos, hat eine Frauengruppe nach mehrjähriger Arbeit ein Recycling-Zentrum errichtet. Die Sammel- und Sortierstelle für anorganischen Hausmüll ist zwar keine Bastion gegen die zunehmende Industrialisierung ihrer früher ländlichen Gemeinde, denn sie richtet sich an die am Ende der Modernisierungsprozesse befindlichen Haushalte. Aber neben der Wiederverwertung der Wertstoffe Glas, Papier, Plastik, Metall durch Sortieren und Weiterverkauf an die verarbeitende Industrie, besteht ein Großteil der Projektarbeit in bildungspolitischer Öffentlichkeitsarbeit und Umwelterziehung. Abfallvermeidung und die Veränderung der Konsumstrukturen sind elementare Bestandteile eines bewußtseinsbildenden Konzeptes von Kampagnen und öffentlichen Gesprächen und sollen dazu beitragen, das Müllaufkommen nachhaltig zu reduzieren[4]. Die Gesprächsangebote richten sich an Kindertagesstätten und Schulen, aber auch an die politischen Gremien der Stadt. Mit dieser weitgefaßten Zielgruppe, die von den Frauen des Projekts auch tatsächlich erreicht wird, verhindern sie, daß nicht vorrangig Frauen als Hausfrauen mit der Mülltrennung und -vermeidung angesprochen werden und eine "Verschiebung von Müll- und Materialverantwortung") hauptsächlich zu Lasten von Frauen geschieht (Schultz/Weiland 1991 vgl. auch Schultz 1993).

Mittlerweile ist das Recycling-Zentrum zu einem "Modellprojekt" im mexikanischen Bundesstaat Morelos geworden und die Gruppe verfügt im Bereich der Umweltpolitik bei regionalen wie überregionalen nicht-staatlichen Organisationen über eine hohe Reputation. Es ist insbesondere diese politische Arbeit der Vermittlung und Vernetzung, die sie zu wichtigen Akteurinnen lokaler Umweltpolitik macht - sei es in der Auseinandersetzung um die Neuregelung kommunaler Müllabfuhr, sei es durch die Übernahme von Koordinationsaufgaben eines regionalen Netzwerkes von Recycling-Zentren. Ihr Engagement für eine nachhaltige lokale Entwicklung durch Müllvermeidung hat inzwischen auch bei den staatlichen Ämtern und Institutionen positive Resonanz ausgelöst. Für die Frauengruppe ist das Verhältnis zu den staatlichen Institutionen, die ein zunehmendes Interesse an dem Recycling-Zentrum signalisieren und es deshalb auch unregelmäßig finanziell unterstützen, seit Beginn der Projektarbeit gespannt und ambivalent. Auf die Gelder angewiesen, muß die Frauengruppe z.B. auch in regierungspolitischen Gremien präsent sein, ohne daß sie dadurch politische Mitbestimmung erlangen würden. Der Zeitaufwand ist beträchtlich und die Vereinnahmung für die Reputation der Regierung immer gegeben (Oswald 1994). Gleichzeitig wird die Forderung nach Finanzierung durch kommunale oder staatliche Gelder als Mittel gegen die Funktionalisierung für die offizielle umweltpolitische Programmatik gesehen. Insbesondere die Forderung nach Bezahlung der im Zentrum geleisteten Arbeit, ist als Ausdruck eines Selbstverständnisses der Frauen zu sehen, die weitgefächerten Aufgaben im Umweltschutz nicht unentgeltlich übernehmen zu wollen: "Wir sind keine karitative Einrichtung", lautet die wiederholte Begründung, mit der selbstbewußt von einem umweltpolitischen Altruismus Abstand genommen wird. Vor dem Hintergrund der sozio-ökonomischen Struktur weiblicher Lebenszusammenhänge wird aus einer Sammel- und Sortierstelle für Hausmüll ein ökonomisches Projekt, das unter der Prämisse des Überlebenspragmatismus aufgebaut wurde. Zugleich verdeutlicht gerade der unermüdliche Kampf um die Verfügbarkeit der Ressourcen, die ihre Umweltarbeit ermöglichen, daß hier ein Frauenraum entstanden ist, der politische Bewußtseinsprozesse ermöglicht und ihre Handlungsspielräume sozialer und politischer Einflußnahme erweitert.

---

[4] Öffentlichkeitswirksam werden bei der Kampagnenarbeit die drei "R" als Vehikel der Ressourcenschonung und Abfallvermeidung auf Haushaltsebene vorgestellt: *"Reduce, Reutiliza, Recicla"*. Die Aufforderung lautet, abfallintensive bzw. verpackungsaufwendige Produkte zu reduzieren, Materialien nach Möglichkeit wiederzuverwenden (Plastiktüten) und den nicht weiter zu verwertenden Abfall dem Recycling zuzuführen.

Mit den großen UN-Konferenzen der 90er Jahre, hat die Frauenfrage ebenso wie die Ökologiefrage in der Arena internationaler Politik einen Bedeutungszuwachs erfahren. Auch hier treten Frauen als Akteurinnen auf und versuchen, ihre Interessen in die offiziellen Agenden einzubringen (Lachenmann 1996; Rodenberg 1996; Wichterich 1996). Die begrenzten Möglichkeiten, über die Partizipation an einer internationalen Politik der Konferenzen und Verhandlungen größeren Einfluß nehmen und mehr gesellschaftliche Gestaltungsmacht gewinnen zu können, ist in bezug auf die Veränderung feministischer Politik nach Peking als Kritik am Lobbying formuliert worden (Wichterich 1998). Auch die Umweltbewegung hat "die Straße verlassen", ist ebenso wie die Frauenbewegung "salonfähig" geworden und besetzt mittlerweile so manches Vorzimmer der institutionellen Politik. Entsprechend der kritischen Debatte, in der vor Verschleiß und Vereinnahmungen der nicht-staatlichen Akteure in dieser Arena gewarnt wird, müssen die gleichen Gefahren auch für die feministischen NRO und Netzwerke ins Auge gefaßt werden. Denn Basisferne, Verlust von eigenen, unabhängigen Positionen (und Visionen!) sowie Kooptation und Instrumentalisierung durch staatliche Akteure (Wahl 1997) sind längst keine unrealistischen Merkmale der internationalen Frauenbewegungen mehr.

Deshalb sollten die strategischen Interessenskonvergenzen und konzeptionellen Verknüpfungspunkte zwischen lokalen und internationalen Frauen-Umwelt-Organisationen im Vordergrund einer kritischen Betrachtung stehen. Mögliche Formen der Unterstützung "nach unten" und solche der Einflußnahme von Basisorganisationen "nach oben" sollten nunmehr, in den Blick genommen werden. Welcher Art kann eine Vernetzung sein, die zwischen den unterschiedlich verorteten zivilgesellschaftlichen Kräften vermittelt? Nationale themenbezogene Netzwerke und Dachorganisationen spielen dabei sicherlich eine große Rolle und können lokalen Initiativen weitere Handlungsspielräume und Durchsetzungsmöglichkeiten für die konkreten Forderungen nach Verbesserung der Umwelt- und Lebensbedingungen von Frauen erschließen.

"Die Ökologiebewegung und die feministische Frauenbewegung gehören zu den größten sozialpolitischen Errungenschaften und Herausforderungen des 20. Jahrhunderts", wie es die brasilianische Soziologin Mary García Castro formuliert. Beide wirken auf drei Ebenen: lokal, regional (national) und global (international). Vielfältige und unkonventionelle Aktionsformen haben die Politik beider Bereiche auf diesen drei Ebenen geprägt: Insbesondere die Frauenbewegung hat dazu beigetragen, die dichotome Aufteilung zwischen dem Privaten und der Öffentlichkeit aufzuheben und die Grenzen zwischen einer formalisierten Politik und einer Aktions-Politik "von unten" zu überschreiten.

Literatur

Agarwal, B. (1992): The Gender and Envrionment Debate: Lessons From India. In: Feminist Studies 18: 119-158.

Andermatt Conley, V. (1997): Ecopolitics. The Environment in Poststructuralist Thought. London.

Braidotti, R./Charkiewicz, E./Häusler, S./Wieringa, S. (1994): Women, the Environment and Sustainable Development. Towards a Theoretical Synthesis. London.

Elson, D. (1993): Feministische Ansätze in der Entwicklungsökonomie. In: Prokla 93 (4): : 529-550.

Haraway, D. (1995): Die Neuerfindung der Natur. Primaten, Cyborgs und Frauen. Frankfurt/M.

Harcourt, W. (ed.) (1994): Feminist Perspectives on Sustainable Development. London.

Harding, S. (1994): Das Geschlecht des Wissens. Frankfurt/M.

Lachenmann, G. (1992): Frauen als gesellschaftliche Kraft im sozialen Wandel in Afrika. In: Peripherie 47/48: 74-93.

Lachenmann, G. (1996): Weltfrauenkonferenz und Forum der Nichtregierungsorganisationen in Peking - internationale Frauenbewegungen als Vorreiterinnen einer globalen Zivilgesellschaft? Working Paper der Universität Bielefeld, 251.

Mies, M./Shiva, V. (1995): Ökofeminismus. Zürich.

Oswald, S.U. (ed.) (1994): Retos de la Ecología en México. Memoria de la Primera Reunión de Delegados y Procuradores del Ambiente, Cuernavaca.

Rocheleau, D./Thomas-Slayter, B./Wangari, E. (1996): Gender and Environment. A Feminist Political Ecology Perspective. In: Rocheleau, Dianne; Thomas-Slayter, Barbara; Wangari, Esther (eds.): Feminist Political Ecology. Global Issues and Local Experiences, London: 3-23.

Rodenberg, B. (1996): Frauen, Umwelt und Entwicklung: Modethema, Non-Thema, UN-Thema? Zum Stand des Diskurses und der Bewegung nach der Weltfrauenkonferenz 1995 in Peking. In: Entwicklungsethnologie 1: 25-42.

Rodenberg, B. (1998): Von der Mülltrennung zum Machtgewinn: Frauen in derBasisumweltbewegung Mexikos, unveröffentl. Dissertation, Universität Bielefeld.

Ruppert, U. (Hrsg.)(1998): Lokal bewegen - global verhandeln. Internationale Politik und Geschlecht. Frankfurt/M. (im Erscheinen).

Schultz, I./Weiland, M. (1991): Frauen und Müll. Frauen als Handelnde in der kommunalen Abfallwirtschaft, Sozial-ökologische Arbeitspapiere 40. Frankfurt/M.

Schultz, I. (Hrsg.) (1993): GlobalHaushalt. Globalisierung von Stoffströmen Feminisierung von Verantwortung. Frankfurt/M.

Sen, G./Grown, C. (1987): Development Crisis and Alternative Visions. Third World Women's Perspectives, New York.

Wahl, P. (1997): Mythos und Realität internationaler Zivilgesellschaft. Zu den Perspektiven globaler Vernetzung von Nicht-Regierungs-Organisationen. In: Elmar Altvater et al. (Hrsg.): Vernetzt und verstrickt. Nicht-Regierungs-Organisationen als gesellschaftliche Produktivkraft, Münster: 293-314.

Wee, V./Heyzer, N. (1995): Gender, Poverty and Sustainable Development. Towards a Holistic Framework of Understanding and Action, Singapore, New York.

Wichterich, Ch. (1992): Die Erde bemuttern. Frauen und Ökologie nach dem Erdgipfel in Rio. Köln.

Wichterich, Ch. (1993): Die Rückkehr der weisen Frauen. In: Peripherie 51/52: 120-136.

Wichterich, Ch. (1998): Die globalisierte Frau. Berichte aus der Zukunft der Ungleichheit, Reinbek.

Maimunah Ismail
Department of Extension Education, Serdang, Malaysia

The Role of Rural Women in Sustainable Development: A Malaysian Experience

This paper examines the role of rural women in sustainable development in Malaysia. The role will be discussed in relation to a) women's labour force participation in agriculture development; b) women as beneficiaries of public health services; c) women in income-generating activities; and d) women in female-headed households.

Much has been said about the meaning of sustainable development internationally. The earlier definition of sustainable development however, has focused on aspects of agronomy and ecology, seeking a compromise between the natural environment and the pursuit of economic growth (Conway 1985). The later definition of sustainable development has included other essential and practical dimensions of life such as economy, politics, culture and social well-being (Redclift 1987, WCED 1987, Simon 1995).

The operational meaning of sustainable development in this paper refers to that provided by Barbier (1987) which has both quantitative and qualitative dimensions. It is the increase in material means available to those living in the rural areas so as to provide for adequate physical and social well-being of the population. The material means include provision of employment opportunities and public health services, and other facilities which cater to the needs of specific population groups such as women involved in income-generating activities, and women in female-headed households.

The data used in the analysis were taken from secondary sources such as those of population census ministerial and department reports, and individual research conducted on rural women in Malaysia.

It is important at the outset of this paper to highlight the general profile of population and women in the country. The population of Malaysia stood at 21.2 million in 1996 with a population growth remained stable at 2.3% per annum. The percentage of male and female population is 51.1% and 48.9%, while urban and rural population is 54.7% and 45.3%, respectively. Expectation of life at birth for male is 69.5 years and for female is 74.1 years which is close to 74.0 and 80.0 years in the developed countries. The mortality rate (per 1,000 live births) is 0.2 while the perinatal, neonatal and infant mortality rates continued to decline in 1996 (9.8, 6.8 and 10.4 per 1,000 live births, respectively). These facts are evidence of increasingly committed development policies towards the well-being of the population particularly those in the rural areas, resulting from the steady economic development in the country.

1. Women's Labour Force Participation in Agriculture Development

The growth rate of Malaysian agriculture sector in the Seventh Malaysia Plan (1996-2000) is expected to be 2.4% per annum. Despite the decline of its share of GDP from 18.7% in 1990 to 13.6% in 1995, the agriculture sector is expected to remain an important sector in view of the economic downturn occurring in the Southeast Asian region and in Malaysia beginning July 1997.

Employment in the agriculture sector declined by 3.8% per annum from 26.2 % in 1990 to 20.1% in 1995 and 19.6% in 196 (see Table 1). In terms of participation by male and female workers, there is a decline of female workers participation in the sector which is 34.4% in 1990 to 28.4% in 1995, and is seen slightly increased to 30.2% in 1996 (Table 2). It is expected that the period in the Seventh Malaysia Plan will witness an increased employment of both male and female workers in the agriculture sector as a result of reintensification of agriculture in the economy.

Table 1: Total Employment in Agriculture and Contribution of Agriculture to GDP, Malaysia, 1990, 1995 and 1996

Item	1990	1995	1996
Total employment in agriculture (%)	26.2	20.1	19.6*
Contribution of agriculture to GDP (%)	18.7	13.6	**

Sources: Government of Malaysia (1996); * Department of Statistics, Malaysia (1997); ** According to an estimation in 1995, the value by the year 2000 is 10.5%

A study conducted in the district of Kuala Langat (Maimunah 1992, 1993) concludes that a greater access of rural women to becoming farm workers is associated with he following situations, namely, the availability of multiple short-term cropping farming in an area, the usage of less labour-saving technologies in farming, the involvement of women in making farm decisions, and the situation of female-headed households. The fact that about one-third of the total employment in agriculture is made up of women workers shows that women workers should be equally treated with male workers in terms of wages and renumerations, social and other occupational benefits.

2. Women as Beneficiaries of Public Health Services

Public health services is another facet governing sustainability in development. The total expenditure of public health services in the rural areas is 43.97% in the Sixth Malaysia Plan (1990-1995) increased to 61.00% in the Seventh Malaysia Plan (Government of Malaysia, 1996). There is a lack of data representing public health services according to rural and urban breakdown as well as targeting male and female population. To discuss the role of rural women as beneficiaries in sustainable rural development, an analysis is made on the account of availability of public health facilities, vital health indicators in Malaysia, the number of admissions in hospitals of predominantly female patients due to cases such as delivery, antenatal and postnatal care.

Table 2: Participation of Male and Female Worker in Agriculture, Malaysia, 1990, 1995, and 1996

	1990		1995		1996	
	Male	Female	Male	Female	Male	Female
Participation in Agriculture	65.6	34.4	71.6	28.4	69.8	30.2

Source: Government of Malaysia (1996); Department of Statistics, Malaysia (1997)

The availability of rural health facilities is shown in Table 3. The rural health facilities are divided into rural clinics, health centres and mobile units. There were 1998 and 1991 rural clinics in Malaysia in 1990 and 1995 respectively. Rural clinics include klinik desa and midwife clinics; the reduction in 1995 is due to the upgrading of klinik desa and midwife clinics into health centres. The total number of health centres was 497 and 592 in 1990 and 1995, respectively. The services under the Mobile Units are Dispensary Services, Village Health Teams, Flying Doctor Services and Mobile Dental Services.

In 1995 the Ministry of Health reorganised services so that the Maternal and Child Health Unit was expended to the Family and Health Development Division. The program aims to promote the development of healthy families, maintain the health of women in the reproductive age group, and to promote the development of children from infancy through childhood. The primary target of the program of Family and Health Division is, therefore, the women at varying groups. Some indicators to show that Malaysian women have been the main beneficiaries of public health services in general are shown by the general health status indicators as depicted in Table 4. In general the health status of Malaysia resembles that of a country in transition from developing to developed economic status.

Table 3: Number of Rural Health Facilities in Malaysia for 1990 and 1995

Rural Health Facilities	1990	1995
Rural Clinics	1,998	1,991
Rural Centres	497	592
Mobile Clinics		
Dispensary Services	216	157
Village Health Teams	118	122
Flying Doctor Services	14	14
Mobile Dental Services	126	117

Source: Government of Malaysia (1996)

Table 4: Vital Health Indicators in Malaysia and Japan, 1995

Indicators	Malaysia	Japan
Crude Birth Rate (Per 1,000 population)	25.9	9.6
Crude Death Rate (Per 1,000 population)	4.6	7.4
Perinatal Mortality Rate (Per 1,000 live births and stillbirths)	9.8	-
Neonatal Mortality Rate (Per 1,000 live births)	6.8	-
Infant Mortality Rate (Per 1,000 live births)	10.4	4.3
Toddler Mortality Rate (Per 1,000 population aged 1-4 years)	0.8	-
Maternal Mortality Rate (Per 1,000 live births)	0.2	0.02
Expectation of Life at Birth (In Years) Male: (Peninsular Malaysia)	69.5	78
Female:	74.1	78

Sources: Department of Statistics, Malaysia; Asiaweek, May 12, 1995

The data in Table 5 show that one in every three patients who were hospitalised and discharged from hospitals is a woman; she was treated either for a normal delivery or complication due to pregnancy.

Table 5: Number of Discharges in General Hospitals in Malaysia due to Normal Delivery & Complications of Pregnancy, 1995

Census	No. of Discharges	% to Total Discharges
Normal delivery	299 956	20.5
Complication of pregnancy	173 790	11.9

Source: Ministry of Health (1995)

Other data showing the coverage of women as participants and beneficiaries of public health services are those received by pregnant mothers. Table 6 shows the number of pregnant mothers attended public health facilities for the year 1994 and 1995. The antenatal coverage by the Public Health Facilities in 69.2% and 68.8%, and the average antenatal visits per mother is 7.5 and 7.6, respectively.

Table 6: Antenatal Service Coverage for Total Pregnant Mothers by Public Health Facilities, Malaysia, 1994 and 1995

Year	No. of Pregnant Mothers	Antenatal Coverage	Average Antenatal Visits per Mother
1994	744 165	514 682 (69.2%)	7.5
1995	742 531	510 915 (68.8%)	7.6

Source: Ministry of Health (1995)

Women are also seen as important public health users in terms of benefiting the institutional delivery and postnatal facilities. Table 7 shows the coverage of these facilities for 1994 and 1995 in which institutional deliveries increased from 87.9% in 1994 to 89.7% in 1995, and the total coverage for postnatal mothers increased from 74.0% to 76.7%.

Table 7: Institutional Delivery and Postnatal Coverage in the Public Health Facilities and Government Hospitals, Malaysia, 1994 and 1995

	1994	1995
Institutional delivery	340 804 (87.9%)	338 624 (89.7%)
Postnatal coverage	370 267 (74.0%)	375 521 (76.7%)

Source: Ministry of Health (1995)

Another evidence indicative of the role of women as beneficiaries in the development of the health sector in Malaysia is family planning program. The number of new family planning acceptors (in which the majority were women) has increased from 31,195 in 1990 to 52,098 in 1995. In 1995, 85.2% of the new acceptors were on pills, 9.6% used condoms, 31.1% had IUCD insertions and 2.1% were on other methods. Similarly, the total number of pap smears, taken has increased from 58,235 in 1991 to 177, 050 in 1995 (Ministry of Health 1995).

3. Women in Income-Generating Activities

Women play an important role in providing secondary source of income especially in Malaysian rural areas. Studies have found that income-generating activities through rural micro-enterprise projects benefited women and helped increase family income and living standards (Jariah/Laily 1997, Maimunah 1997). The goal of women's involvement in the income-generating activities is, therefore, important for employment purposes although on a smaller scale compared to that in the manufacturing and service activities.

Types of income-generating activities women participate in the rural areas are mostly food processing projects using the locally available raw materials (Sarimah 1994, Jariah/Laily 1997, Maimunah 1997). Many women received financial and advisory assistance for their income-generating endeavours through rural development agencies such as the Department of Agriculture and Farmers Organisation Authority which have specific divisions responsible for the development of women in economic activities. These two agencies render services to women through the Women Extension Groups (WEG) available in each district and state. For example in the state of Selangor there was a total 60 WEGs in 1997 responsible for assisting economic-based activities of 1,861 women members (Department of Agriculture 1997).

The significant contribution of women in income-generating activities is evident from the fact that women in the agricultural sector were reported to have earned RM 4.5 million ($1US = RM 2.3 in 1994) a year from food processing projects at the village level (New Straits Times 1994). Besides economic goals, women's involvement in income-generating activities increases empowerment. In this context, women are empowered through gaining personal and social benefits as a result of increasing their economic status.

4. Women in Female-Headed Households

A female-headed household refers to a family which is fully administered by a woman; she could be the mother, wife or any senior female member of a family. Thus a woman who is designated „head" of a household is likely to be either widowed, divorced or abandoned, or temporarily separated due to migration of husbands for employment. The woman, therefore, serves as the main economic provider in the family.

There are indications that, at least in some countries in Asia, the incidence of female-headed households is rising. Women in these households are generally predisposed to acute poverty conditions. High dependency ratios, high incidence of family instability such as discriminatory wage rates between male and female workers lead to such poverty.

Studies indicated that the incidence of female-headed households in Malaysia varies according to region. According to the national population census conducted in 1991, the figure was 19.0%, of whom, 48.9% of them were in the rural areas (Department of Statistics 1995). In more specific areas, for example in two villages in the district of Kuala Langat, Selangor, the figure was 11.9% (Maimunah 1992).

According to a study by Jariah, et al. (1997) among women headed-households in Malaysia, 66.5% of them became heads in the families due to husbands' deaths, with the average age of 41.8 years. A total of 59.2% women from the study attended primary and secondary schools, a figure which is close to that of the national data (60.0%) (Department of Statistics 1995). The study also reveals that 33.8% and 73.9% of women had salaried employment before and after they became the household heads. This shows that the situation of women as heads of households has compelled them to seek employment in order to sustain family survival. Most of them worked as less-skilled workers in the informal sector as petty traders, seasonal workers in farming and waged workers in factories.

5. Conclusion

This paper has discussed four roles of rural women in Malaysian sustainable development. Women will continue to make up the labour force in the agriculture sector with fluctuating rates from 25% to 40% annually depending on the contribution of agriculture to the GDP. Women will continually be the target groups and beneficiaries of public health services because the health status of a family is dependent on the health condition of a woman as wife, mother of the young, and one who is responsible for the reproductive functions in the family. Women have gained as recipients in the health programmes as is reflected by the health indicators in this country which resemble those of transforming from developing to developed countries status.

Women's role in sustainable rural development is also important as earners in income-generating activities. Besides the economic goal, women's involvement in the activities serves to provide employment for other women as well as increasing empowerment. Finally, women continue to strive as heads of families responsible for meeting economic as well as social needs. The above roles of women, particularly in the rural areas, should be taken into account when formulating policies and programmes towards sustainability in development.

Literature

Asiaweek, May 12, 1995. Vital Signs.

Barbier, E.B. (1987): The concept of sustainable economic development. In: Environmental Conservation, 14(2): 101-10.

Conway, G. (1985): Agro-ecosystem analysis. In: Agricultural Administration 20: 31-55.

Department of Agriculture (1997): Women Extension Group and Activities - A Report. Department of Agriculture of District of Kuala Langat, Teluk Datuk, Selangor.

Department of Statistics (1995): General Report of the Population Census, 1/2, Kuala Lumpur: Department of Statistics.

Department of Statistics (1997): Labour Force Survey Report, 1996. Kuala Lumpur. Department of Statistics.

Goverment of Malaysia (1996): Seventh Malaysia Plan, 1996-2000. Kuala Lumpur.

Jariah Masud/Laily Paim (1997): Economic empowerment of rural women through micro-enterprise. Paper presented at the Regional Conference on Women and Work: Challenges in Industrialising Nations, 5-6 March 1997, Putra Jaya, Sepang, Selangor.

Jariah Masud/MumtazahOsman/Hanisah Yaakop/Siti Nor Yaakob/Zaiton Hassan (1997): Women-Headed Households in the Context of Poverty. Report of a Research

Sponsored by the Women's Affairs Division, Ministry of Social Unity and Community Development, Kuala Lumpur.

Maimunah Ismail (1992): Women's access to land as owners and farm workers: Some implications for extension planning. Ph.D. dissertation, Centre for Extension and Continuing Education, UPM, Serdang, Malaysia.

Maimunah Ismail (1993): Women farm workers in Malaysia. In: Journal of Extension : 28.

Maimunah Ismail (1997): Accomplishments of rural women's income-generating projects in Selangor state, Malaysia. In: Journal of International Agricultural and Extension Education: 9-18.

Ministry of Health (1995): Annual Report 1995, Kuala Lumpur.

New Straits Times (1994): Women earn RM 4.5 million yearly from food processing projects, 4th December, Kuala Lumpur.

Redclif, M.R. (1987): Sustainable Development: Exploring the Contradictions. London.

Sarimah Misnan (1994): Women's contribution in income-generating activities. Unpublished Master's Thesis, Faculty of Human Ecology, UPM, Serdang, Malaysia.

Simon, D. (1995): Sustainable development: Theoretical construct or attainable goal? In: Bryan R. Roberts/Robert G. Cushing/Wood; Charles (eds.): The Sociology of Development. II, Aldershot.

World Commission on Environment and Development (WCED) (1987): Our Common Future. Oxford.

Rusinah Joned
Department of Extension Education, Faculty of Educational Studies
Universiti Putra Malaysia, Serdang, Selangor, Malaysia

Knowledge and Skills Needs for Development of Rural Woman Entrepreneurs:
A Case For Program Development

1. Introduction

The participation of women in economic production, such as in income generating projects, has been encouraged in the development program in rural Malaysia (Husna 1991). These income generating projects help to improve the women's status, as well as to increase their income which is necessary to upgrade their family socio-economic status (Bawiah 1990, Foster/Metzen 1985). Besides their own initiatives and motivation to work hard in increasing their income through these income generating projects, supports and help such as training and education from the various development agencies are still needed by these rural women. It was recognized that rural women have the potential which could be developed and enriched and with proper motivation could be generated as resources for development of the family, the community and the nation (Rusinah/Wan Zarina 1996).

It is a known fact that individuals need to pass through education and training processes to facilitate the change of their knowledge, practices, attitude, to develop interest and to encourage the adoption of recommended practices in order to be successful in their activity (Proctor 1995). According to Nedler (1992), training is needed to expose individuals widely to the knowledge and skills of work. A well-planned, systematic and continous training program will help to facilitate the development of individuals to be successful in their own income generating activity. So, an appropriate training and education program should be identified to match the needs of these rural women. The training not only will impart knowledge and skills but also will increase the confidence of these women to venture the business opportunities which are sustainable and profitable. It is hoped that through training and education not only their income will increase but also their perspective will be broadened, they will be more self-reliance, and they will have higher aspirations.

The participation of the rural women in income generating projects has achieved some success in sustaining the business for a number of years. So the potential of these women should be further developed to become dynamic and successful entrepreneurs. Their experiences in income generating projects, such as the knowledge and skills in production and marketing, can be a basis to acquire a broader knowledge and skills in entrepreneurship. The study was to analyze the needs of the women who participated in the income generating projects as potential entrepreneurs.

Specifically, the objectives of the study are to identify the business characteristics, and to determine the knowledge and skills needed to develop the potential woman entrepreneurs.

2. Methodology

The study was conducted initially in two adjacent villages in the district of Kuala Langat, Selangor. Later, data from the other villages in the district will be collected to determine the need of potential women entrepreneurs for training programs in the district. The women who participated in the income generating projects in their villages were identified as potential entrepreneurs. A total of 27 women from the two villages were interviewed using a set of structured interview schedule. The interview schedule consisted of business characteristics and problems encountered, knowledge and skills needs related to development of entrepreneurs and their sources and the background of the respondents.

3. Results and Discussion

This section will discuss the business characteristics, major problems encountered, and the needs and sources of knowledge and skills of entrepreneurship.

4. Business Characteristics

The respondents interviewed were about 42.0 years old. While their educational achievement is slightly beyond the primary education (7 years) specifically the primary religious school. The data showed that they are middle age and the younger they are, usually the more educated.

Table 1 shows that five types of businesses were identified. About one third of the respondents were involved in the sewing projects which include tailoring, curtain making and embroidery. Five out of 12 respondents were doing a full time sewing activities. The women were involved in 10 activities (27.78%) on food on processing. There are varieties of food processing such as local cakes, chips (banana and tapioca), peanut sauce and „tempe". Many respondents were doing it on a part time basis (8 women). Other types of business were handicraft, agriculture related business and trading (2 women) as a part time.

The women were involved in these business for about five years (food processing, agriculture-related business and handicraft) while sewing was longer (8.3 years). Most of these business were 100 % self-owned except for trading, where the ownership is shared with husband.

The data also showed that the women received assistance mostly from family members (husband, children and relatives). Many do not have any assistance while two business that is food processing and sewing have paid workers.

Table 1
Business Characteristics of Respondents' Projects
(n=27)

Types of Business	No. of Activities (Percentages)	Involvement Full Time	Involvement Part Time	Year of Operation (Average)	Ownership-self-own (Percentage)	None	Assistance Family	Paid Workers
1. Food Processing ■ local cakes ■ chips making ■ peanut sauce ■ tempe	10 (27.8)	2	8	5.5	100	4	4	2
2. Sewing ■ tailoring ■ drape/curtain making	12 (33.3)	5	7	8.3	100	5	6	1
3. Handicraft ■ artificial flower making	8 (22.2)	2	6	4.6	100	5	3	0
4. Agriculture-related Business ■ vegetable gardening ■ nursery	4 (11.1)	-	4	5.8	100	2	2	0
5. Trading ■ night market ■ sunday shop	2 (5.6)	1	1	2.0	50	0	2	0

5. Major problems Encountered

Lack of training in business in the major problem (100%) (please refer to Table 2) while 98% of the respondents said that they lack experience in management. The women were exposed to much training in the usage of technology and production techniques but there still a high percentage (52%) think that they need more training in these areas. The women mentioned that they would like to produce varieties of products so that they could expand their business. So if they can overcome these problems, they are better-equipped to venture a larger-scale business.

Table 2
Major Problems Encountered
(n = 27)

Problems Areas	No	Percentages
Training in business	27	100.0
Experience	26	96.3
Lack of capital	16	59.3
Training in the usage of technology and production techniques	12	51.9
Networking	11	40.7

6. Needs for Knowledge and Skills

The respondents were asked their reactions to listings of knowledge and skills needs in developing their entrepreneurship and also the sources they used to get these knowledge and skills.

Table 3 shows that quality control and record keeping which both have a mean of 2.37, technology and production techniques (mean of 2.33) and market strategy (mean of 2.30) were ranked as the most useful knowledge and skills. Even though these women perceived that they performed quite well in their income generating projects, they said that they still need these four areas of knowledge and skills, so that they can improve the quality of their product and sales.

The data showed that leadership and motivation for the development of these entrepreneurs are also perceived useful (mean of 2.26). The leadership and motivation concepts need to be imparted to these potential entrepreneurs, so that they have better aspiration to strive harder, to be self-reliant and accept failure as opportunities to progress further.

In general, the cluster of items were rated closely enough in importance. When the values of means and standard deviations were compared, the variations are not spread out. So all the items should be considered as a real need for knowledge and skills in entrepreneurship by these women to become sustainable and successful entrepreneurs.

Table 3
Ranking of Knowledge and Skills Needed
(n=27)

Knowledge and skills	Mean	Standard deviation
1. Quality Control	2.37	0.67
2. Record Keeping	2.37	0.73
3. Technology and Production techniques	2.33	0.74
4. Marketing strategy	2.30	0.84
5. Leadership	2.26	0.87
6. Motivation	2.26	0.87
7. Sources of finance	2.15	0.80
8. Small machine / Tools usage	2.04	0.77
9. Health and Sanitation.	2.00	0.73
10. Work Space Arrangement	1.93	0.84
11. Delivery of Good	1.89	0.78
12. Packaging	1.59	0.83

Items were ranked on scale of 1 - 3
3 = extremely useful; 1 = slightly useful

7. Sources of Knowledge and Skills

Table 4 shows that the major source of knowledge and skills is the extension agents (92%) who linked up the technology and production techniques through their own village program. The courses (85.2%) are another source of knowledge and skills which were conducted or arranged and sometimes coordinated by these agents.

The extension agents are seen as more credible in organizing the development/change program for these women. So the agents could use the data of this study as a baseline to develop a systematic program related to development of these potential women entrepreneurs.

Table 4
Sources of Knowledge and Skills
(n=27)

Sources	No	Percentages
Extension Agents	25	92.0
Courses	23	85.2
Significant others	22	81.5
Educational Visits	8	29.6

8. Conclusions and Recommendations

The rural women entrepreneurs are relatively young in age and have the capability to sustain their business successfully. They also have limited experiences in management of business and educational background. Their needs are not only in the management knowledge and skills but also in technology and production techniques.

These woman entrepreneurs also have ventured into varieties of business which could be developed if they are exposed to proper training and are linked to the relevant sources for the business related knowledge and skills. So, the educational program and training should be planned extensively and systematically to cover all aspects of entrepreneurship in order to develop these women's potential. As the extension agents are their main source of knowledge and skills, the government should maintain as well upgrade these agents' educational background and experiences. The agents' roles in rural development should be recognized as being important in helping the rural folks especially women to improve their socio-economic status. Presently, many developments agencies are reducing their service staff and their efforts are concentrated in industrializing the rural areas but due to our economic situation, the government is reengineering the rural development for effective crop production. Now, the government have maintained some part of extension services to help the rural people to participate actively in the development of the country especially the agriculture sector. As the agriculture products are the main raw materials for these entrepreneurial activities, this positive outlook of the government will boost up the development of these woman entrepreneurs.

Literature

Bawiah Mohd. Dahlan (1990): Role Of Women in Social Development (Malay.). Paper presented at Women in Social Development, University Pertanian Malaysia, Serdang.

Foster, A.C./Metzen, E.J. (1985): Wife's Earning and Family Network Position. Home Economics Research Journal. 10 (2).

Husna Sulaiman (1991): The Role of Women in Malaysian Agriculture: Assessment and Prospects for the Future. Paper presented at Consultation an Economic Advancement of Rural Women in Asia and the Pacific Seminar. Kuala Lumpur, 15 - 16 September.

Nedlar, Z. (1992): Every Manager's Guide to Human Resource Development. San Francisco: Jossey Bass.

Proctor, R.W. (1995): Skills Acquisition and Human Performance. California

Rusinah Joned/Wan Zarina/Wan Salleh (1996): The Process of Women's Involvement in Income Generating Projects in Kampung Endah, Selangor, Malaysia. A paper presented at the Second International Conference on Women in Rural Development, 28 -30 June, Berlin, Germany.

Soorya Vennila
Centre for Water Resources, Anna University, Chennai

Who is Involved? A Study Explores Links Between Gender and Technology in Irrigated Agriculture in Two Villages of Tamil Nadu

1. Preview

Gender in agriculture, ever since its genesis, has been underwritten in the social requirement of 'who should do what?'. It is now seen as a question of „Who basks in the glory of agriculture comparatively more?" and has pushed the planners, policy makers and irrigation managers to the front-line with a view to understanding the different levels of participation of both men and women in agriculture and irrigation management. For a long time, because of the stringent procedural background of the irrigation bureaucracy, farmers' participation has been given much less importance. But later, with the implementation of the National Water Policy (1987), citizen participation in all aspects of water planning and management became one of the several objectives of the State (Tamil Nadu) Water Policy. With it, farmers' participation, especially women's as part of the farmers in agriculture and irrigation management became crystallised (CWR 1995).

The participation of women still remains unequal due to the differential patterns of socialisation and the social demarcation of work. For instance in terms of absolute numbers, women's participation in the work force has increased in both organised and unorganised sectors. But one could still see gender bias in all activities of women in agriculture, except in the direct field operations, even when women contribute a great deal to the development of agriculture. „Neglect of gender issues in agriculture research and technology development holds output and welfare below potential", (Jiggins 1987). Therefore the study of agriculture is accomplished only when the significance of the women (including their invisible participation) is realised in the context of it. This is therefore taken as a moot point to discuss, indispensable for the present study.

2. Objectives

1. To examine the role performance of men and women on farm and allied agricultural activities of the selected villages.
2. Evaluating women's perceptions towards the differential participation and discrimination in terms of using of technology (labour saving or labour using/modern or traditional) its nature, extent and methods in irrigated agriculture.

3. Methodology

To fulfil the above objectives, the following methodology has been adopted. At the outset, on the basis of choice of secondary sources, a district was selected which provides data for an understanding of gender roles in on-farm and allied agricultural activities. In addition, the data needed for further analysis were gleaned from research reports, papers and articles published on gender in agriculture, Census reports, Five Year Plan documents, and primary sources such as men and women farmers, agricultural labourers and others including Governmental and Non-Governmental Organisations. Then, with the aid of remote sensing satellite imagery, along with the associative factors, two villages from the selected district were marked, considering the levels of intensive agriculture. Thereafter baseline survey was conducted at those villages, where intensive cultivation is practised. From the survey done, two villages Chembavillai and Manavillai in Kanyakumari, that distinguish themselves from other villages on account of their distinctiveness have been abstracted. Then with the help of observation technique, samples for the district were studied in connection with the differential participatory levels of men and women. Apart from this, general and personal variables such as age, literacy, occupation, religion, caste, beliefs, habits, customs, practices, cultural background and the use of technology are also studied in the social context.

Thus, the data gleaned from various sources were used appropriately and according to the requirements of the study, with illustrative and idiosyncratic cases, by using an observation technique. To ascertain the consistency of the study, a statistical analysis was made to broadly delineate the setting with graphical and tabular presentations. Then the information was interpreted to draw conclusions from the study.

4. Agricultural scenario in India - Tamil Nadu

Of all economically active women in Tamil Nadu agricultural labourers form the largest part. But a fluctuation among the women agricultural labourers for the last three decades can be noticed. Though the participation of male cultivators is also relatively larger, they are decreasing in number. On the other hand in agricultural activities men show a fluctuating performance. This study, after analysing the given aspects, ends with the question: Why does gender in Tamil Nadu show declining and fluctuating levels of participation in agriculture? In an attempt to answer the question, the participatory levels of both men and women for all districts of Tamil Nadu have been studied leading to the following analysis.

Tamil Nadu has undergone changes in its administrative divisions. According to the Census 1971, Tamil Nadu consisted of 14 districts in 1981, later with the effect of bifurcation and trifurcation the number of districts increased to 16 and in 1991, it further increased to 21 in number, with a population of 55,858,946 of which 50.66% are men and 49.33% women that is roughly half.

As per the Census report, in Tamil Nadu, KANYAKUMARI district, the district at the country's southern tip, with 1,423,399 total population the largest pool of male in irrigated agriculture are found working. In 1971 95.49% and 93.59% in 1981 and in 1991 92% men were involved in agriculture, when compared to the other undivided districts. Surprisingly, a low 4.54%, 6.39% and 8% female labourers in 1971, 1981 and in 1991 are also reported. Kanyakumari district which borders Kerala State and which formed part of Kerala prior to the State's reorganisation in 1956, has always had high 63.85% literacy ratio, similar to the rates in Kerala State. With regard to female literacy rates this district has a highest of 59.08% next to Chennai.

Since women are mostly literates, they are capable of moving to positions equal to men. But in the unorganised sectors especially in agriculture, though women are involved in carrying out main roles, their participation is invisible. The reason for which this the tradition that has sustained the division of labour intact especially in the field of women and water, is still sceptical about the possibility of eliminating social inequality even when women are said to be the main users of domestic water. Although this perpetual division of labour is not justified, it has become irresistible because of the threat of confrontation of social stigma, say women of the Chembavillai and Manavillai.

In these villages as far as women's perception of technology is concerned most of the farmers are even now not aware of modern technology except tractors. When the use of traditional technology is analysed they are at the monopoly of men. This is the main reason for men becoming the major beneficiaries. If women take up work similar to men or try to use technology, they are ridiculed by the villagers. Thus though women quicken harvest and post harvest activities with the help of tools and utensils, it is not taken into account. Also the misconceptions on religious and cultural ideologies play a vital role in forbidding women from using technology. Apart from this the physiology of women is so designed that they cannot work with technology which needs muscle power.

An analysis made to see the existing activities, allied to and apart from agriculture operations witnessed that Kanyakumari has a large number of women going for other works. In the other works such as making ropes, preparing jaggery, and in allied agricultural activities women are paid much more than what they are paid in agriculture. This has led women to become involved more in other activities. The study answers such questions as „Why does agriculture not attract people of this district as other work does?", and „Is the involvement of women determined by the use of technology in these areas?"

5. Scope of the present study

The present study describes the current status of men and women engaged in agriculture. To meet the growing challenge of population growth of India, and the increasing number of mouths to be fed, the agricultural production which is need-based has to overcome the practical exigencies of the nation, which needs planning from the lower levels that triggers development from local levels to the region, state, and the nation. This long dreamt target can be realized, when emphasis is placed on the net production, and the potential contribution of the people especially women who are fifty percent of the population involved in agriculture and irrigation management. This micro-level study can act as a preamble for the planners, policy makers, and the upcoming researchers as well as those who have a vivid interest in agriculture and irrigation management.

To clinch this, a brief analysis to highlight the position of KANYAKUMARI shows that a very low participation of female agricultural labourers, compared to the male agricultural labourers is reported. These districts have not only attracted the attention, but also carved a niche for themselves and hence their selection in this study.

From the analysis above it can be seen that the district where the number of female agricultural labourers is fewer, shows a increasing trend of participation from decade to decade, fewer in contrast to the decreasing male participation in the Tamil Nadu area.

Literature

Agarwal, B. (1995): Gender and legal rights in agricultural land in India. In: Economic and Political Weekly, March 25: A39-A56.

Badran, H. (1993): Women's rights as a condition for sustainability of agriculture. In: Faris, M.A.; Khan, M.H. (eds): Sustainable agriculture in Egypt, 197-205.

Batacharya, B. (1994): Gender issues in Nepali agriculture. In: Research report series, 25: 78.

Boulding, E. et al. (1976): Handbook of International data on women. New Delhi.

Census of India (1971), (1981), (1991): Series 1, India.

Chakravarty, S. (1975): Women Power in Agriculture. Kurukshetra: 24.

Gulati, L. (1978): Profile of a Female Agriculture. In: Economic and Political Weekly: 13.

Marx, K.: Engels selected works.

MIDS (1988): Tamil Nadu Economy Performance and Issues. New Delhi: Oxford & IBM Publ.

Punia, R.K. (1991): Women in Agriculture, Vol. 1 and 2. New Delhi.

Ranadaive, J.R. (1994): Gender implications of adjustment policy programme in India: Significance of the household. In: Economic and Political Weekly, April 30: WS12- WS18.

Savitri, D.D. (1994): Women farm laborers wait to be noticed. In: Farmer Irrigation News letter: 10-11.

Sharma, U. (1986): Women's work, class and the urban household: A study of Shimla, North India.

Martina Kaller-Dietrich
Außereuropäische Geschichte, Universität Wien

Essen oder "nachhaltige" Ernährung?

"Der Aktionsplan für das 21. Jahrhundert ist eine Ansammlung von Worthülsen und falschen Zielen. Kaum eine Umweltschützerin und Umweltschützer dürfte den Text der Agenda 21 je gelesen haben. Sonst wäre den AkteurInnen klar, daß die Agenda die Falschen, nämlich die Regierenden und die Großindustrie, unterstützt."[1] Diese Kritik äußert Jörg Bergstedt, hoher Funktionär im Bereich Bürgerinitiativen im Umweltschutz. Bergstedt erinnert an die Enttäuschung, mit welcher der Agenda 21 im Anschluß an Rio begegnet wurde und wundert sich, wie diese Skepsis in wenigen Jahren hat umschlagen können in ein geradezu euphorisches Lob aus den Reihen von Regierungen, Medien und Umweltverbänden. Der Kritiker schiebt diesen Wandel einerseits einigen Zielen der Agenda 21 zu (Ausbau der Atomtechnik, der Befürwortung einer Stärkung der multinationalen Konzerne und der Rechtfertigung der Gentechnologie als entscheidende Zukunftschance). Andererseits behauptet Bergstedt, daß der Agenda-Text zu 90 Prozent aus Formulierungen bestünde, die keinerlei konkrete Aussage hätten. In der Agenda 21 werden z.B. AktivistInnen und Betroffene von den vorgeschlagenen Maßnahmen zu DialogpartnerInnen degradiert. Lassen sie sich auf die begrenzten Möglichkeiten der Agenda 21 ein, führe dies zum Verlust eines klaren Profils auf der Seite der AktivistInnen. Daraus folgert Bergstedt die radikale Abkehr vom Agenda-Mythos und die Bereitschaft, im Bereich der Umweltschutzbemühungen wieder selber Maßstäbe zu setzen, obwohl das Schmiermittel der Agenda-Arbeit, das Geld, in die falschen, bürokratisierten Bahnen gelenkt wird. Es geht, so der Autor dieser Kritik, "um die Wiedererlangung der eigenen Stärke"[2] und einen Druck, der von unten kommen müßte, um sich auf dieser unteren Ebene vertikal auszubreiten, das heißt, zurückzuwirken auf die Leute, welche ihre eigenen Maßstäbe setzen.

Das wichtigste Instrument der Durchsetzung der "falschen Ziele", wie Bergstedt sagt, seien die "Worthülsen", die Formulierungen, die nichts benennen, nichts erklären und nur zum Zwecke der Verklärung erscheinen. Wörter könnten ebenso korrumpieren wie Geld, resümiert er. Die Sprache und das Geld stehen in dieser Kritik als die Feinde da, welche die Menschen nötigen, ihre eigenen Maßstäbe zu verlassen. Die Agenda 21, die als weltweites Entwicklungsprogramm aufgetreten ist, hat ihren Zweck erreicht. Sie hat im genannten Fall die deutschen Umweltschützerinnen ihres eigenen Sinns beraubt, in der

---

[1] Bergstedt 1998: 7.
[2] Bergstedt 1998: 8.

gleichen Weise wie Entwicklung seit fünfzig Jahren mit Hilfe von Worten und Krediten die Menschen weltweit aus ihren kulturellen Gemeinschaften herauslöst.

Um dem schleichenden Prozeß der Vereinheitlichung durch Worthülsen und Geld zu begegnen, ist es notwendig, das Eigene und damit das Eigentliche zu erkennen. Dies versuchte ich im Bereich von Ernährung deutlich zu machen, indem ich mit Kleinbäuerinnen in Tirol und in Oaxaca/ Mexiko sprach. Ich gehe bei meiner Forschung davon aus, daß das Eigene als das Eigenständige oder Selbständige begriffen werden kann. In der kleinbäuerlichen Lebensweise hat sich das Selbständige, Selbstversorgende am ehesten im Bereich des Essens gehalten.[3] Dieser Bereich liegt fast ausnahmslos in den Händen von Frauen. Authentische Erfahrungen mit Eigenständigkeit machen jene Frauen, deren Verfügbarkeit über Geldmittel äußerst eingeschränkt ist. Wenn wir also nach "eigenen Maßstäben" Ausschau halten und den Programmen der Ernährungssicherung, die auch in der Agenda 21 biotechnologische "Lösungen" favorisieren, mit Recht mißtrauen, müssen wir uns den Erfahrungen von Frauen zuwenden, die für sich und ihre Familien sorgen und daraus die Kraft schöpfen, die Möglichkeiten ohne Worthülsen und ohne Kredite zu leben. Die Erfahrungen des eigenbezüglichen Tätigseins, das sich so offensichtlich im Bereich des Essens erkennen läßt, können nur in einem sehr persönlichen Sinne verdeutlicht werden. Es bedarf einer Sprache, die kulturelle Phänomene beschreibt und die eigenen Erfahrungen horizontal neben und nicht über die Erfahrungen anderer Menschen, Kulturen, Phänomene und Anschauungen stellt. In diesem Sinne will ich meinen Text, der auf einem Gespräch beruht, das ich in mehreren Etappen im Zeitraum von vier Jahren mit einer Frau in einem Dorf im Valle de Oaxaca, Mexiko geführt habe, verstanden wissen.

1. Kurzfassung Gespräch mit Doña Elvira

"Die Leute sagen, daß der Mais gestorben ist, daß seine gesamte Kraft geschwunden sei, weil die Maisblätter aufbrechen. Dann muß man die Maiskörner aussuchen und die harten nicht im *nixtamal* mitkochen, damit die *tortillas* weich werden. Das muß man halt wissen. Aber am besten ist, wenn man seinen eigenen Mais nimmt, der taugt noch."

Doña Elvira ist eine *abuela, una mujer que sabe*, eine Großmutter, eine weise Frau aus San Pablo Etla, Oaxaca. Ich schätze ihr Alter auf circa 80 Jahre. Ihr Leben lang hat sie ihre *milpa* bestellt. Von den Früchten ihrer Arbeit hat sie das Essen für sich und ihre Familie bereitet. Sie hat Kontrolle darüber, was in die Töpfe und auf die Teller gelangt.

Die Zeichen der Zeit stehen auch in ihrem Dorf auf Modernisierung. Teuren Nahrungsmitteln aus der *tienda* oder vom Großmarkt aus der Stadt, die nur eine halbe Stunde von San Pablo Etla entfernt liegt, wird der Vorzug gegeben. Der Mais, die Bohnen, die Kürbisse und das Wildgemüse, die auf Doña Elviras Boden wachsen, gelten

---

[3] Siehe Blasche/Inhetveen (1983): 64-77.

nichts in der Welt, in der die Macht der industriellen Produktion die Ohnmacht der konsumierenden Körper ständig bestätigt und erneuert.
"Die Leute heute sind nicht mehr wie früher. Sie sind modern, würden meine Söhne sagen. Heute will niemand mehr säen. Gezählt sind wir, die wir noch unsere Felder bestellen", stellt Doña Elvira fest, um fortzufahren:
"Früher war hier alles bebaut. Ich bin an die Feldarbeit gewöhnt, weil, wenn wir kein Geld haben, ich zu meinem Sohn sage, was soll ich dann machen? Ich säe immer im April aus, zwischen dem 15. und dem 20. April. Einmal, als ich bereits im April gesät hatte, blieb mein Mais drei Monate lang in der Erde, aber als es zu regnen begann, keimte meine ganze *milpa* und ich bekam eine gute Ernte mit Bohnen, Kürbissen, Mais, *quelites* und allem, was dazu gehört."

Doña Elvira verrät das Geheimnis ihres Erfolges:
"Ich hatte immer schöne Ernten, weil ich meiner *milpa* zu essen gebe. Ich gebe meiner *milpa* jene Speisen, die auch wir essen: *tortillas*, Bohnen mit *epazote* oder anderen Kräutern oder Gemüsen; ich sage zur Erde: 'Nimm das an und laß es Dir schmecken!' Auch dem Wasser gebe ich zu trinken, *atole* kriegt das Wasser. Ich brauche keine künstliche Bewässerung, ich nehme nur das Wasser vom Himmel."

Wie sie selbst betont, genießt Doña Elvira Ansehen im Dorf, weil auf ihren Feldern die verschiedenen Fruchtarten so besonders gut gedeihen:
"Die Leute bewundern mich" sagt Doña Elvira selbstsicher "und fragen, wie ich das mache. Ich sage dann: 'Das weiß nur Gott.' Eine *comadre* sagte zu mir: 'Wie machst Du das? Wir haben keine so schöne Ernte eingeholt!' Dann sagte ich ihr, daß ich der Erde zu essen gebe, richtige Speisen. Verwundert meinte die *comadre* nur: 'Ach so?' Ja, die sind halt von der Kirche, die wissen es nicht besser", entschuldigt Doña Elvira das ignorante Verhalten ihrer Freundin.

Wie sie in unseren Gesprächen stets beiläufig erwähnte, bedeuteten ihr die mestizischen Konventionen - etwa die katholische Kirche oder das "moderne Leben" - wenig. Doña Elvira ist Analphabetin. Sie vermittelt vermutlich deshalb so deutlich, was geschieht, wenn die Menschen aufhören, ihre Felder zu bestellen:
"Ich sage immer, daß die Zeit kommen wird, in der wir keinen Mais mehr essen. Diejenigen, die heute kommen, wer weiß, was sie essen werden?"

"Meine Mutter sagte mir immer" erinnert sich Doña Elvira: "Merke Dir, Tochter, wenn Du Mais auf Deinem Weg liegen siehst, nimm ihn mit! Heb' ihn auf und säe ihn aus und Du wirst sehen, was für einen schönen Mais Du kriegen wirst!', und das stimmt. Diesen violetten Mais, den ich hier habe, den habe ich letztes Jahr aufgeklaubt und gesät. Und sieh' nur! Nun habe ich viele von dieser Sorte. Einmal ist jemandem vom Wagen ein Sack mit Mais heruntergefallen. Der ganze Mais lag herum, Mais für *pozole*, ich hob ihn auf, um ihn zu säen und schau', hier hängt er zum Trocknen; mein Mais! Er ist ganz bunt mit gelben, weißen, roten und fast schwarzen Körnern. Mein Vater hat oft nur eine einzige Sorte Saatgut gepflanzt, er hat die Samenkörner nicht gemischt, aber als ich einmal ein Jahr von hier weg war, brachte ich mir Mais- und Bohnensaatgut mit. Aus dieser Zeit habe ich immer noch den *frijol trigueño*, den ich dort geerntet habe, weil diese Bohnen-

sorte mir schmeckt und deshalb säe ich ihn weiterhin. Meine Mutter sagte immer: 'Wenn Du eine Bohne findest, heb' sie auf und säe sie und Du wirst sogar Fisolen bekommen!"
Doña Elvira hat den dramatischen Verlust an Vielfalt auf den Feldern, den Gärten und Wäldern und in der Folge auf unseren Tellern, auf den wir zusteuern, bereits erkannt.[4] Sie schaut auf ihr Saatgut. Sie achtet sorgfältig darauf, Vielfalt zu fördern und bemerkt die beunruhigende Tendenz im Dorf, daß immer weniger Menschen ihre Felder bestellen und es vorziehen, in Lohnarbeitsverhältnisse zu treten.

Auch in Oaxaca, einer der wirtschaftlich schwächsten Regionen Mexikos, spürt man einen enormen gesellschaftlichen Veränderungsdruck: Zunehmende Technisierung und Mobilisierung prägen das Leben der Menschen im Dorf. Gleichzeitig mehrt die verstärkte Konzentration von Land und Nutzungsrechten an Wasser und Wald die Sorgen der Dorfbewohner. Seit den dreißiger Jahren dieses Jahrhunderts reagieren sie mit Migration auf die Entwicklung ihrer Region.[5] Jenen, die das Dorf nicht verlassen, droht aber nicht minder die "Entwicklung" ihrer sämtlichen Lebensbereiche und damit die Erstarrung ihrer Lebensformen in Apparaturen und Bürokratie.

In der entwickelten Welt ist Doña Elvira ein lebender Anachronismus: Gegen die Modernisierungswut ihrer eigenen Kinder sieht sie sich gewappnet. Sie hat ihr Feld, ihre *milpa. Diese bestellt sie und erfährt sich in Gemeinschaft.* In ihren Händen und im Vertrauen auf die kosmische Antwort auf ihre Bemühungen erweist sich ihre Welt als beständig. Doña Elvira weiß auch um die Konsequenzen, wenn sie davon spricht, daß das, was auf dem Feld gedeiht, nicht durch Geld aufgewogen werden kann: Sie liebt ihre Saaten. Davon kann sich jeder überzeugen, der eine Zeit lang mit ihr beim Abribbeln und Auswählen der Maiskörner verbringt und sich von ihrer Freude über die schönen Körner anstecken läßt.

Ich denke, Doña Elvira versichert sich, wenn sie der Erde zu essen und dem Bach zu trinken gibt, ihrer eigenen Zugehörigkeit zu den irdischen Wandlungsprozessen. Für Doña Elvira gehören Erde und Wasser zur Versorgungsgemeinschaft und damit steht außer Zweifel, daß auch die Erde und das Wasser aus den Töpfen der Menschen das Essen erhalten. Eine plausible Definition der bäuerlichen Versorgungsgemeinschaft geht von diesem Bild aus: "Those, who eat from the same bowl"[6] – diejenigen, die aus der selben Schüssel essen, sind laut Teodor Shanin als Mitglieder der "bäuerlichen Familie" zu verstehen. Shanin wollte mit dieser Definition von der reduktionistischen Vorstellung

---

[4] Für uns, die wir die Erfahrungen einer Doña Elvira nicht teilen, lautet die Botschaft zwischen Buchdeckel verpackt folgendermaßen:"Während sich viele Menschen über die Konsequenzen der globalen Erwärmung den Kopf zerbrechen, bahnt sich in unseren Gärten die vielleicht größte einzelne Umweltkatastrophe in der Geschichte der Menschheit an. Während wir uns alle zu Recht über die Möglichkeit eines Atomkriegs Sorgen machen, tickt eine ebenso verheerende Zeitbombe auf den Feldern von Landwirten in allen Teilen der Welt. Der Verlust an genetischer Vielfalt in der Landwirtschaft - lautlos, rapide und unaufhaltsam - führt uns an den Rand der Auslöschung, an die Schwelle von Hungersnöten und in Dimensionen, vor denen unsere Phantasie versagt." Mooney/ Fowler (1991: 10).

[5] Siehe Teresa Ochoa (1996 México: 189-242).

[6] Shanin Teodor (1990): 41.

ablenken, daß die bäuerliche Versorgungsgemeinschaft im Sinne von Blutsverwandtschaft eine "Familie" bilde. Wenn ich nun Doña Elviras Worten folge, erweitert sich die Vorstellung von der Versorgungsgemeinschaft im Sinne der Aushöhlung des patriarchalen Familienbegriffs, aber auch des Oppositionsdenkens gegenüber der Natur als das fremde Gegenüber. Die Erde und das Wasser gehören für Doña Elvira in ihrem praktischen Tätigsein und in ihrer Vorstellungswelt zur Familie, die wir uns als Versorgungsgemeinschaft denken können.[7] Essen ist für Doña Elvira keine symbolische Haltung gegenüber einem anonymen Leben, sondern die praktische Gestaltung ihrer Beziehungen zu den Menschen, den Tieren, der Erde, den Steinen, den Vorfahren, dem Wasser, dem Berg und den Wäldern – eben zu allen, die sie umgeben.

Auch beim Kochen zeigt sich dies: Doña Elvira verwandelt das Erdentsprossene in Speisen. Diese Wandlung ist keine symbolische, sondern eine sinnlich faßbare und erfahrbare. Wenn Doña Elvira für die Erde kocht, begeht sie eine alltägliche Handlung. Dabei stellt sie eine Ver-Bindung her. Sie gibt der Erde und dem Wasser ihren Teil ab. Sie teilt sich mit. Leibliche Teilnahme und Teilgabe bilden ein verläßliches Gewebe, das im gemeinsamen Essen immer wieder erneuert wird. Doña Elvira nimmt die Erde auf in die Versorgungsgemeinschaft, für die sie kocht und mit der sie zusammen ißt und ist. "Nein, ich koche nicht extra für die Erde. Ich würde auch nie für nur eine Person kochen. Das ganze Holz im Feuer verbrauchen, für nur einen, das macht keinen Sinn. Wenn ich Bohnen koche und frische *tortillas* gebacken habe, dann ißt die Erde mit, so hab' ich das immer gehalten", versichert Doña Elvira. Sie bestimmt also, daß die Erde einer Person gleichkommt und auch wie eine Person, die am gemeinsamen Tisch Platz nimmt, zu behandeln ist.

Doña Elviras Praxis könnte leicht mißverstanden werden als Idyll, als Anachronismus oder Einzelfall. Dann ließen sich allerdings keine Rückschlüsse etwa auf die Lebensstandards im Norden ableiten. Was Doña Elvira allerdings tatsächlich verweigert, ist ein Ziel zu formulieren, das sich an einer Form von Entwicklung orientiert, in der das wachstumsorientierte Industrie- und Marktsystem aufrecht erhalten bleiben könnte.[8]

---

[7] Praktisch identisch drücken Bauern aus den Anden ihr Konzept von Familie aus. Grillo Fernandez (1993: 16/17) zitiert aus einer Studie über die Familie in der Cajamarca-Tradition der peruanischen Anden, in der ein Mann aufzählt, wer und was alles zur Familie, zum *ayllu*, gehört: Die Verwandten von den eigenen über die Schwiegerkinder, die Großeltern und die Verstorbenen, die Haustiere, das Feld, das Wasser, Vögel, das Schwein und kleine Tiere. Zur Familie zählen weiters das Saatgut, die ortsüblichen Steineinfriedungen und der Stein, mit dem jede Hauseinrichtung beginnt und auf dem die Hunde gefüttert werden und die Hennen ihr Wasser kriegen. Zitiert nach Mires Ortíz, Alfredo 1991: Proyecto Enciclopedia Campesina/ La familia en la tradición cajamarquina; Cajamarca: 15-16.

[8] Kaller-Dietrich 1998: 19-44.

Literatur

Bergstedt, J. (1998): Der Agenda-Mythos ist eine Lüge. In: Politische Ökologie XVI, 54: 7/8.

Blasche, M./Inhetveen, H. (1983): Frauen in der kleinbäuerlichen Landwirtschaft. "Wenn's Weiber gibt, kann's weitergehn...". Erlangen.

Grillo Fernandez, E. (1993): Knowledge and Judgement in the Modern West, and Nutrance and Symbiosis in the Andes. Manuskript.

Kaller-Dietrich, M. (1998): Recht auf Ernährung. In: Kaller-Dietrich, M. (ed): Recht auf Entwicklung (=Atención 1. Jahrbuch des Österreichischen Lateinamerika-Instituts), Wien: 19-44.

Mooney, P./Fowler, C. (1991): Die Saat des Hungers. Wie wir die Grundlagen unserer Ernährung vernichten. Reinbeck bei Hamburg.

Shanin, T. (1990): Defining Peasants. Essays concerning Rural Societies, Exploary Economies, and Learning from them in the Contemporary World, Oxford.

Teresa Ochoa, Ana Paula de (1996): Una radiografia del minifundismos: Población y trabajo en los valles centrales de Oaxaca (1930-1990). In: Grammont, Hubert C. de/ Tjera Gaona, Héctor (eds): La sociedad rural mexicana frente al nuevo milenio; II La nueva relación campo-ciudad y la pobreza rural, México: 189-242.

Bernhard Heindl
Österreich

Vom Herrn der Schöpfung zu den Stifterinnen des Friedens mit der Natur: Männliches Gewinnstreben versus weibliches Fürsorgen

Zwei Beispiele aus der Landwirtschaft sollen im folgenden die Ideologie der modernen Ökonomie im Unterschied zur traditionellen Subsistenzwirtschaft charakterisieren: Im einen Fall handelt es sich um ein Zeugnis aus dem Westen, während das zweite Beispiel in den Osten verweist. Zwischen beiden klafft der unüberbrückbare Unterschied zwischen der verheerenden Ausbeutung der Natur durch die Industriegesellschaft und einer alle Zeiten überdauernden Form des Wirtschaftens in Frieden mit ihr. Beide Pole basieren auf einem Weltverständnis, das man im einen Fall - noch immer, trotz allem - für "rational" hält und im anderen "mythisch" nennt. Jenes brüstet sich weltweit als Sieger, dieses gilt als längst überholt. Ersteres nennt man fortschrittlich, letzteres rückständig. Auf der einen Seite strahlt eine erfolgversprechende Vernunft ihr Selbstbewußtsein im stets zweckmäßigen, gewinnorientierten Handeln aus, das auf der anderen Seite von religiösen Gefühlen beherrscht und von kultischen Ritualen streng reglementiert, in seinem Bewegungsspielraum begrenzt wird. Während die Marktwirtschaft grenzenlos expandieren will und ohne Rücksicht auf Verluste pausenlos vorwärtsstrebt, scheut sich die Subsistenzwirtschaft vor allen Feldzügen und kriegerischen Abenteuern. Sie rührt sich gleichsam nicht vom Fleck der Gegenwart und begnügt sich daselbst mit den Freuden der Regeneration des Lebens durchs ständige Wenden der Nöte. Wie für die westliche (männlich dominierte) Profitwirtschaft die schrankenlose Mobilität und Aggressivität ihrer Protagonisten zum obersten Prinzip ihrer Herrschaft über die ganze Welt gehört, so bestimmt umgekehrt der heimliche Rhythmus des ständig Wiederkehrenden die (zumeist von Frauen) geführte, regenerativ-fruchtbare Gebrauchswirtschaft. Eine Wirtschaft, die das Leben erhält und dabei nach keinem Mehrwert giert, sondern gehalten von der Natur ruhig zwischen Geburt und Tod in sich kreisend eine Haltung bewahrt, die auch von der lautesten Propaganda eines nachhaltigen Wirtschaftens niemals erzielt werden kann. Denn "die vorgebliche Eigengesetzlichkeit des sich selbst regulierenden Marktes" entspringt einer "kriegerischen Sicht von Ökonomie", die weder Ruhe gibt noch dauernd Frieden bringt. Daher soll dieser Markt auch "dem Mann reserviert bleiben", der angeblich "von seiner Biologie her besser für die aggressiven Auseinandersetzungen bewaffnet" ist. (Bennholdt-Thomsen 1989).

Um die Bedeutung der biologischen Unterschiede in die Schranken zu weisen, mögen nun vor dem Hintergrund der angedeuteten Differenzierungen die beiden angekündigten Zitate helfen, die Kontraste vorsichtig zu setzen.

Das erste stammt aus einem in mehreren Auflagen (1951, 1957, 1965, 1967) erschienen Lehrbuch zum "erfolgreichen Wirtschaften" als "Wegweiser für die bäuerliche Betriebsführung" (Hauer/Senft, L. Stockerverlag, Graz, 1967). In diesem Buch wird in der Einleitung von den beiden Wissenschaftlern der Ökonomie "dem Bauer" u.a. folgendes doziert:

"Das Ende der Selbstversorgung und die notwendige neue Einstellung auf die Marktwirtschaft haben eine Revolution in der Betriebswirtschaft mit sich gebracht. Die neue Arbeitsverfassung und die weit geöffnete 'Preisschere` zwingen die Bauern zu einer besonders rationellen Wirtschaftsweise. Trotz Arbeitskräftemangels müssen die Hektarerträge gesteigert und die Leistungen in der Tierhaltung erhöht werden. Eine harmonische und ausreichende Mineraldüngung, hochwertiges Saatgut und eine gezielte Schädlingsbekämpfung, wertvolle Zuchttiere und richtige Fütterungsmethoden müssen eingesetzt werden, um ein angemessenes Einkommen zu erreichen. Der Bauer muß daher in der zweiten Hälfte des 20. Jahrhunderts ein ausgezeichneter Betriebswirt sein. Er muß aber auch in allen einschlägigen Zweigen der Technik und der Naturwissenschaft überdurchschnittliche Kenntnisse besitzen ... Der Bauer muß seine Arbeitskraft mit verschiedenen Hilfsmitteln (Boden, Gebäude, Maschinen, Pflanzen, Tiere und auch Kapital und vieles andere) zur landwirtschaftlichen Erzeugung einsetzen. Sie verursachen Kosten. Wirtschaften heißt nun, die Kosten immer so aufwenden, daß hierbei möglichst großer Nutzen oder Gewinn erzielt wird."

An diesen Ausführungen können folgende Beobachtungen hervorgehoben werden:
1) Der rigorose Ton, in dem "er" darüber belehrt wird, daß er künftig rational zu wirtschaften, d.h. sich technisch und wissenschaftlich auszubilden habe. Befohlen wird dies dem Herrn und Schöpfer über Haus und Hof, dem männlichen Individuum und einsamen Helden im Kampf ums Überleben.
2) Um seinen Mann zu stehen, muß der Bauer zum Betriebswirt umgewandelt werden. Dazu hat er alle Kräfte als Mittel zum Zweck einzusetzen: Nämlich sich selbst an vorderster Front (dahinter natürlich seine Frau), die Maschinen sowie den Boden und alle Pflanzen und Tiere, über die der Betriebsführer als moderner Unternehmer herrscht wie früher der Fürst über seine "Subjekte".
3) Das Ziel dieser Herrschaft ist klar: Alle Erträge und Leistungen sollen gesteigert, immer "effizienter" (mehr und immer) produziert werden.
4) Der Betriebswirt beherrscht diese Effizienz des Wirtschaftens dann, wenn er versteht möglichst großen Gewinn aus möglichst geringem Aufwand zu ziehen.

Das ist die Kunst, die das ganze Lehrbuch lehrt, indem es die Bauern alten Schlags für die neue Revolution der Betriebswirtschaft rüstet und den modernen Agrarunternehmer zum tüchtigen Kosten-Nutzenrechner ausbildet. Dies ausführlichst getan, kommen den Autoren am Ende ihres Buches trotz aller zuvor gegebenen guten Ratschläge, wie "man" in Zukunft einen Bauernhof zu führen hat, gewisse Zweifel über den Sinn dieses ganzen (angeblich) rationellen und effizienten, leistungs- und gewinnsteigernden Wirtschaftens und Handelns. Dieser Zweifel wird mit folgender Antwort ausgeräumt, in welcher der moderne Herr der Wirtschaft sich als alter Diener der Schöpfung entlarvt:

"Wenn der Bauer auf einen hohen Ertrag seines Bodens und Viehs und auf hohe Überschüsse hinarbeiten soll, so doch nicht darum, weil das Geld der Güter Höchstes ist. Sondern darum, weil er damit den Schöpfungsauftrag erfüllt, der an den Menschen ergangen ist: Seid fruchtbar, macht euch die Erde untertan! Mehrt das Leben! Und wer vermöchte das Leben besser zu mehren als der Bauer, wenn er dem Boden höchste Leistungen abringt, auf daß alles blühe, wachse und gedeihe?"

Die Antwort enthüllt in aller konservativen Unschuld den heilsgeschichtlichen Rahmen, in dem sich der Mythos der neuzeitlichen Rationalität hinter dem erfolgreichen Wirtschaften und Handeln versteckt. Er verleiht dem neuen Herrn und Schöpfer dieser Welt den Anschein von Demut, ohne den keine Macht auskommen kann, die Bestand haben will. Dieser Anschein besteht darin, nur "von Gottes Gnaden" zu herrschen und dabei einem göttlichen Auftrag zu dienen, indem durch sein Handeln eine weltgeschichtliche Aufgabe erfüllt wird, die dieses Handeln rechtfertigt und daher jenseits allen Zweifels ist. In diesem Mythos wird die ganze Natur zum Mittel der Herrschaft (zum Betriebsmittel) erklärt und ihr der Mensch, d.h. der Mann als Krone aufgesetzt. Allerdings nur dann, wenn er dreierlei Voraussetzungen erfüllt:

- Rational denkt, d.h. in Wissenschaften und Techniken versiert ist
- Effizient handelt, d.h. den Zweck über die Mittel stellt (gewinn- und kostenbewußt ist)
- Fortschrittlich ist, d.h. ständig die Leistungen steigert (Produktion und Profit maximiert)

Das zweite Zeugnis, das zum dargestellten Beispiel den nötigen Kontrast abgeben soll, ist kein professionelles Lehrbuch zweier Experten, sondern der bescheidene Bericht einer Hausfrau. Sie hieß Käthe Tietze und lebte mit ihrem Mann (einem Arzt) 10 Jahre auf Mittel-Flores im Gebiet des Volkes der Sicca. Es handelt sich um Aufzeichnungen zur Aufzucht der Baumwolle und ihrer Verarbeitung zu Ikat-Tüchern, die wegen ihrer Qualität bei den Sicca zu den berühmtesten ganz Indonesiens gehören und im Leben dieses Volkes bei Geburt, Hochzeit und Tod eine außerordentlich wichtige Rolle spielen (Tietze 1941). Zur Färbung eines solchen Sarongs sind mehrere (bis zu zwölf!) Jahre nötig. Ihrer wertvollen Bedeutung entspricht der zeremonielle Prozeß jedes einzelnen Stadiums ihrer Herstellung. Eine Produktion, die den Lebensweg der Mädchen, Frauen und Greisinnen feierlich prägt und dessen Rhythmus jedes Dorfmitglied von der Geburt bis zum Tod und darüber hinaus bestimmt wie die genauen Schritte eines kultischen Tanzes. Die Männer sind von dieser heiligen, das Leben und den Frieden der Gemeinschaft behütenden Wirtschaft des Dorfes ausgeschlossen und bringen in dieses nur die Überschüsse (den unnötigen Luxus zur Verschwendung) in Form der Beute und Trophäen von ihren Jagden ein.

Ich gebe im folgenden einige wenige Auszüge jenes Berichts von Frau Tietze wieder:

Zur Aussaat:

"Die Frauen besprechen einen Tag, an dem sie das Baumwollfeld auswählen wollen. Es soll kein Tag sein, der durch seinen Namen eine böse Erinnerung an Vergangenes weckt, seien es Tod, Begräbnis, Mord, Zank oder dgl. Ist der Tag festgelegt, so wird er nur für den Fall genommen, daß man in der Nacht vorher nichts Schlechtes träumte, denn das wäre ein ungünstiges Vorzeichen ...

Am nächsten Morgen begibt man sich beim zweiten Hahnenschrei, wenn die Hühner aus den Bäumen fliegen (= 1/2 6 Uhr) mit einigen verwandten oder benachbarten Frauen auf den Weg, nachdem man vorher zum Zeichen der Freundschaft und des Friedens Sirih-Pinang (= Bethel. "Pinang" ist das Symbol des Mannes, "Sirih" das der Frau. Das Betelkauen gilt als geschlechtliche Vereinigung; Anm. v. mir) miteinander ausgetauscht hatte, an dem man unterwegs heftig kaut, damit recht rote Beize entsteht. Je roter die Beize, um so weniger Mut haben die ata ueng (= gefürchtete böse Geister, die Seelen und Körper der Menschen ergreifen; Anm. v. mir) ihrer Spur zu folgen und später das erwählte Feld zu verunreinigen ...

Hat man den Platz erreicht, wo man die Baumwolle säen will, so setzt man sich an den Wegrand und tauscht von neuem Sirih-Pinang aus. Doch nimmt man jetzt mehr Kalk als sonst, mögen die Lippen dadurch noch so sehr brennen, da mit diesem Speichel der Rand des gewählten Platzes markiert werden soll, wobei vor dem leuchtenden Rot die bösen Geister erschreckt fliehen und das Feld hinfort vor ihrem verderblichen Treiben sicher ist ... Hat man Zeit, eine Nacht zu warten, bevor man sich endgültig für das in Aussicht genommene Feld entschließt, so ist es gut, wenn die Hausfrau ein wenig Erde des gewählten Feldes vor dem Einschlafen auf ihren Nabel festbindet. Ist am nächsten Morgen ein roter Fleck um den Nabel, so bedeutet dies, daß der Boden nicht die Kraft hat, sich des vielen Gewürms zu erwehren, daß die Frucht also von Ungeziefer aufgefressen werden wird. Man verzichtet deshalb auf diese Stelle..."

Hat frau endlich die günstigste Zeit gefunden und das richtige Feld durch Opfer an die Ahnen "gereinigt", beginnt die Arbeit:

"... Man pflegt bei der Arbeit nicht miteinander zu reden, um die ueng, die Unholde und Kobolde, die sich in der Umgebung versteckt halten, nicht auf sich und das Feld aufmerksam zu machen. Hat man mit dem zugespitzten Bambusstab den Boden aufgelockert, und die Löcher für die Saat vorbereitet, so ißt man vor dem Setzen der Saat noch einmal Sirih-Pinang miteinander als Zeichen des Friedens und der Eintracht. So verhindert man sicher, daß das Saatkorn verfault und die Keime ersticken. Beim Säen darf nicht miteinander gesprochen werden. Man flüstert nur leise dabei: 'Ihr nitu (verstorbene Seelen) in der Unterwelt, seht was wir tun, schaut, welches Werk wir verrichten; wir säen den besten Baumwollsamen, wir senken ihn ein in die Mutter Erde, gleichwie der Mann seinen Samen ausgießt in den Schoß des Weibes, so legen wir Saatkörner in den geheiligten Schoß der Mutter Erde. Saat, reife zur Frucht, reife zur

tausendfältigen Frucht, damit wir reich werden und Überfluß haben an Kleidung und Geweben`...
Ist alle Saat ausgelegt, so bringt man ein Bittopfer. Man legt Früchte auf den Opferstein und fleht neuerlich um die Gunst der Verstorbenen für das neue Leben:
"... Man wartet in Ruhe ab, bis die Saat sich entwickelt. Es ist nicht üblich, auf das bebaute Feld zu gehen und nach der Saat zu sehen, bevor die Sträucher Blüten angesetzt haben. Es könnte sonst heißen, daß man gierig sei..."
Zur Ernte:
"... Am Abend vor dem in Aussicht genommenen Tag der Ernte bringt man den Ahnen auf dem Steine neben dem Hause ein Opfer dar ...Vor dem Einschlafen legt die Hausfrau die Asche einer Baumwollfrucht vermischt mit Erde auf ihren Nabel, da sie dann mit einem großen Ertrag rechnen kann...
Während beim Ernten von Reis, Mais usw. gewöhnlich nicht gesprochen wird, ist das bei der Baumwollernte erlaubt. Man spricht jedoch nur in Sinnbildern und mehr über die Ernte als miteinander, die Frucht gleichsam durch Lob zur Höchstleistung anspornend: 'Die Königin aller Früchte ruht in meiner Hand. Schön ist sie, dick wie eine hochschwangere Frau ... Die Früchte sind dick wie junge Kokosnüsse im zweiten Monat, die Samenfäden sind lang und seidig wie das Haar schöner junger Mädchen. Nie sah ich vornehmeren Wuchs, nirgends üppigere Fülle als bei den Kindern dieser Baumwolle.`
Nach dem Abernten ... "tanzen die Frauen die ganze Nacht hindurch einzeln oder zusammen im Kreis. Bevor man das Feld verläßt und die Ernte heim schafft, legt man am Rand ein Opfer nieder, damit die ueng, die folgen wollen, gleich am Weg etwas zu essen finden, und dadurch abgehalten oder aufgehalten werden."

An diesen Zitaten und am ganzen Bericht insgesamt sind mehrere wiederkehrende Aspekte auffallend:
a) Die jeden Arbeitsschritt begleitende Beschwörung des Friedens der Gemeinschaft (das Kauen des Sirih-Pinang).
b) Der Anruf der Ahnen (durch Gebet und Opfer) in den entscheidenden Momenten des Prozesses der Reproduktion, d.h. an den Wendepunkten im Kreislauf von Saat und Ernte.
c) Das feierliche Schweigen bei der Arbeit und im Gegenzug dazu die ritualisierte Form der Rede mit Tieren und Pflanzen, mit deren unbezwingbaren (dämonischen) Mächten ein gutes Einverständnis hergestellt werden soll.
d) Durch diese Korrespondenz zwischen Natur und Menschen sollen die als offensichtlich gefährlich verstandenen (daher möglichst leise agierenden) nötigen Arbeiten und Eingriffe in die unberechenbaren Kräfte des Lebens mit diesen versöhnt werden.
e) Diese Gefahr, die in der Angst um den Erfolg der Arbeit zum Ausdruck kommt, wird durch deren symbolische Unterordnung unter die sich jeder Einsicht entziehenden, undurchschaubar waltenden, kosmologischen Zusammenhänge gebändigt. (Das Auflegen der Erde auf den Nabel.)

f) Anstelle der verpönten Gier nach möglichst vielen Früchten der Arbeit wird deren Fruchtbarkeit und Schönheit durch Lobpreisung gehuldigt und in dieser Danksagung die eigene Position der Frauen, die Erfüllung ihres Wesens gemeinsam ertanzt.
Vergleicht man beide Beispiele miteinander, so schälen sich folgende grundlegenden Unterschiede heraus:
Auf der einen Seite kämpft sich das männlich-kriegerische Individuum auf der Jagd nach Beute (Profit) einsam gegen alle durch den Dschungel der Welt (Markt), während sich auf der anderen Seite die Frauen durch gemeinsames Vorgehen und Arbeiten miteinander verbünden und zu Hause Frieden üben.
Letztere sind nicht von der Frage geplagt, wie der Erfolg des Handelns (der Lohn der Arbeit) möglichst gesteigert und der Einsatz dafür möglichst gesenkt werden kann, sondern darum besorgt, daß das Ergebnis ihres gemeinsamen Vorgehens "schön" und für den weiteren Verlauf des Lebens "fruchtbar" wird.
Dazu versuchen sie nicht wie die Herren der Schöpfung, sich unermüdlich-rastlos "die Erde untertan" zu machen und durch ständige Leistungssteigerungen "das Leben zu mehren". Im Gegensatz dazu bemühen sich die Frauen gemeinsam, mit den Mächten der Erde auszusöhnen, indem sie den Gesetzen des Lebens durch ihr Wirtschaften Folge (Gehorsam) leisten.
Aus diesen beiden Polen des Menschengeschlechts ziehe ich folgendes Fazit, mit dem ich zugleich zu meiner Gesprächsthese springe:

Weil kein Mann immer männlich sein darf, ohne daran zu erkranken, und keine Frau auf der Welt auch nicht noch etwas anderes als ein Weibchen sein will, müssen beide wechselseitig voneinander lernend von Zeit zu Zeit ihre Rollen tauschen, um ihr volles Wesen als Menschen transvestierend füreinander auszuspielen. Nur so können sie gemeinsam verhindern, daß in Zukunft als bloße Fortsetzung der bisherigen, ruinös effizienten, westlichen Rationalität "... die kriegerische Sicht von Ökonomie und das moderne Geschlechterverhältnis zusammengehören" (Bennholdt-Thomsen).

Literatur

Bennholdt-Thomsen, V. (1989) : Frauen, Markt und Regionalisierung. In: "Zukunft" 2.

Tietze, K. (1941): Sitten und Gebräuche beim Säen, Ernten, Spinnen, Ikatten, Färben und Weben der Baumwolle. In: Ethnologica, Bd.V., Leipzig.

Ulrike Schultz
Humboldt Universität zu Berlin

Milk, Meat and Maize - Food, Food Security and Changing Gender Identities in Turkana Society

1. Introduction

Since the 1970s, it is common to consider gender aspects in the discussion of food security. Thereby, emphasis is put on the production and marketing of food, whereas the responsibility of women for the preparation and distribution of food is neglected (i.e. Boserup 1970, Sanday 1971, Quinn 1977). Accordingly, power and influence of women in the family results solely out of their access to productive resources whereas their task to cook for the family is seen as a restriction of their scope of action.

Hence, studies on gender issues in east-African pastoral societies focus on access to resources and the task of women in livestock production whereas the responsibility of women for the distribution and the preparation of food is not taken into account (i.e. Kettel 1985, Dahl 1987, Talle 1987). However, the task of women to nourish the family is not only a source of their bargaining power but also constitutes the complementarity of the gender relations. Because of market integration and sedentarisation, many former nomadic women have to fulfil their task to nourish the family now outside the household, but also the changed diet itself (maize and beans substitutes milk and meat) modifies the social relations including gender relations within society. This is because, in many pastoral societies, eating and social organisation are connected.

In this process women are not only victims but actors who try to prevent further marginalisation by defending the traditional point of view that the „house" and the allocated resources are the domain of the women and that is their task to feed the family.

2. Awi and ekal - men and women in the family

The Turkana tribe inhabitates a region of 60.000 km^2 that holds their name. in north-western Kenya. It is bordered in the north by Ethiopia and Sudan, in the west by Uganda, in the east by Lake Turkana and in the south by the Pokot district. They are pastoral nomadic people and live predominantly from their herds which consist of cattle, camels, goats, sheep and donkeys.

The „complementarity" of the gender relationships is an important structural feature of the traditional Turkana society. This „complementarity" manifests itself in many individual features of the social order, such as the gender specific division of labour and the assignment of different partial rights on livestock ownership: women have to provide the family with food whereas men have to secure the long term basis of production and reproduction (livestock and grazing grounds). But this also can be observed from the course of their lives: Men and women become adults through the contraction of marriage. A man can only break away from the father's „yard" („awi") and become independent if he marries a woman who establishes a „house" („ekal"). A woman gets her own animals only as a wife, and with them she can fulfil her duties as a adult woman. The „awi" is normally made of a man, his wives and children. While the man as the head of the „awi" externally appears to be the sole owner of the herds, the rights to livestock within the „awi" are allocated to the „ekals" (houses) of the women. These in the „house-property-complex"[1] common division of the family reflects the gender division of tasks and responsibility. The „awi" takes over the livestock management whereas the „ekals" are responsible for the immediate needs of the family.

3. Milk, Meat and Blood: livestock as a source of food

The traditional diet of the Turkana consists of milk, blood and meat. It is supplemented by maize or millet porridge and Makuma (the fruits of the doum palm) which is mainly eaten in times of drought. However, for the Turkana, all food which does not come from the livestock is bad food and counts as less tasty and of poor quality.

For the Turkana, food habits and social structures are directly connected. Livestock as source of family food creates social relations and holds family and kinship together. Livestock is only slaughtered for ritual occasion or if the animals are injured or weakened by drought or diseases. Nevertheless, slaughtering is done quite often. Ritual occasions are common. The meat of the slaughtered animals is distributed within the „awi" or the whole neighbourhood (adakar) depending on the size of the animal. In particular smallstock is not only slaughtered at the big rituals like marriage and initiation but also at any naming of children, birth and visit of friends and relatives. That is why meat is a regular component of the food of the Turkana, although slaughtering is not done because of the food needs of the people (Little 1987).

This combination of ritual and economic motives characterises many institutions of Turkana society.

---

[1] Gluckman denotes the in Eastern and Southern Africa common phenomen that heritage of the father to his sons and the assignemet of the childern is done via the house of the mother „house-property-complex".

4. Women and men in food security

The mutual dependence of men and women is also obvious in the field of food security. Whereas a woman needs a man to get access to livestock which is necessary to fulfil her task to feed the family, the man needs a woman to be associated to an „ekal", where it is cooked for him and he receives milk, meat, blood and other food (Schultz/Scholz 1994). Because of the relatively easy preparation of food - milk is boiled and mixed with blood - Turkana women control the consumption of food not by their responsibility for cooking but by their right to distribute the food.

Women decide on the distribution of milk of the animals that are allocated to them. A man has to ask his wife, if he wants to drink milk (Watson 1988). Women use this power in family conflicts: „If things get to a stage of outright hostility, husbands can get short of food and tend to be neglected" (Gulliver 1973). Women can give milk outside the „awi" and by doing this they create and cultivate social relations (Wienpahl 1984, Schultz/Scholz 1994). Furthermore, the social relations of the women are of great importance for the food security of the „awi" (Schultz/Scholz 1996a.). The milk of animals which are allocated to the „ekal" has to feed the members of the „ekal".. However in times of scarcity, this rules are not anymore valid and the milk is distributed to the children of all „ekals" (Gulliver 1950).

If an animal is slaughtered women distribute the meat whereas men have to decide whether and when the slaughtering has to take place (Wienpahl 1984). Meat is always consumed in a group, mostly within the neighbourhood, at least within the „awi"; whereby the woman whose animal is taken distributes the meat.

The consumption of meat clarifies on one side that men and women depend on each other in the field of food and eating, on the other sides it becomes clear that men and women have to obey certain rules. For instance, there is a notion of the right time to slaughter, an idea of which animal has to be slaughtered and who has to get which part of the slaughtered animal (Schultz/Scholz 1994). Generally, women accept the responsibility of men to decide all matters concerning the long-term reproduction of the herd.

Because of this, the field of food and feeding the family is not a field of conflicts and disputes in the traditional Turkana society. Although it is the task of women to feed the family, men and women agree on that this can't be done by endangering the long-term security of the „awi". A man who lets his family starve is doing as wrong as a woman who expects her husband to slaughter all the time. „We are not butchers" was the answer from a woman, I asked. how often the Turkana slaughter.

The Turkana succeed in securing the balance between the subsistence need of the family and the protection of their productive assets by combining food habits with social and ritual institutions. Thereby they can preserve their livestock in times of drought. Men and women even accept hunger if it is necessary for securing their way of life for the future. Women take on the task to find other sources of food either by cash income or by collecting wild fruits, like berries and grasses.

5. Money and maize: Food in town

The responsibility of women to find other sources of food in times of drought if milk production is not sufficient to feed the family brings many Turkana women to towns and settlements of the district. They weave baskets, brew beer or burn charcoal, sell these products on the informal markets of the small towns and buy with the generated income, maize meal, beans, sugar, tea and other food items. Some of these migrant women are still member of an traditional „awi". Others have been forced out of their traditional group and have lost the access to livestock.

For all families in town, milk, meat and blood are no longer the staples. „Ugali" (maize porridge)" is the daily meal of the settled Turkana. Whereas ugali substitutes milk as the daily meal, money replaces livestock in its function of being the „provider" of the family.

Like the use and the distribution of money, the consumption of maize is not embedded in social and ritual rules and institutions. Whereas by distributing meat certain rules have to be obeyed - certain people are entitled to certain pieces of the animal, travellers have to be fed, but the rules on who is entitled to how much maize have to be negotiated. In this context, many women complain that mutual aid is not valid anymore. However, most women emphasise that maize, tea and sugar are exchanged between neighbours and friends as it was usual in the nomadic areas. What they are missing in town are the rituals where meat is consumed in the whole neighbourhood. The women try to compensate this loss of formal and reliable institutions and relations by creating new rules and institutions. Superstitions and the belief in witchcraft get a new meaning. Although the Turkana traditionally do not fear witchcraft and it does not play an important role in their ritual and spiritual life, stories about the incidence of witchcraft are quite common in town. This is especially evident in all areas where traditional norms of sharing and mutual aid are endangered. If you refuse to give a hungry person food, then you will face risk death and misfortune (Schultz 1996a). At the same time, it is dangerous to eat alone. Only food that is consumed with others is a digestible food.

6. From hand to mouth - food and changing gender identities in town

With the changed diet of the Turkana in town (maize and beans instead of milk and meat) on one side and the breaking up of the „awi" as a consumption and production unit, the existing gender division of labour and resources is challenged.

It is easier for women to redefine their traditional role than it is for men. In the field of female rights, the task of women to provide for the family with food is substituted in town by money. Women dispose over money in town as they do over the milk of their animals in the nomadic areas. Men do not expect of their wives that they put money at their disposal (Schultz 1996b). However, the women have to provide food for men and children.

On the side of the male responsibility, the lack of livestock results in a vacuum. All aspects of the ownership of livestock which are controlled by men in the nomadic areas like the capital aspect and its role in creating social relationships can not be substituted by the meagre urban income of the men. Therefore, men and women in Lodwar live in instable relationships.

Only the group of women which belongs still to a traditional „awi" succeeds in reconstructing the traditional gender roles on their situation in town. Often there is assignment of responsibilities such as the women are responsible for money and men for livestock that remain in the nomadic areas. Most of the women emphasise that this is a relation of complementarity. Men and women supplement each other and both work for the well being of the entire „awi".

In this group women can often widen their scope of action. Because they can feed the „awi" with their urban income in times of drought without the livestock of men, they can widen their influence outside and within the „awi" and gain bargaining power.However, for most women in town the complementarity of gender roles breaks up. For them, consumption and expenditure of money does not take place in a clearly defined social group. There is no livestock behind their money. Nevertheless, these women also try to survive by traditional coping strategies and try to create a social network which can take over the function of social relations in the nomadic areas. They do this by giving food to other women, by consuming prepared food in a group and by cooking for their husbands. Whereas in nomadic area, they gain influence by distributing food, in town the preparation of food becomes more important. In town, a man needs a women who cooks for him. A woman uses this to force the man in his responsibility and to give his income to her disposal (i.e. for school fees for the children).Altogether, gender relations in town are challenged. Women who feed their „awi" by earning money in town, can widen their bargaining power whereas women, whose family lost their livestock in times of drought and livestock raiding, lost their resource base. They seldom succeed in getting a new perspective in town. Instead of the sustainable subsistence economy of men and women in the nomadic areas, the women in town try to earn the daily bread to feed their family. In this context, it is difficult for men to redefine their role in town. Many women abstain from a relationship to a man. However, this means for most of women not a new independence and autonomy but the lack of long-term stable relationships in town. Equally, „hunger" gets a negative meaning in town because it stands for the loss of livestock „the nourisher of the people" whereas in nomadic areas it belongs to the daily life of the people and stands for the long term resource base securing way of life. Symbol for the life in town is „ugali" - the hunger meal - whereas milk represents the „good" life of nomadic areas.

Literature

Boserup, E. (1970): Women's Role in Economic Development. New York.

Dahl, G. (1987): Women in Pastoral Production: Some Theoretical Notes on Roles and Resources. Ethnos 52: 246-279.

Gluckmann, M. (1950): Kinship and Marriage among the Lozi of Northern Rhodesia and the Zulu of Natal. In: Radcliffe-Brown, A.R./ Forde, Daryll (eds.): African Systems of Kinship and Marriage. London: 166-206.

Gulliver, P.H. (1950): A Preliminary Survey of the Turkana. Cape Town.

Gulliver, P.H. (1973): Turkana of Northwestern Kenya. In: Cultural Source Materials for Population Planning in East Africa III, Nairobi.

Kettel, B. (1985): The Commodization of Women in Tugen (Kenya) Social Organization. In: Robertson, Claire/ Berger, Iris (eds.): Women and Class in Africa. New York: 47-61.

Little, M.A./Galvin, K./Leslie, P.W. (1987): Health and Energy Requirements of Nomadic Turkana Pastoralists. In: Garine de J./ Harrison, G.A. (eds.): Coping with the Uncertainity of Food Supply. Oxford: 290-317.

Quinn, N. (1977): Anthropological Studies of Women's Status. Annual Review of Anthropology 6: 181-225.

Sanday, P. (1973): Theory of the Status of Women. American Anthropologist 75: 1682-1760.

Schultz, U. (1996a): Nomadenfrauen in der Stadt, Berlin.

Schultz, U. (1996b) :Von gutem und schlechtem Geld - Geldverwendung und -symbolik bei den Turkana. Peripherie 62: 72-94.

Schultz, U./Scholz, V. (1994): Wir wollen Turkanafrauen bleiben - Frauen im Prozeß der Verstädterung ostafrikanischer Viehnomaden. Münster.

Talle, A. (1987): Women as Heads of Houses - The Organization of Production and the Roles of Women among Pastoral Maasai in Kenya. Ethnos 52: 50-80.

Watson, C.1988: The Development Needs of Turkana Women. Nairobi.

Wienpahl, J.(1984): Women's Roles in Livestock Production among the Turkana of Kenya. Research in Economic Anthropology 6: 193- 215.

Elisabeth Meyer-Renschhausen
Humboldt-Universität zu Berlin

Zur Leibvergessenheit der Agrarpolitik
Nachhaltiges Wirtschaften als haushälterisches Wirtschaften

1. Einleitung

Wir befassen uns auf dieser Tagung mit den „Frauen in der nachhaltigen Entwicklung". Was heißt „nachhaltige Entwicklung"? Der Begriff „Nachhaltigkeit" - nach dem englischen „sustainability"- erfuhr seit 1987 mit der Veröffentlichung des Berichts der Weltkommission für Umwelt und Entwicklung mit dem Titel „Unserer gemeinsame Zukunft" einen kometenartigen Aufschwung. Auf der Weltumweltkonferenz in Rio de Janeiro einigten sich die Regierungen der Welt darauf, zukünftig „nachhaltiger" als bisher mit den natürlichen „Ressourcen" umzugehen. Das Wort wurde danach zu einem Modewort unter Politikern, das jeder anders versteht und dem kaum einer Handlungen folgen läßt. Der Begriff „nachhaltige Entwicklung" ist noch schwieriger, denn das Wort „Entwicklung" impliziert ein lineares Denken in ständigen „Fortschritten".[1]

Es war jedoch das „Fortschritts"-Denken des 19. und 20. Jahrhunderts, das es zum Reichtum der einen die Verarmung der anderen brachte und zur Technik die Umweltzerstörung. Die industrielle Entwicklung ignorierte die Notwendigkeit eines „haushälterischen" oder „pfleglichen" Umgangs mit der Natur. Wir müssen heute ein „fürsorgliches" Wirtschaften fordern. „Fürsorge" und „Vorsorge" galten in den abendländischen wie morgenländischen Weltanschauungen als Angelegenheit vor allem der Frauen. Im Zug dieses Denkens wurde das „fürsorgliche" Denken von den modernen Nationalstaaten des 19. und 20. Jahrhunderts in den Privatbereich verwiesen. Jetzt aber muß das „alte Denken" der Hausfrauen und Selbstversorgerbauern allgemein verbindlich werden, wenn wir uns diese Erde und uns nicht selbst zerstören wollen. Nur mit Verzicht auf weiters „Wachstum" können wir immer weiteren, unumkehrbaren Verwüstungsprozessen mit ihren fühlbaren klimatischen Folgen Einhalt gebieten.(Glaeser 1986, Heidl 1992). Es geht nicht nur um das Beenden eines zerstörerischen Umgangs mit der Natur um uns herum, sondern auch darum, mit unserer eigenen „Natur" besonnener als bisher umzugehen.

---

[1] Hartwig Berger (1999): Die schöne neue Welt der nachhaltigen Entwicklung - Skeptische Bemerkungen zu einem Modebegriff. In: Kommune, 17 (1): 53-58

These dieser Ausführungen ist, daß die heutigen massiven Umweltschäden und die derzeitige ökologische Krise Folge der industriellen, kapitalistischen Wirtschaftsweise sind, die mit ihrer radikalen Hinwendung zum Markt immer unmenschlicher wird. Die verschiedenen sozialen Bewegungen und der Staat haben seit Beginn des 19. Jahrhunderts bisher das Schlimmste verhindern können. Die radikale Hinwendung zum Markt hat die alte „moralische Ökonomie" der vormodernen Gesellschaften zerstört und damit die selbstverständliche Verpflichtung der Reichen, den Armen zu helfen.[2] Die Verabsolutierung des Marktes als sozusagen unergründliche (und das heißt „verheiligte"!) Lösung für alle Probleme, zwingt die Landwirtschaft in eine immer geldorientiertere Richtung. Die Folge ist die Zerstörung unserer natürlichen Umwelt und unsere eigene Zerstörung, die Zerstörung unsere Körper und unseres seelischen Wohlbefindens.

Für Bäuerinnen und Bauern bedeutet diese Entwicklung, die Subsistenzorientierung ihrer Wirtschaftsweise aufgeben zu müssen. „Cash crop"- Anbau, eine Export-orientierte Landwirtschaft garantiert zwar der jeweiligen daran interessierten Nation landwirtschaftliche Exporte und positive Handelsbilanzen, bringt aber - wie Ester Boserup schon vor Jahren zeigte - in Afrika und Asien immer mehr Bäuerinnen um ihre Existenz.

Ein Sprechen über „nachhaltiges Wirtschaften" sollte daher bei uns selbst, unseren leiblichen Bedürfnissen anfangen, dabei aber nicht die Kleinbäuerinnen in der Dritten Welt vergessen. Das heißt vor allem anderen, von der Hauswirtschaft und der Selbstversorgerlandwirtschaft zu sprechen. Das heißt zu bedenken, welche Lebensmittel welcher Art von Landwirtschaft uns wirklich „ernähren" im Sinne des uns „gut tuns" können.[3]

Das Wort „Leibvergessenheit" soll in körperfixierten Zeiten daran erinnern, daß unsere eigene Natur mehr „besinnliches" Handeln braucht, soll sie nicht lebensbedrohlichen Zerstörungsprozessen ausgeliefert sein.

Von „Leibvergessenheit" in einem Jahrhundert zu sprechen, das uns den Körperkult als quasi letzte Religion beschert hat, wie Friedrich Nietzsche (1844-1900) uns Ende des 19. Jahrhunderts weissagte, scheint paradox. Aber das altertümliche Wort „Leib" erinnert uns an ein anderes, ein älteres Körperverständnis, das noch von der Einheit des körperlich-materiellem und der Psyche ausging. Der Körper war ohne Seele nicht zu denken, aber auch die Seele nicht ohne ihr leibliches Gehäuse: ja, sie fand ihren spezifischen Ausdruck in dieser ihr jeweils eigenen Gestalt.

Erst die mit der Renaissance aufkommende moderne Medizin bescherte uns insbesondere seit der cartesianischen Wende im Denken des 16. Jahrhunderts, einen Körperbegriff, der den menschlichen Leib letztlich als eine Art seelenlose Maschine oder pure Mechanik begreift.

Die neue Medizin kam über das Sezieren Toter zu ihren Erkenntnissen. Das Wort

---

[2] Edward P. Thompson (1979):"Die sittliche Ökonomie" der englischen Unterschichten im 18. Jahrhundert. In: Detlev Puls (ed.), Wahrnehmungsform and Protestverhalten, Frankfurt/M.: 13-88
[3] Vgl. Maria Mies (1998: Moral Economy und Subsistenz-Perspektive im Norden und Süden. In: Zeitschrift für Sozialökonomie, 35 (118) 15-25.

„Körper" stammt aus dem lateinischen und bezeichnete ursprünglich ausschließlich den Körper eines Toten, den Leichnam. Beim Sezieren entdeckte etwa William Harvey (1578-1657) den Blutkreislauf als Folge eines mechanischen Pumpsystems mit dem Herzen als „Motor". Der „neue" Maschinenkörper wurde nun wie eine mechanische Apparatur, etwa wie ein Uhrwerk oder eine mechanische Orgel gedacht (Merchant 1987, Duden 1987).

Diese „Körpermaschine"- Idee führte zu in den naturwissenschaftsbegeisterten 20er Jahren zu der Faszination des „gläsernen Menschen", eine Illusion die dieser Tagen in einer Ausstellung „Geniale Zeiten" zumindest unbeabsichtigt erneut für das alle „Alles ist machbar" und damit für die Gentechnologie wirbt.

Diese Idee ist heute Legitimation für die Lebensmittelmultis, so weiter zu machen wie bisher. Die neuen Krankheiten wie Krebs, Allergien, Immunschwächen und Depressionen erinnern uns fast zu spät daran, daß die menschliche Natur ein höchst komplizierter und sensibler Organismus ist.

Die Idee von der unempfindlichen Körpermaschine war die legitimierende Voraussetzung für eine Agrarpolitik, die von den vergiftenden Wirkungen einer nur Markt-, nicht aber auch leiborientierten landwirtschaftlichen Produktion möglichst nichts wissen will. Die europäische Agrarpolitik der letzten Jahrzehnte war daran interessiert, den europäischen Agrarmarkt vor dem Weltmarkt zu schützen. Um die europäische Landwirtschaft im Weltmaßstab konkurrenzfähig zu machen, forcierte die EU die industrielle Agrarproduktion, die in den letzten drei Jahrzehnten mit einem immer größeren Einsatz von Chemie immer größere Mengen an billigen Lebensmitteln produzierte, von denen immer mehr weggeworfen wird. Der Einsatz von zunehmend größeren Maschinen führte zur Verschuldung der Bauern mit dem Effekt, daß mehr und mehr Bauern und Bäuerinnen ihren Hof aufgeben mußten.

Der Einsatz von immer mehr Gift, wie viele Bauern die Pflanzenschutzmittel noch immer mit schöner bäuerlicher Direktheit nennen, führte zu ganz neuen Krankheiten bei damit hantierenden Bäuerinnen und Landwirten (Ernst/Langbein/Weiss 1986).

Zahlreiche Konsumenten, die die winzigen Mengen von Giftspuren in den Lebensmitteln nicht mehr vertragen, bekommen immer mehr neue Krankheiten, vor denen die Schulmedizin mehr oder minder hilflos dasteht. Jeder elfte Bundesbürger leidet bereits an Allergien, jeder dritte über 50 muß damit rechnen, an Krebs zu erkranken. Diese in diesem Ausmaß neuen Krankheiten sind Ergebnis des synergistischen Effekts: wenn auch einzelne Spuren von Pestiziden vom menschlichen Körper „vertragen" mögen werden, kippt das „System" um wie ein See, wenn zuviel „Chemie in Lebensmitteln" die Anpassungsfähigkeit unserer „Körpermaschine" überbeansprucht.

Das derzeitige Sprechen von der Notwendigkeit eines „nachhaltigen Wirtschaftens" postuliert einen pfleglicheren Umgang mit der Natur als bisher. Wenn derartiges Sprechen nicht leeres Gerede bleiben soll, sind wir aufgefordert, das maßlose Expandieren auf Kosten der Umwelt zu beenden. Nur so können wir drohenden immer weiteren, unumkehrbaren Verwüstungsprozessen mit ihren fühlbaren klimatischen Folgen Einhalt gebieten (vgl. Heil 1992, Groeneveld 1986).

2. Das Verschwinden des Alltags aus den Wissenschaften

Das frühe 19. Jahrhundert brachte durch Albrecht Daniel Thaer, Johann Heinrich von Thünen (1783-1850) und Justus von Liebig (1803-1873) eine Wissenschaft vom Landbau hervor, die von der Bodenkunde über die Tierernährung zur landwirtschaftlichen Betriebslehre reichte (Klemm 1998). Bei Albrecht Daniel Thaer wurde der Landwirt zum Gegenbegriff des Bauern, der sein Gewerbe entweder handwerklich, kunstmäßig oder noch besser wissenschaftlich betreiben sollte. Ein in diesem Zusammenhang entstehendes landwirtschaftliches Bildungs- und Vereinswesen brachte dieses neue Wissen unter die Bauern. Es schloß allerdings - und zwar bis weit ins 20. Jahrhundert hinein - die Bäuerinnen, die Frauen der Landwirte aus, die dadurch immer abhängiger von den Informationsvorsprüngen ihrer Ehemänner wurden. Die Folge dieser Art von Ausbildung und Wissenschaften waren bestimmte Einseitigkeiten in Forschung und Lehre: Indem die neue Landwirtschaft als reine Marktproduktion gedacht wurde, schloß sie die selbstversorgende Dimension der alten bäuerlichen Wirtschaft aus. So konnte geschehen, daß sie mit den lebensweltlichen Arbeiten der Bäuerin auf dem Hof auch die ernährende Funktion der Landwirtschaft in gewisser Hinsicht zu übersehen begann (Brandt 1990). Indem nur noch daran gedacht wurde, daß und wie die Landwirtschaft die städtische Gesellschaft versorgen könne, wurden die sozialen Voraussetzungen für das Funktionieren einer bäuerlichen Wirtschaft, sowie die Tatsache, daß nicht nur die Gesellschaft, sondern auch der einzelne Mensch berücksichtigt werden muß, sozusagen vergessen. Die „Nachhaltigkeits"- Probleme, vor denen wir heute stehen, sind Folge dieses Ausblendens des sorgsamen „Haushaltens" auch aus unserem Denken und darüber das Vergessen der Frage nach der „Verträglichkeit" von Lebensmitteln. Fragen, die sich die alten, vormodernen Gesundheitslehren (Säftelehre des Galen) bis hin zur traditionellen, heute wieder erneut benutzten, chinesischen Medizin stets gestellt hatten. „Lebensmittel", die gut zu vermarkten sind, sind damit noch lange nicht auch automatisch gut bekömmlich. Bodenlose Nährmitteltomaten aus holländischen Treibhäusern schmecken geradezu aufdringlich nach Nichts.[4]

Die Anfang des 19. Jahrhunderts entstandenen Agrarwissenschaften bestehen bis heute aus zwei Fachrichtungen, nämlich einem naturkundlichen und einem betriebswirtschaftlich ausgerichteten, von denen die ökonomische Richtung zunehmend dominierend wird. Ausgeblendet bleibt die gesellschaftliche Dimension, die heute auf eine reine Agrarsoziologie reduziert und kaum noch von Agrargeschichte flankiert wird. Diese vorherrschende einseitige Orientierung auf den Markt - ausgebildet werden sollen vor allem „Betriebsleiter" oder „Agrarberater" - vergißt jedoch mit den Bäuerinnen die Selbstsorgerwirtschaft eines Hofes. Eine derartige Wissenschaft ignoriert den Menschen als

---

[4] Eine klinisch hygienische Aufzucht in ewig tageslichten Gewächshäusern hat den - wie sie in Österreich noch heute heißen - „Paradeisern" mit ihrem Aroma jeglichen „Charakter" genommen (Christian Hiß/Gunhild Pörksen/Uwe Pörksen 1997/98: 233-262).

Gruppenwesen mit Speiseritualen und übersieht die Leibnatur des Menschen, der mit seinem Stoffwechsel von der Art des Landbaus und seinen Düngemethoden abhängig ist. Impulse für eine neue Wissenschaft vom Landbau, die den Menschen als ganzen, als soziales Wesen mit bestimmten Speisebedürfnissen berücksichtigen, kommen daher heute aus den Nachbarwissenschaften, in denen sich die Paradigmenwechsel, die die ökologische Krise einfordert, schneller durchsetzen können.

3. Das Verdrängen von Haus- und Eigenwirtschaft

Die heute in der Politik vorherrschende einseitige Orientierung auf den Markt, vergißt den eigentlichen Zweck des Landbaus, das sich ernähren, sich versorgen. Der Glauben an die „selbstregulierenden Kräfte des Marktes" brachte die Bauern in wirtschaftliche Nöte.

Erst der russische Agrartheoretiker Alexander Wassiljewitsch Tschajanow (1888-1939) entwickelte eine ganzheitliche Sichtweise des bäuerlichen Betriebs, in dem er den Systemzusammenhang von Haushalt und Betrieb im Wirtschaftsverhalten einer teilkommerzialisierten Familienwirtschaft berücksichtigte. Tschajanow verdeutlichte, daß die Bauern nicht bloß für den Markt anbauen. Er warnte die Bolschewiki vor voreilig erzwungener Kollektivierung der Landwirtschaft. Er wies sie darauf hin, daß die bäuerliche Lebensform eine eigene Existenzform ist, die aus rein städtischer Sicht nicht verstanden werden kann. Die schwere Landarbeit macht für eine Bauernfamilie einen „Sinn", gerade weil sie für den eigenen Betrieb geschieht und eigenen Arbeitsrhythmus erlaubt.

Tschajanow berücksichtigte zwar den „bäuerlichen Familienbetrieb", übersah aber neben dem „bäuerlichen Arbeiter" die „bäuerliche Arbeiterin". Mit seiner Entdeckung der „ungenutzten Zeit" im bäuerlichen Familienbetrieb übertrug er die seit Mitte des 19. Jahrhunderts übliche Vorstellung von der untätigen Hausfrau auf den Bauernbetrieb (Mänicke-Gyöngyösi 1981).

Tschajanow setzte damit in gewisserweise das Frauen- und leibverneinende Denken der Agrarwissenschaften fort. Albrecht Daniel Thaer hatte für eine bestimmte Bodenpflege plädiert, die wir heute als „ökologisch nachhaltiges" Ackern bezeichnen würden. Aber mit der Etablierung seiner Wissenschaft vom Landbau, wurden mit der bäuerlichen Lebensform die Bäuerinnen aus dem wissenschaftlichen Denken verdrängt. Die Bäuerin wurde nach städtischen Modell indirekt zur Hausfrau erklärt und mitsamt - profan gesprochen - ihrem Melken und Hühnerfüttern, ihrem Heilwissen und ihren nährenden Kochkünsten für Mensch und Vieh, Kartoffeln für die Schweine, Kamillen und Fencheltee für die Kälber etc., außer acht gelassen.

Städtisch bürgerliche Männer entwickelten eine Agrarwissenschaft, die den Zweck des Ackerbaus, die Pflege und Ernährung des menschlichen Leibes der umgebenden Natur in gewisserweise vergaß. Bäuerliches Denken in Kreisläufen wurde durch eine lineare Denkweise auf Gewinne hin ersetzte.[5] Die Forderung eines „nachhaltigen Wirtschaften" bedarf heute der Rückkehr zum Denken in derartigen „Stoffwechsel"-Kreisläufen.

4. „Fürsorglichkeits"- Diskurse der Jahrhundertwende

Mit Gründung des ersten Landfrauenverbandes („Reichsverband landwirtschaftlicher Hausfrauenvereine") am 2. Februar 1898 wollte die Gründerin, die Gutsbesitzersfrau Elisabet Boehm, gegen dieses Vergessen der gesellschaftlichen Bedeutung der lebensweltlichen Arbeiten angehen. Sie wollte mittels der Anerkennung der Arbeiten einer Hausfrau auch eine Redefinition des Begriffs vom „Ernähren" und eine Anerkennung der Hausarbeit als zu erlernende „Profession" erreichen[6].
Im Verlauf des 19. Jahrhunderts war aus „dem Ernähren" - das etymologisch verwandt mit dem „Genesen" ist - ein Terminus geworden, der das Geldverdienen eines „Familienvaters" für seine Familie pathetisch in „Ernährerfunktion" ummünzte.[7] Dagegen verstanden Frauen wie Elisabet Boehm unter dem „Ernähren" eine Tätigkeit des „Haushaltens" als Voraussetzung gemeinsamen Wirtschaftens einschließlich seiner „profanen Seiten" wie etwa der Kochhandlung. Die Frauen verstanden also unter dem Terminus „Ernähren" die praktischen Tätigkeiten, die die Hausfrau - dabei unterstützt vom weiblichen Gesinde - in Küche, Hof und Keller unternahm. Während die Frauen an die reale Arbeitsteilung dachten, hatten die Männer - dazu unterstützt durch den Männlichkeitswahn des militärbesessenen 19. Jahrhunderts - die Arbeit der Frauen zu purer „Liebe" umdefiniert und gewissermaßen „naturalisiert": Hausarbeit macht die Frau aus einer Art Trieb heraus, daher war sie auch kein „reales" Geld und keines wissenschaftlichen Betrachtung wert (Bock/Duden 1977).

Die Frauenbewegung führte so zu einer Debatte um die Hausarbeit, die seitens des Deutschen Landfrauenverband und der organisierten Hausfrauen forciert wurde und die schließlich zu einer Etablierung von Haushaltsschulen in Stadt und Land führte. Voraussetzung für die Hauswirtschaftsschulen war die staatliche Anerkennung des Berufs der Hauswirtschaftslehrerin ab 1908. Die so erfolgte „Professionalisierung" ist als relativer „Erfolg" der feministischen und sozialreformerischen Diskursen der Jahrhundertwende zu sehen. Hintergrund waren die Aktionen des auf sozialpolitische Reformen konzentrierten Bundes Deutscher Frauenvereine von 1894 und des mehr als Frauen - Interessenvertretung agierenden Allgemeinen Deutschen Frauenverband von 1867.

---

[5] Reinhart Koselleck in seiner Vorlesung an der Humboldt-Universität am 20.6.96 nach dem Berliner Tagesspiegel vom 24.6.1996
[6] Vgl. Verein zur Errichtung wirtschaftlicher Frauenschulen auf dem Lande, gegründet 1896 nach Renate Bridenthal (1994): 110-121.
[7] Vgl. Duden Herkunftswörterbuch Etymologie 1989

Die Kritik der damaligen Frauenbewegung griff mit ihren Forderungen eine „einseitig männlich bestimmte Welt" an, die sie durch die Ergänzung um „weibliche Kultur" zum Wohle der Gesamtheit humanisieren wollte. Mittels „organisierter Mütterlichkeit" wie es in der englisch sprechenden Frauenbewegung hieß, oder „geistiger Mütterlichkeit" wie die deutschen Frauenrechtlerinnen sich ausdrückten, sollte der einseitig auf den Markt und die Erwerbsarbeit ausgerichteten Politik zu menschlicheren Dimensionen verholfen werden. Auch den Armen sollte Gerechtigkeit zuteil werden und auch ihnen ein menschenwürdiges Leben ermöglicht werden. Damit sollte der stigmatisierende Umgang mit unverschuldeter Armut, wie er typisch für Zeit der Industrialisierung war, durch einen menschlicheren Umgang mit Elenden ersetzt werden. Die Frauenrechtlerinnen der zweiten Hälfte des 19. Jahrhunderts verstanden sich qua Geschlecht dazu berufen, für mehr soziale Gerechtigkeit einzusetzen. Sie reklamierten ihre „holistischen" Fähigkeiten, die sie sich als Hausfrauen hatten bewahren können und sie zur qualifizierten „sozialen Arbeit" befähigen würden. Als Hausfrauen hätten sie noch das ganzheitliche, auch „ökologische" Wissen, was den „Vätern der Gemeinden", den Staatsmännern, fehlen würde. Diese Diskurse erfuhren eine Art Höhepunkt, als um 1902 die promovierte Ökonomin Käthe Schirmacher eine Schrift zur volkswirtschaftlichen Bedeutung der Hausarbeit veröffentlichte, in der sie „Lohn für Hausarbeit" forderte.

Auch die ersten Soziologen, überlegten wie den Armen geholfen werden könnte. Max Weber etwa empfahl seit den 1890er Jahren die Selbstversorgerlandwirtschaft als würdige Form der Selbsthilfe für erwerbslose Arbeiterfamilien. 1911 unternahm der Bund Deutscher Frauenvereine eine Enquete zur Situation von Landarbeiterinnen. In der 1912 dazu ausgerichteten Konferenz plädierten die Referentinnen auch der „Linken" vehement für den Erhalt von Häusler-Stellen, Kleinbauern- und „Nebenerwerbs"-Bauernhöfen als Frauenarbeitsplätze auf dem Land (Kempf 1912). Die selbständige Subsistenzwirtschaft ließ Frauen und Landbewohnern mehr Recht auf ein würdiges Leben, besser als alle erzwungene Untätigkeit (Putlitz 1912).

Erst der Erste Weltkrieg brachte dem Hauswirtschafts-Diskurs der damalige Feministinnen plötzliche Anerkennung, als während des Krieges eine für die staatlichen Organe dermaßen überraschende „Versorgungskrise" („Versorgung" mit Lebensmitteln) hereinbrach. Die staatlichen Organe mußten die Lebensmittelversorgung an einen - quasi über Nacht eingerichteten - „Nationalen Frauendienst" abtreten, wodurch es zu einem überraschenden „Empowerment" der Verbraucherinnen und damit auch der Hausfrauenverbände und der Frauenbewegung kam (Davis 1996).

Die Nachkriegspolitik knüpfte zwar an diese Erfahrungen und Diskussion an, aber das Sparen auf Kosten der sozialpolitischen Neuerungen der 20er Jahre in der Zeit der Weltwirtschaftskrise 1929-1932 führte dazu, daß die Nazis mit Erfolg Hausarbeit und „Bauerntum" zu ihren besonderen Anliegen erklären konnten.

Die Land- und Leibvergessenheit von Politik und Wissenschaften seit der Industrialisierung beschert uns die Gefahr der gesellschaftlichen „Selbstvergiftung". „Nachhaltigkeit" kann daher - soll sie nicht beschönigendes Gerede sein - nur in einem Mitmenschen- und Leiborientierten „haushälterischen" Denken bestehen und muß jedem

Zwang zum Wachstum entgegen gesetzt sein. Die vollständigste „Hauswirtschaft" ist die bäuerliche Selbstversorger-Landwirtschaft. Als Subsistenzwirtschaft muß die Kleinlandwirtschaft zwangsläufig sowohl Umwelt- als auch leibverträglich sein - wollen ihre Betreiber nicht die eigene Lebensgrundlage zerstören (Heindl 1997). Keiner wird fahrlässig mit allzuviel anorganischem Dünger umgehen oder Brechreiz verursachenden Einsatz von Pflanzengiften, wenn er das angebaute Gemüse hinterher selbst verspeisen möchte. Nachhaltiges Denken kann daher in Stadt und Land, in der Dritten wie in der Ersten Welt, gerade in der Subsistenzwirtschaft oder im Gemüsegarten erinnert und praktiziert werden.

Insofern können gerade die Kleinlandwirtschaften, die „Nebenerwerbsbetriebe" von Alpen- oder Mittelgebirgs-Bäuerinnen, die Datschen-Gärten in Rußland und die wiederkehrende Kleinlandwirtschaft in der Dritten Welt eine Chance für eine Umkehr zu einem „vorsorgenden" Umgang mit der Natur werden. So kann die Krise durch radikales Umpolen vom „Primat der Ökonomie" - wie Karl Marx die Kapitalherrschaft kennzeichnete - zum Anstreben eines selbstgenügsamen - auf die wirklichen Lebensbedürfnisse konzentrierten - „guten Lebens". zur Chance werden. Immer mehr Menschen in den USA verzichten z.B. auf hohe Löhne, um mehr Zeit für sich zu haben, meldete die Süddeutsche Zeitung am 9.8.1998, ein Schritt hin zu einer sozusagen „weiblicheren", „vorsorgenden" und sogar „fürsorglicheren" Lebensweise.

Literatur

Aristoteles (1952): Politik. 1. Buch, 8. Kap., 1256a 10/11. In: Egner: E.: Der Haushalt - Eine Darstellung seiner volkswirtschaftlichen Gestalt, Berlin: Duncker und Humboldt.

Barlösius, E. (1995): Worüber forscht die deutsche Agrarsoziologie? - Zum Verhältnis von Agrarsoziologie und Agrarpolitik. In: Kölner Zeitschrift für Soziologie und Sozialpsychologie, 47 (2): 319-338.

Bennholdt-Thomsen, V./Mies, M. (1997): Eine Kuh für Hillary - Die Subsistenzperspektive. München: Frauenoffensive.

Bidlingmaier, M. (1918): Die Bäuerin in zwei Gemeinden Württembergs, Stuttgart.

Bock, G./Duden, B. (1977): Arbeit aus Liebe - Liebe als Arbeit: Zur Entstehung der Hausarbeit im Kapitalismus. In: Frauen und Wissenschaft - Beiträge zur Berliner Sommeruniversität für Frauen/Juli 1976, Berlin Courage: 118-199.

Brandt, H. (1990): Von Thaer bis Tschajanow - Wirtschaftslehren arbeitsintensiven Landbaus. Kiel: Wissenschaftsverlag Vauk KG.

Bridenthal, R. (1994): Die Rolle der organisierten Landfrauen in der konservativen Mobilmachung in der Weimarer Republik. In: Feministische Studien, 110-121.

Conze, W. (1972): Artikel „Bauer" In: Geschichtliche Grundbegriffe, Bd. 1 A-D, Stuttgart Klett: 407-439.

Davis, B. (1996) Food Scarcity and the Empowerment of the Female Consumer in World War I Berlin. In: Victoria de Cruzia/ Ellen Furlough, (eds.), The Sex of Things: Gender and Consumption in Historical Perspective, Berkeley: University of California Press: 287-310.

Duden, B. (1987): Geschichte unter der Haut - Ein Eisennacher Arzt und seine Patientinnen. Stuttgart Klett-Cotta.

Duden, B./Hausen, K. (1977): Das schöne Eigentum. In: Frauen, Kursbuch 47, Berlin: 125-140.

Duden, B./Hausen, K. (1978): Gesellschaftliche Arbeit - geschlechtsspezifische Arbeitsteilung. In: Kuhn, A./ Schneider, G. (Hg.): Frauen in der Geschichte, Düsseldorf Schwann: 11-33.

Ernst, A./Langbein, K./Weiss, H. (1988): Gift-Grün - Chemie in der Landwirtschaft und die Folgen. München.

Groeneveld, S. (1986): Agrarkulturen statt Landwirtschaft: Entwurf einer Perspektive. In: Bernhard Glaeser (Hg.): Die Krise der Landwirtschaft - Zur Renaissance von Agrarkulturen, Arbeitsberichte des Wissenschaftszentrums Berlin für Sozialforschung - Forschungsschwerpunkt Umweltpolitik, Frankfurt am Main/New York: 165-187.

Heindl, B. (1992): Keine Kultur ohne Agrikultur, keine Agrikultur ohne Kultur - Notizen zum Ursprung der bäuerlichen Landwirtschaft im Hochmittelalter. In: Pro Regio - Zeitschrift für eigenständige Regionalentwicklung 4 (11): 4-9.

Heindl, B. (1995): „Überwinterung" - Wirtschaften im XXI. Jahrhundert. In: Pollinger Briefe 48: 39-45.

Heindl, B. (1997): Einwärts - Auswärts. Vom Hegen der Erde, Innsbruck Ed. Löwenzahn.

Hesse, K. (1984): Die Haushaltslehren des 16.-18. Jahrhunderts, Hauswirtschaft und Wissenschaft, 32 (3).

Hiß, Ch./Pörksen, G./Pörksen, U. (1997/98): Produktionsformen sind Lebensformen - Plädoyer für einen modernen Landbau. In: Scheidewege - Jahresschrift für skeptisches Denken, 27: 233-262.

Inhetveen, H. (1986): Von der „Hausmutter" zur „Mithelfenden Familienangehörigen" - Zur Stellung der Frau in Agrartheorien. In: Freilichtmuseum und Sozialgeschichte, Referate des Symposiums am Fränkischen Freilichtmuseum vom 7. bis 8. November 1985, Bad Windsheim: 109-121 .

Kempf, R. (1912): Probleme der landwirtschaftlichen Frauenarbeit im bäuerlichen Betrieb. In: Bäumer, Gertrud (Hg.): Im Auftrag des Vorstandes des Bundes Deutscher Frauenvereine, Der Deutsche Frauenkongreß Berlin, 27.Februar bis 2.März 1912, Leipzig/Berlin: Teubner: 72-80.

Klemm, V. (1998): Von der Königlichen Akademie des Landbaus in Möglin zur Landwirtschaftlich-Gärtnerischen Fakultät der Humboldt-Universität zu Berlin.

Lintner, M. (1997): Der Boden, eine Lebensgrundlage. In: Lintner, Martina/Schweighofer, Annemarie (Hg.): Das Bäuerinnenbuch, Innsbruck. Ed. Löwenzahn: 145-160.

Mänicke-Gyöngyösi, K. (1981): Nachwort zu Alexander W. Tschajanow, Reise ins Land der bäuerlichen Utopie (russ. Orig. 1920), Neuaufl. der deutschen Übersetzung, Frankfurt a.M..

Merchant, C. (1987): Der Tod der Natur. Ökologie, Frauen und die neuzeitliche Naturwissenschaft, München: Frauenoffensive.

Meyer-Renschhausen, E. (1989): Weibliche Kultur und soziale Arbeit - Eine Geschichte der Frauenbewegung 1810 - 1927 am Beispiel Bremens, Köln/Wien: Böhlau.

Meyer-Renschhausen, E. (1996): Bauern und Bäuerinnen aus städtischer Sicht. In: Lorenzl, G. (Hg): Urbane Naturaneignung als agrarische Marktchance?, Berlin Köster: 175-191.

Mies, M. (1996): Frauen, Nahrung und globaler Handel - Eine ökofeministische Analyse zum Welternährungsgipfel 13.-17.November 1996 in Rom, Bielefeld: Institut für Theorie und Praxis der Subsistenz e.V.

Mies, M./Shiva, V. (1995): Ökofeminismus - Beiträge zur Praxis und Theorie, Zürich: Rotpunkt Verlag.

Preuschen, G. (1991): Ackerbaulehre nach ökologischen Gesetzen, Karlsruhe: C.F. Müller.

Priester (1914): Arbeits- und Lebenverhältnisse der Frauen in der Landwirtschaft in Mecklenburg, Rostock, Jena: Gustav Fischer 1914 (Schriften des ständigen Ausschusses zur Förderung der Arbeiterinnen-Interessen Heft 6) Reprint Kirchheim/Teck: Jürgen Schweier Verlag 1990.

Putlitz, Freiin Elly zu (1912): Probleme der landwirtschaftlichen Frauenarbeit. In: Gertrud Bäumer (Hg.): Im Auftrag des Vorstandes des Bundes Deutscher Frauenvereine, Der Deutsche Frauenkongreß Berlin, 27.Februar bis 2.März 1912, Leipzig/Berlin Teubner: 80-87.

Richarz, I. (1993): Haus und Ökonomik als europäische Phänomene - Aspekte wissenschaftlicher Forschung zur Haushaltsökonomik. In: Gräbe, Sylvia (Hg.): Der private Haushalt im wissenschaftlichen Diskurs, Frankfurt/New York: Campus: 143-172.

Teherani-Krönner, P. (1996): Ökofeministische Positionen zur Naturaneignung. In: Lorenzl, G. (Hg.): Urbane Naturaneignung als agrarische Marktchance? Berlin Köster: 123-150.

Völger-Hoppe, H. (1920); Arbeit- und Lebensverhältnisse der Landarbeiterinnen in Pommern, Marburg (Diss. masch.).

von Werlhof, C. (1996): Mutterlos - Frauen im Patriarchat zwischen Angleichung und Dissidenz, München: Frauenoffensive.

Wohlgemut, M. (1913): Die Bäuerin in zwei badischen Gemeinden, Freiburg.

Elisabeth Bücking
Ökoinstitut Freiburg

Vorsorge oder Risikobereitschaft? Alltagswissen in der Konfrontation mit neuen Technologien in der Landwirtschaft

Als Mitglied des Ökoinstituts werde ich gelegentlich von Landfrauengruppen eingeladen, um über Gentechnik und ihre Anwendung in Landwirtschaft und Nahrungsmittelherstellung zu berichten. Es ist erstaunlich und erfreulich, wie lebhaft und wie unterschiedlich die einzelnen Gruppen reagieren und diskutieren. Einige Grundzüge dieser Diskussionen sind jedoch überall wiederzufinden. Sie sind offenbar Ausdruck des Wissens und der Erfahrungen, die die Frauen im Alltag vor Ort erworben haben. Auf drei dieser Grundzüge möchte ich eingehen. Erstens: Frauen haben durchweg einen Sinn für Komplexität. Sie beurteilen neue Techniken wie die Gentechnik auch danach, ob mit unbeabsichtigten Nebenwirkungen zu rechnen ist. Sie wissen, daß solche Nebenwirkungen, sollten sie auftreten und sich als negativ erweisen, in der Regel Ärger und ein Mehr an Arbeit für sie selbst bedeuten. Zweitens: Für Frauen hat das Vorsorgeprinzip hohe Priorität. Drittens: Frauen sehen sich am kürzeren Hebel. Sie sehen auf sich zukommen, daß sie wider besseres Wissen zur Akzeptanz gezwungen sein könnten, wenn es politisch nicht gelingt, genügend Raum für Alternativen freizuhalten.

1. Sinn für Komplexität

Nicht in jedem Fall herrschte in den Gruppen, die mich zu diesem Thema eingeladen haben, eine feste Meinung zu Gentechnik vor. Für viele waren manche der Ziele, deren Erreichbarkeit mit Hilfe gentechnischer Methoden versprochen wird, akzeptabel und vernünftig. Dazu gehört das deklarierte Ziel, Agrochemikalien einzusparen. Das ist nicht nur unter Umwelt- und Verbraucherschutz - Gesichtspunkten erwünscht: Manche der Zuhörerinnen waren Haupt- oder Nebenerwerbslandwirtinnen und standen unter einem gewissen Produktionsdruck. Für sie dürfte auch die Kostenfrage für Betriebsmittel eine Rolle gespielt haben. Ökologisch wirtschaftende Bäuerinnen waren nicht darunter, zumindest hat sich keine im Gespräch als solche erklärt.

Regelmäßig werden folgende Fragen gestellt:

1. Wie gut kann man sich auf die neue Technik verlassen? Hält sie in jedem Fall, was versprochen wird?

Ich habe erlebt, daß die Versprechungen der Gentechnik von den Frauen vielfach als Werbestrategien wahrgenommen werden. Werbung, das wissen sie aus Erfahrung, plakatiert Positives und schweigt sich über Mängel aus. Sie sind deshalb überhaupt nicht überrascht und fühlen sich insgeheim bestätigt, wenn sie von der gentechnisch veränderten Baumwolle mit dem eingebauten Insekten-Toxin hören, das vor Insektenfraß schützen und Insektizide überflüssig machen soll. Vor zwei Jahren wäre ein Teil der Ernte in Australien und in den USA unter extremen Witterungsbedingungen und hohem Schädlingsdruck trotzdem von Insekten vernichtet worden, wären nicht konventionelle Insektizide eingesetzt worden, um sie zu retten (Kaiser 1996). Sie wissen sehr wohl, daß es immer einmal wieder ungewöhnliche klimatische und ökologische Bedingungen gibt, unter denen moderne Agrotechnik versagen kann. Ihre Frage nach der Zuverlässigkeit der Gentechnik ist auch eine Frage danach, wieviel eigenes Experimentieren, d.h. wieviel „Anpassungsarbeit" - Anpassung der neuen Technik an die jeweils eigenen Verhältnisse - von ihnen selbst zu leisten sein wird. Und es steckt die Überlegung dahinter, ob bzw. unter welchen Bedingungen es sich lohnen oder nicht lohnen könnte, diese Arbeit anzugehen. Je unzuverlässiger gentechnisch eingefügte neue Eigenschaften sich ausprägen, desto größer ist auch das eigene Risiko beim Einsatz solcher Pflanzen. Selbstverständlich ist den LandwirtInnen auch klar: dieses Risiko tragen sie selbst. Sie können nicht damit rechnen, für anfallende Mehrkosten oder Ausfälle entschädigt zu werden[1].

2. Wie berechenbar ist die neue Technik? Ist es möglich, daß unvorhergesehene Nebenwirkungen auftreten? Wenn ja, welcher Art könnten sie sein?

Meiner Beobachtung nach ist das für Frauen im ländlichen Raum eine sehr grundlegende und vitale Frage. Sie leben alle relativ naturnah, ob sie nun Produzentinnen sind, Gärten für den Hausgebrauch haben oder sich nur aus der Nachbarschaft versorgen. Sie kennen die vielen Wechselwirkungen, die zwischen Organismen vorkommen, aus eigener Anschauung. Sie wissen, daß ohne Igel die Schnecken, ohne Katzen die Mäuse, ohne Vögel die Obstmaden und ohne Marienkäfer die Blattläuse überhand nehmen. Sie wissen auch, daß es sich dabei zum Teil um diffizile Gleichgewichte handelt. Ein Virus etwa, das Katzen krank macht, verursacht über die Zunahme von Mäusen eine Dezimierung der Kartoffelernte. Sie haben großes Interesse daran, solche Gleichgewichte in der Form aufrechtzuerhalten, wie sie sie kennen, damit sie ihren eigenen Eingriff, ihre Arbeit in Stall, Feld und Garten, angepaßt und effektiv gestalten können. Sehr oft arbeiten sie mit

---

[1] Monsanto hatte in Australien für Bt-Baumwolle (gentechnisch verändert mit eingebautem Insekten-Toxin) geworben u. a. mit dem Angebot, den Farmern Mehrkosten zu erstatten, wenn das eingebaute Toxin als Insektenschutz nicht ausreicht. In AGROW, Nr. 286 vom 15. 8. 97, S. 18 wird berichtet: „Monsanto will no longer reimburse farmers if the cost of the crop (seed plus pesticides) exceeds the cost of sprays on conventional crops. The company paid out on a significant portion of the 30,000 ha grown this year, The Australian Financial Review reports."

Pflanzensorten und Tierrassen, die für die lokalen Verhältnisse besonders geeignet sind und sich seit Jahren bewährt haben.
Das gilt nicht nur für Ökobäuerinnen. Sie erwarten gar nicht, daß eine im Labor gentechnisch hergestellte Pflanzensorte diesen Ansprüchen genügt. Sie können sich höchstens vorstellen, daß Fehlentwicklungen, die zum massiven Einsatz von Agrochemikalien geführt haben, ein Stück weit rückholbar sind. Aber sie wollen wissen: Lohnt sich der Preis? Werden vielleicht neue Schäden gesetzt, die noch viel schwerer wiedergutzumachen sind? Sie wollen Erfahrungsberichte hören: Was geschieht denn, wenn gentechnisch veränderte Pflanzen angebaut werden? Was ist zu beobachten? Die zahllosen Versicherungen, es würde sich gegenüber konventionellem Anbau - von der gezielten Verbesserung abgesehen - gar nichts ändern, nehmen sie vor ihrem eigenen Erfahrungshintergrund mit großer Skepsis auf und verbuchen sie auf das Konto „Werbestrategie". Sie sind erstaunt und manchmal empört, wenn sie erfahren, wie wenig von den Wechselwirkungen mit umgebenden Organismen in Freisetzungsversuchen geprüft wurde und wird (Mellon/Rissler 1995). Für ihre eigene Beurteilung reichen die beiden in Freisetzungsversuchen überprüften Kriterien: „Sind Wachstum und Ertrag vergleichbar mit konventionellen Sorten?" und „Ist das neue Merkmal ausgeprägt?" - Beobachtungszeitraum eine bis drei Vegetationsperioden - nicht aus. Sie fühlen sich in ihren Erwartungen bestätigt durch neuere Versuchsergebnisse:

- Etwa der Fall Klebsiella planticola, das Bodenbakterium, das gentechnisch so verändert wurde, daß es aus Pflanzenresten Alkohol produzieren konnte. Es sollte US-amerikanischen Farmern zu einem Zusatzeinkommen verhelfen. Gelangt die gentechnisch veränderte Form in den Boden, lockt sie Wurzelschädlinge an und unterdrückt eine für die Pflanzenernährung wichtige Symbiose zwischen Pflanzen und Bodenpilzen, ruft also massiven Schaden an Nutzpflanzen hervor (Holmes 1995);
- Die an mehreren Stellen Europas nachgewiesene Auskreuzung des gentechnisch eingebrachten Gens für Herbizidresistenz aus Rapsfeldern (z.B.: Mikkelsen et al. 1996);
- Die Beobachtung, daß gentechnisch insektenresistent gemachte Mais- und Kartoffelpflanzen nicht nur die Schädlinge Maiszünsler und Blattläuse töten, sondern über die Nahrungskette auch insektenfressende Nützlinge, Florfliegen und Marienkäfer, schädigen können (Bigler/Keller 1997, Birch et al. 1997).

Diese Art von Berichten paßt offenbar viel besser zum Bild einer komplexen Umgebung, das sich Frauen im ländlichen Raum machen, als die Argumente der Befürworter von Gentechnik in Landwirtschaft und Nahrungsmittelherstellung. Es ist zweifellos auch das richtigere Bild.

2. Das Vorsorgeprinzip

Soweit ich das beurteilen kann, leuchtet Frauen das Vorsorgeprinzip, also eine Handlungsstrategie, die Risiken vermeidet, sehr viel eher ein als eine Strategie, die Schäden dort und dann zu beheben sucht, wenn sie in Erscheinung treten. Das gilt vor allem für Situationen, die so unübersichtlich und schwer einschätzbar sind wie bei der Anwendung der Gentechnik. Sie würden nicht eine „end-of-the-pipe" - Lösung abwarten und sich darauf verlassen wollen, daß sich irgendeine Möglichkeit der Schadensbehebung dann schon finden wird. Auch das gehört zu ihrem Erfahrungshintergrund: Vorgänge können irreversibel, Schäden irreparabel sein. Oft lastet die Schadensbehebung außerdem zu einem guten Teil auf ihren eigenen Schultern, z.B. wenn es sich um gesundheitliche Risiken handelt.

Kinder, die sich unwohl fühlen, wollen getröstet, Erwachsene unterstützt und besänftigt sein, zumindest bis eine tragfähige Diagnose vorliegt, die eine Therapie ermöglicht - doch Diagnosen gelingen nur in einem Teil der Fälle, und wirksame Therapien stehen nicht immer zur Verfügung. Auch Therapien bedeuten oft einen Mehraufwand an Aufmerksamkeit und Einsatz gerade von Frauen. Zum Beispiel Nahrungsmittel - Allergien und - Unverträglichkeiten: Bestimmte Inhaltsstoffe müssen bei der Zubereitung von Mahlzeiten zuverlässig vermieden werden, und herauszufinden, was zu vermeiden ist, erfordert Zeit und Geduld.

Gerade was Nahrungsmittel angeht, sind Frauen überwiegend Anhängerinnen des Vorsorgeprinzips, auch, um sich Ärger zu ersparen. Nahrungsmittel, die ihnen gesundheitlich zweifelhaft erscheinen, vermeiden sie lieber. Sie sind auch nicht besonders gerne dazu bereit, an sich und ihren Angehörigen zu testen, ob gentechnisch veränderte Nahrungsmittel mit ihren neuartigen Bestandteilen noch bekömmlich sind oder nicht, ob sie neue Allergien oder andere Unverträglichkeiten auslösen oder nicht.

Darin unterscheiden sich Frauen in städtischen und in ländlichen Räumen nicht voneinander. Der Unterschied liegt darin, daß Frauen im ländlichen Raum noch sehr viel mehr Einfluß auf die Produktion der Grundnahrungsmittel haben. Ich habe den Eindruck, daß sie sich diesen Einfluß, der auch eine Verantwortlichkeit ist, ungern aus der Hand nehmen lassen würden. Mir scheint ihr Vertrauen in übergeordnete Behörden, die laut EU-Recht Unbedenklichkeit von Novel Food zu attestieren haben, nicht übermäßig groß. Schließlich gibt es auch auf dieser Ebene einschlägige Erfahrungen: z.B. mit jenem Herbizid, dem bei der Zulassung besonders schnelle Abbaubarkeit bescheinigt wurde und das inzwischen verboten ist, weil es nach einigen Jahren Einsatz in vielen Trinkwasserfassungen der Maisanbaugebiete nachweisbar war.

Frauen in ländlichen Gebieten würden gerne, so habe ich es erfahren, nachhaltig produzieren, Gartenbau betreiben und konsumieren. Das ist nur dann möglich, wenn ihr eigenes Wissen und die Kenntnis der jeweils besonderen Umstände den Rahmen bilden. Überstülpen von Gentechnik, einer Technik, die nicht in der Landwirtschaft entwickelt wurde, unerprobt und in ihren Auswirkungen unabsehbar ist, sprengt diesen Rahmen.

Mir erklärt das die große Zurückhaltung, die Bäuerinnen gentechnisch verändertem Saatgut gegenüber an den Tag legen. Gentechnik nimmt ihrer Vorsorge den Sinn.

3. Drohende Resignation

Was ich häufig erlebe: Frauen, die sich in ihrer Einschätzung der Gentechnik durch wissenschaftliche Untersuchungen bestätigt sehen, kämpfen mit Resignation. Es bedeutet für sie einerseits, daß sie guten Gewissens den Dingen nicht einfach ihren Lauf lassen können. Andererseits nehmen sie aber auch wahr, wie eng ihr Handlungsspielraum eigentlich ist (vgl. Bücking 1994). Ihr Saatgut produzieren sie in der Regel nicht selbst, sondern sie kaufen es. Saatgutproduzenten sind zunehmend die großen transnationalen Konzerne, deren Profitsteigerungsstrategien meist kein Geheimnis sind. Diesen Produzenten trauen sie eher zu, Profit zu machen, als Wert auf die Prinzipien Nachhaltigkeit und Vorsorge in der Landbewirtschaftung zu legen. Doch sie sehen wenig Möglichkeiten, sich mit leistbarem Aufwand aus der seit längerem gewohnten Abhängigkeit zu lösen und Alternativen zu finden. Ökologisch wirtschaftende BäuerInnen haben hier eine Pionierfunktion. Generell ist es z.B. für alle LandwirtInnen interessant zu wissen, wo sie bei Bedarf regional angepaßtes, garantiert nicht gentechnisch verändertes Saatgut und nicht gentechnisch produzierte Futtermittel beziehen können. Biolandwirte und ihre Verbände haben dafür bereits Strukturen geschaffen und können Angebote vorweisen. Noch nicht zu Ende geführt sind allerdings laufende Auseinandersetzungen mit dem Bundessortenamt.

Als hilfreich gegen das Gefühl der Machtlosigkeit könnten sich erweisen:
- Breite Bündnisse zwischen ProduzentInnen und VerbraucherInnen. Bundesweit sind bereits vor Jahren Erzeuger-Verbraucher-Assoziationen gebildet worden, aus denen u.a. Bauernläden hervorgegangen sind. Viele von ihnen fristen eher ein Schattendasein. Sie könnten mit dem Etikett „gentechnikfrei" erneut Auftrieb bekommen. Die Garantie dafür, daß das Etikett berechtigt ist, muß allerdings auch einer gerichtlichen Klage durch Gentech-Firmen standhalten können. Monsanto z.B. hat in den USA Molkereien per Gerichtsbeschluß dazu zwingen können, das Etikett „Milch produziert ohne gentechnisch hergestelltes Wachstumshormon" wieder zu entfernen mit der Begründung, die Molkereien seien gar nicht in der Lage, dies für jede einzelne Kuh in ihrem Einzugsbereich nachzuweisen (The Grassroots & Public Policy 1995). Auch bei uns wird eine entsprechende Garantie nur auf lokaler bis regionaler Ebene möglich sein und nur wenn es zusätzlich eine generelle Kennzeichnungspflicht für gentechnische Produkte gibt,
- sonst haben LandwirtInnen kaum eine Chance zu wissen, wie ihre Betriebsmittel hergestellt wurden.
- Aufbau lokaler und regionaler Märkte. Solche Märkte wirken der Abhängigkeit von großräumigen und globalen Handelsstrukturen entgegen und bilden ein Gegengewicht gegen die Monotonie, die mit Globalisierung einhergeht. Die Landfrauen im landwirtschaftlichen Hauptverband Baden-Württembergs versuchen einen solche Weg, unterstützt durch die durch Landwirtschaftsministerin Staiblin.

Eine Bemerkung zum Schluß: Über all diese sachlichen Details hinaus ist mir immer wieder die emotionale Beziehung der Frauen zum Land, auf dem sie leben und arbeiten, und zu den Lebewesen, die sie nutzen, sehr deutlich geworden. Sie sind zufrieden, wenn die Arbeit gut gelingt, die Pflanzen gedeihen, die „Kühe glücklich sind", und wenn sie wissen, daß die Art und Weise ihres Wirtschaftens nicht anderswo Schäden hervorruft. Sie pflegen eine Ästhetik, die Raum fordert und die Monotonie hoher Technisierung in ihre Schranken weist. Es muß eines unserer Ziele sein, diesen Raum zu verteidigen.

Literatur

Bigler, F./Keller, M. (11. 9. 1997): Pressebericht Nr. 11 der FAL, Zürich-Reckenholz.

Birch, A.N.E. et al. (1997): Interaction Between Plant Resistance Genes, Pest Aphid Populations and Beneficial Aphid Predators. In: Scottish Crops Research Institute Annual Report 96-97: 70-72.

Bücking, E. (1994): Gentechnik in der Landwirtschaft - eine Frauenfrage? In: beiträge zur feministischen theorie und praxis 38: 49-58.

The Grassroots and Public Policy (Fall 1995): Washington D.C.: Monsanto's Dirty Tricks: 13.

Holmes, M.T. (1995): Ecological Assessment After the Addition of GeneticallyEngineered Klebsiella planticola SDF20 Into Soil. Thesis, Oregon State University.

Kaiser, J. (1996): Pests overwhelm Bt Cotton Crop. In: Science 273: 423.

Mellon, M./Rissler, J. (1995): Transgenic Crops: USDA Data on Small-Scale Tests Contribute Little to Commercial Risk Assessment. In: Bio/Technology 13: 96.

Mikkelsen, T.R./Jensen, J./Jørgensen, R.B. (1996): Inheritance of oilseed rape (Brassica napus) RAPD markers in a backcross progeny with Brassica campestris. In: Theor. Appl. Genet. 92: 492-497.

Rita Schäfer
Universität Freiburg

Gender Aspekte des lokalen Wissens in Zimbabwe

1. Kontinuität des Wandels: Vom Nutzen 'traditionellen' Wissens in der Gegenwart

In zahlreichen afrikanischen Agrargesellschaften produzieren Frauen bis zu 80% der Nahrung. Bereits in der vorkolonialen Zeit hatten Afrikanerinnen eine tragende Rolle in der kleinbäuerlichen Landwirtschaft inne. Ihre Aufgaben wurden mit der Wanderarbeit der Männer während und nach der Kolonialzeit noch umfassender, da sie zusätzlich Tätigkeiten, die zuvor in den Aufgabenbereich der Männer fielen, übernehmen mußten. Daher ist das lokale Wissen von Frauen für die heutige Ernährungssicherung und die nachhaltige Entwicklung im ländlichen Afrika von zentraler Bedeutung. Am Fallbeispiel der Anbaustrategien von Shona-Frauen in Zimbabwe läßt sich erkennen, wie flexibel Kleinbäuerinnen tradierte Kenntnisse an die lokalen Umweltveränderungen anpassen und sich aktiv mit den wirtschaftlichen Herausforderungen auseinandersetzen. Deutlich wird auch, wie sie ihr Anbauwissen bewerten und ihr Selbstbild als Produzentinnen strategisch einsetzen, um die Veränderungen der Lebens- und Arbeitsprozesse auf dem Land mitzugestalten.

Das lokale Wissen von Shona-Frauen beschränkt sich keineswegs nur auf praktische Anbaufragen im Rahmen von Aussaat, Wachstum und Ernte, sondern es umfaßt Kommunikations- und Interaktionsprozesse zwischen den Frauen zur Erweiterung ihres jeweiligen Wissens. Auch die Neugestaltung von Kooperationsformen zur Reduzierung der Arbeitslast ist Teil ihrer Wissenssysteme. Zum Verständnis der Möglichkeiten und Grenzen, die die Wissensumsetzung der Frauen prägen, müssen die lokalen Machtdifferenzen, rechtliche Ungleichheiten im Landzugang und die Interessenkonflikte zwischen Bäuerinnen und Agrarberatern im Detail betrachtet werden. Diese akteurinnenorientierte Perspektive verdeutlicht, daß die Frauen eigene Einflußsphären trotz staatlicher Reglementierungen auszuhandeln versuchen und auf diese Weise den Stellenwert ihres Wissens beeinflussen.

2. Wandel der Anbauformen und Agrarstrukturen

Wenn man Kontinuität und Wandel der Landnutzungsformen vergleicht, zeigt sich, daß vorkoloniale Anbaustrategien der Frauen auch heute noch ihre Bedeutung haben. In der traditionell praktizierten Mischwirtschaft der Shona-Bevölkerung in Zimbabwe fiel der Anbau in den Kompetenzbereich der Frauen, während die Männer für die Viehhaltung zuständig waren; beide Bereiche ergänzten einander. Ernährungssicherung und Risikoreduzierung sind die überlieferten Leitlinien, an denen sich die Anbauentscheidungen der Bäuerinnen auch heute noch orientieren (Schmidt 1988). Dies ist in ökologischen und ökonomischen Risikofaktoren begründet: Das semi-aride Klima im Süden Zimbabwes erforderte bereits in der vorkolonialen Zeit Anbauformen, die der Variabilität der Regenfälle und periodischen Dürrephasen standhielten. Vergleichsweise dürreresistente Arten von Kleingetreide wie Perlhirse, Fingerhirse und Sorghum waren die Grundnahrungsmittel. Unterschiedliche Hirsevarietäten ermöglichten die lokalspezifische Bodennutzung. Die Speicherung der Ernte durch Zusetzung von schädlingsabweisenden Wurzeln und Zweigen sowie die Lagerung des Saatgut in Küchendächern erlaubte eine eigene Entwicklung biologischer Diversität. Gerade den Küchendächern kam dabei eine mehrfache Bedeutung zu: Im Rauch der Küchendächer wurden die nach spezifischen Kriterien ausgewählten Saatähren vor Krankheits- und Schädlingsbefall geschützt. Küchen waren die Kommunikationsorte der Frauen, in ihren Gesprächen war ein Erfahrungsaustausch über einzelne Varietäten immer ein wichtiges Thema. Da auch die Töchter bei dieser Form der informellen Wissenskommunikation anwesend waren, lernten sie die Anbaukenntnisse der Mütter und anderer Frauen kennen. Durch die anerkennende Art und Weise, mit der die Frauen gegenseitig ihr Anbauwissen wertschätzten, übernahmen die Töchter auch das positive Selbstbild der Mütter als Produzentinnen. Erfahrungsaustausch und Experimente mit Varietäten waren in die Sozialbeziehungen eingebunden, denn Saatgut wurde zwischen verwandten und befreundeten Frauen durch überregionale Netzwerke getauscht. Diese Grundprinzipien sind auch heute noch charakteristisch für den Anbau und werden von den Shona-Frauen als zentrale Elemente ihrer Anbaustrategien und ihres Selbstbewußtseins bewertet.

Ein weiteres Prinzip des vorkolonial entwickelten und auch gegenwärtig praktizierten Anbausystems ist, daß die Hirsefelder mit Gemüsemischkulturen durchsetzt sind, um Ernterisiken zu vermeiden. Mündliche Überlieferungen belegen, daß die Frauen schon vor vielen Generationen die Vorteile der Mischkulturen von Kürbissen, Bohnen, Melonen, Bambaranüssen und zahlreichen Grüngemüsen für den Wasser- und Nährstoffhaushalt im Boden zu nutzen wußten. Auch war bekannt, daß der Schädlings- und Krankheitsbefall durch Mischkulturen eingeschränkt wurde. Gleichzeitig wurde die Arbeitslast beim Jäten und während der Ernte reduziert, wozu ebenfalls die zeitlich versetzte Aussaat beitrug. Diese Strategien nutzen die Frauen auch heute noch, um Arbeitsengpässe zu vermeiden.

Darüber hinaus umfaßte das traditionelle Wissen der Frauen detaillierte Kenntnisse über die Wachstums-, Lager- und Verarbeitungseigenschaften einzelner Sorten und

Varietäten - Kenntnisse, die beispielsweise in der Saatselektion entscheidend waren. Zudem ermöglichte das lokalspezifische Erfahrungswissen über die unterschiedlichen Bodentypen und deren Nährstoff- bzw. Wasserhaushalt sehr ausdifferenzierte Anbaumuster, die die Frauen auch heute noch als Basis ihrer Subsistenzwirtschaft werten.

Während der Kolonialzeit ab 1890 wurden die ökologisch angepaßten Anbauformen auf die Probe gestellt, denn die britische Kolonialherrschaft beschränkte mit umfangreichen Landenteignungen und Umsiedlungen der lokalen Bevölkerung deren wirtschaftliche Kapazitäten. So mußten die Frauen ihre Anbaukenntnisse an aridere Bedingungen und vergleichsweise unfruchtbare Böden anpassen, wobei ihnen nur noch geringe Anbauflächen pro Familie zustanden. Die Etablierung der britischen Siedlerkolonie beeinflußte zudem die geschlechtliche Arbeitsteilung, denn die Männer wurden durch hohe Steuerforderungen als Farm- und Minenarbeiter rekrutiert. Aus diesem Grund mußten die Frauen nun auch diejenigen Aufgaben in der Landvorbereitung und bei der Ernte, die in den Kompetenzbereich der Männer fielen, übernehmen.

Gleichzeitig beschränkten Marktreglementierungen, wie der Maize Control Act von 1931, die Beteiligung der Kleinbäuerinnen an der Vermarktung von Anbauüberschüssen und behielten die Versorgung der städtischen Bevölkerung den weißen Großfarmern vor. Die gesamte Agrarberatung während der Kolonialzeit konzentrierte sich auf diese Farmer. Auch die Agrarpolitik mißachtete das Wirtschaftssystem und die Anbaulogik der afrikanischen Bevölkerung als rückständig (Tawonezwi 1992). In Übertragung europäischer Konzepte vom Mann als Farmer nahm die koloniale Agrarplanung die tragende Rolle von Frauen in der Landwirtschaft nicht zur Kenntnis und beschränkte sich auf die Vergabe von Pflügen an die Männer. Auch mit der Forderung, den Baumbestand von den Feldern zu entfernen und statt dessen Erddämme für den Erosionsschutz anzulegen, wurden nur Männer angesprochen, wenngleich die meisten von ihnen als Wanderarbeiter tätig waren und nur gelegentlich auf dem Land weilten. Die umfassenden Beschränkungen der lokalen Ökonomie und die direkten Eingriffe in die ländliche Sozialstruktur, die u.a. die Landenteignungen, Umsiedlungen sowie die Wanderarbeit und Anbaureglementierungen umfaßten, wurden von der afrikanischen Bevölkerung keineswegs passiv hingenommen. Bereits Ende der 50er Jahre formierte sich der Widerstand gegen die kolonialen Anbaureglementierungen auf nationaler Ebene. In den 70er Jahren intensivierten sich die Proteste zum Unabhängigkeitskampf, in dem die Landrechtsforderungen zum zentralen Mobilisierungsmoment für die Überwindung der Kolonialherrschaft wurden (Drinkwater 1993).

Vor allem die Frauen auf dem Land unterstützten die jungen Guerilla-Kämpfer/-innen, da sie sich mit der Unabhängigkeit auch mehr Geschlechtergerechtigkeit erhofften. Die Forderungen der Frauen nach gleichberechtigtem Landzugang und der Anerkennung ihrer produktiven Leistungen lassen jedoch bis heute, achtzehn Jahre nach der Unabhängigkeit, auf sich warten. Zwar haben zahlreiche Frauenorganisationen sich aktiv an der Diskussion zur Landreform Mitte der 90er Jahre beteiligt, doch konnten sie aufgrund der machtpolitischen Konstellationen ihren Forderungen nach mehr Geschlechtergerechtigkeit in der Landverteilung nur bedingt Gehör verschaffen. Die 1997 erreichte Festschreibung des Witwenerbrechts ist für die Frauen jedoch ein Meilenstein, der sie ermutigt, an der Verwirklichung ihrer Interessen als Produzentinnen weiterzuarbeiten.

3. Landrechte und technische Veränderungen

Ein wichtiges Ziel der Frauen ist es, die eigenen Anbaukapazitäten durch Landrechtszugang zu erweitern. Sie fordern von den lokalen politischen Autoritäten eine gleichberechtigte Berücksichtigung bei der Landverteilung, zumal in vorkolonialer Zeit das Land als Gemeinschaftsbesitz galt und Frauen Nutzungsrechte beanspruchen konnten. Diese Anbauflächen boten die Grundlage für den eigenen Gemüse- und Erdnußanbau. Nun fordern viele Bäuerinnen und ländlich orientierte Frauenorganisationen, daß Landtitel im Namen beider Ehepartner registriert werden sollen, um so innerfamiliäre Konflikte bei Anbaufragen zu reduzieren (Gaidzanwa 1995). Nicht nur die Verwandten des Mannes machen nach dessen Tod Besitzansprüche auf das Land geltend und interpretieren dabei häufig Traditionen zu ihrem eigenen Vorteil, sondern auch viele Ehemänner pochen auf die Anlage von möglichst großen Feldern mit Maismonokulturen, wobei sie den Verkauf von Anbauüberschüssen für ihren persönlichen Gelderwerb nutzen. Aus diesem Grund müssen sich Frauen häufig auf innerfamiliäre Konflikte einlassen, um einen möglichst großen Umfang der Mischkulturfelder durchzusetzen.

Wenn die Wanderarbeiter während der Aussaat abwesend sind, nutzen ihre Frauen die Chance, möglichst viele Anbauflächen mit Mischkulturen zu bestellen und die Zahl der Monokulturflächen zu beschränken, da sie die Vorteile eines über viele Generationen entwickelten Anbausystems aus eigener Erfahrung kennen. Die Varietäten- und Sortenmischung sowie die zeitlich versetzte Aussaat sind auch heute noch die Strategien der Kleinbäuerinnen, ihre eigene Ernährungsbasis zu wahren. Auch die überlieferten Kenntnisse über die Speicherung und die Saatgutselektion werten die Frauen heute als wichtigen Wissensschatz zum Überleben. Der Grund dafür liegt nicht nur in dem aus wirtschaftlichen Gründen beschränkten Zugang zu "moderner" Agrartechnologie und den Angeboten der nationalen Agro-Industrie, sondern vor allem in der besseren Anpassung der lokalen Anbaumuster an die ariden ökologischen Bedingungen (Bush/Cliffe 1984).

Die Mais-Monokulturfelder, an deren Größe sich Interessendifferenzen und Machtbalancen zwischen den Ehepartnern ablesen lassen, fungieren auch gegenüber den meist männlichen Agrarberatern als "Vorzeigefelder", denn die staatliche Agrarberatung im nachkolonialen Zimbabwe hat die negative Einschätzung traditioneller Anbauformen von ihrer kolonialen Vorgängerin übernommen. Auf Grund dieser Perspektive betrachtet sie die Frauen nicht als Produzentinnen, sondern als "mithelfende Familienmitglieder".

Diese Verkennung und Mißdeutung ihrer Produktionsleistungen und der realen Arbeitsteilung erschwert den Frauen nicht nur den Landzugang, sondern auch den

Einsatz neuer Anbautechnologien und Managementkenntnisse. Da solche Vorstellungen von Geschlechterrollen die individuelle Ressourcenkontrolle der Frauen auf familiärer und sozio-ökonomischer Ebene beschränken, behelfen diese sich damit, daß sie sich vielerorts zu Gruppen zusammenschließen, um Bankkonten zu eröffnen oder Zugang zu Fortbildungsangeboten durchzusetzen. Diese Gruppengründungen erleichtern häufig auch die Vermarktung der Ernte.

Der Umgang der Frauen mit anbautechnischen Neuerungen und dem Wandel der Agrarstrukturen läßt sich demnach als pragmatisch kennzeichnen. Sie versuchen, sich über neue Sorten und Varietäten sowie über neue Pflanztechniken zu informieren, um dann für eine mögliche Übernahme deren Vor- und Nachteile abzuwägen. Hierbei sind die Risikoreduzierung und die Verringerung der Arbeitslast neben den rein finanziellen Aspekten wichtige Kriterien. Die Frauen verbinden in ihren wirtschaftlichen Entscheidungen das Ziel der Ernährungssicherung mit dem Bestreben, Überschüsse zu vermarkten.

Wenn man die Wissenskommunikation zwischen den Frauen betrachtet, so kommt in heutiger Zeit neben den verwandtschaftlichen und freundschaftlichen Beziehungsnetzwerken der Frauen auch den lokalen Frauengruppen eine zentrale Bedeutung zu, denn hier tauschen die Frauen ebenfalls ihr Erfahrungswissen aus, und durch die gegenseitige Anerkennung als Produzentinnen motivieren sie sich gegenseitig in der Weiterentwicklung der Kenntnisse. Die Tradierung ihres Wissens und Selbstbewußtseins, kompetente Produzentin zu sein, ist den Frauen auch heute noch wichtig. Zwar erhalten die meisten Töchter heute eine Schulbildung, doch die steigende Arbeitslosigkeit und die damit verringerte Chance, eine eigene Existenz in der Stadt aufzubauen, veranlaßt die Mütter, durch die Vermittlung ihrer Anbaukenntnisse an die Töchter diesen die Basis zur Existenzsicherung auf dem Land zu geben.

Innovativ und pragmatisch nutzen die Shona-Frauen auch heute noch ihre überlieferten Anbaukenntnisse, die eingebunden sind in ihre Sozialbeziehungen und ihr Selbstverständnis. Da ihr tradiertes Anbauwissen ein wesentliches Element in der heutigen individuellen und kollektiven Identität der Frauen auf dem Land ist, verstehen sie innergesellschaftliche Veränderungen und agrarpolitische Veränderungen als Herausforderungen, ihre Kompetenzen unter Beweis zu stellen und ihre Handlungsspielräume zu verteidigen.

Literatur

Bush, R./Cliffe, L. (1984): Agrarian policy in migrant labour societies: Reform or transformation in Zimbabwe? In: Review of African Political Economy, 29: 77-94.

Drinkwater, M. (1993): The state and agrarian change in Zimbabwe's communal areas. New York.

Gaidzanwa, R. (1995): Land and the economic empowerment of women: A gendered analysis. In: Southern African Feminist Review, 1: 1-12.

Schmidt, E. (1988): Farmers, hunters and gold washers. A re-evaluation of women's role in pre-colonial Zimbabwe. In: African Economic History, 17: 45-80.

Tawonewi, P. (1992): Agricultural research policy. In: Rukini, Mandivamba/Eicher, Carl (eds.): Zimbabwe's agricultural revolution. Harare: 92-103.

Bina Desai
University of Bielefeld

Knowledge and Sustainability: The Introduction of Agency into Agricultural Research in Northern Ghana[1]

1. Introduction

International agricultural research has on the whole always been a commodity oriented enterprise. Recently the officially acknowledged demand for an introduction of interdisciplinarity (including sociological, political, economical, anthropological etc. aspects) and participatory approaches theoretically changed the research agenda. Yet in practice, and even more so on a national level, research institutions and practising researchers are struggling with new concepts and approaches, while the structures remain commodity oriented and rigid.

For quite a few years now many institutions have adopted the so-called Farming Systems Research approach, aiming at an holistic perspective, including interdisciplinary analysis, client orientation and participation. But not only does this approach continue to neglect qualitative analysis and ethnographic literature and tends to fail to put into context much of its findings, it also lacks the methodology and theoretical framework to analyse prevalent gender relations and their dynamics.[2]

This results in an ignorance of the changing social structures of local communities and their affect on the orientations and strategies of the individual actors and groups and their differentiations along the lines of gender. In order to illuminate these strategies and inherent logical concepts, an „actor-oriented approach" should be pursued instead, focusing on the interplay of Actor, Structure and Agency. Through the examination of agency and the actors' orientation one can generate useful analytical tools for evaluating the degrees and forms of reflective choice, strategic inventiveness and manoeuvrability displayed by the actors themselves in the context of social structures which limit and promote agentic action.

---

[1] This paper stands in context to research done in the Northern Region of Ghana during the summer of 1997. Contact institution in Ghana was the Savannah Agricultural Research Institute (SARI), Nyankpala and the research was conducted in three villages of the area. It is from this experience that I will draw my examples and conclusions in the following

[2] One example is that Farming Systems Research still uses the concept of household as its analytical social unit.

Following the phenomenology of Husserl and its sociological interpretation by Alfred Schütz, the concept of an actor-oriented approach is grounded in the experiences and the interpretations of the „life-world" (*Lebenswelt*, Schütz/Luckmann 1973) of women and men.

This includes recognising their multiple realities, their diverging orientations and their dynamic, unfolding contexts of action.

2. Structures, Actors and Agency

Following Mustafa Emirbayer and Ann Mische in their article „What is Agency?", I start off from the concept of agency as „a temporally embedded process of social engagement, informed by the past (in its 'iterational' or habitual aspect) but also oriented towards the future (as a 'projective' capacity to imagine alternative possibilities) and toward the present (as a 'practical-evaluative' capacity to contextualize past habits and future projects within the contingencies of the moment)" (Emirbayer/Mische 1998). This implies the need for a close examination of the different dimensions of agency and their degrees of integration, interrelation and conflict with each other and with the structures they are embedded in. A main aspect in this context is the temporal dimension of agency as well as that of the structures themselves. Agentic actors not only let their actions be influenced by the varying emerging contexts but also actively form these contexts and their relationship to them.[3] In the process their capacities for invention and choice, transformation and conservation vary.[4]

The major challenge for analysis is the fact that actors may be projective in one context and iterative in another, with the different logics complementing, intertwining, or conflicting with each other, as the actors are always embedded in different temporal-relational contexts at once. As Anthony Giddens states, the social structures „are both constituted by human agency, and yet at the same time the very medium of this constitution" (Giddens 1976). For this concept to be a useful analytical tool the clear distinction between actor, agency and structure has to be maintained, in order to be able to differ between the several orientations and their interplay, be they temporal, spatial, or relational. Such an approach offers - apart from useful definitions and analytical categories - the possibility of relating contextual developments directly and indirectly to agentic orientation. A positive interpretation of it can help us to see that actors in changing situations, through reacting to the demand for inventiveness and the

---

[3] Compare also Norman Long's argument for the combination of actor and historical-structural approaches (Long 1992: 22).

[4] With the notion of a „chordal triad of agency", consisting of the three elements of „iteration, projectivity, and practical evaluation" Emirbaer and Mische develop an approach which they characterise as „*relational pragmatics*" (Ibid.). These three elements are again associated to the temporal dimensions of past, future and present, but not closely linked or permanently fixed to them.

transformatory reconstruction of temporal contexts, develop an increased capacity for creative and strategic adaption and action.

Firstly, actors who are being restricted in one field can display a high degree of creativity in reconstructing old and generating new contexts of action, changing their agentic orientations, as well as the structural system. Secondly, actors can enter formally segmented sections and interpret them anew, transforming them through experimentation, and use them strategically while reconstructing the temporal (historical, 'traditional', cultural) structural context.

In doing so they rearrange their 'rooms for maneuvre' and produce new ties and networks thus reconstructing the relational perspective.

3. Agency, Knowledge and Space

In this conception Agency is not to be thought of without knowledge. Each actor is perceived as a „*knowing, active subject*" (Knorr-Cetina 1981) with a socially constructed and reconstructed behaviour, nevertheless capable of strategically rational action.[5] In an international context, however, the concept of agency and the role of local knowledge especially has to be viewed in its cultural variation. This leads to what Marylin Strathern has called an „*indigenous theory of agency*" (Strathern 1985, refered to in Long 1992) which accounts for the difference of relevance and perception of power and the transfer of knowledge.

Women's main information pools are likely to be quite different from those of men, as they use other communication channels. In Northern Ghana (and I gather this counts for the whole of West Africa) women predominantly exchange information and get new ideas etc. on the way to the market and during the same, on visits to their villages of origin or during their work in various groups. The knowledge on crops and their produce is passed on to friends, neighbours and relatives as well as to the following generations along lines separated by gender. In the villages women mostly had a lot to say about the processing qualities of a crop, while men's knowledge tended to focus in its growth and maturity characteristics. This differentiation of local knowledge and the relationships between the two sets of its representatives influences the hierarchies and dynamics of control, access, and use of technology, leading to gender-specific perceptions of change, and priorities given to innovation (Appleton 1993, refered to in Fernández 1994).[6] Knowledge can be shared by both sexes similarly, can be complementary or even conflicting. From what has been described above it becomes clear that the transfer of knowledge is closely linked to „space". Men and women move in different spaces and

---

[5] Agency is here consistent of the two elements of knowledgeability and capability.
[6] According to Fernández there are at least four ways of thinking about gender differences in knowledge systems (Ibid.).
  a different knowledge of similar things, a different knowledge of different things, different ways of organising knowledge and different ways of preserving and transferring knowledge.

their 'room for manoeuvre' is determined by the various communication channels within the household, through extended families (villages of origin etc.), local organisations, work groups, and other informal and formal institutions. Especially the regular exchange of information and seed material through channels of extended kinship ties is a common phenomenon, which was often reported to me by women and men alike. Another important source of information proved to be the locally formed labour groups for farming and food processing. Here the spatial separation according to gender provides the individuals with a possibility of free discussion and exchange of their specific knowledge on a wide range of topics, from farming and trading problems over community issues to personal and family matters.[7]

4. The concept of Female Economy: Economy as a gendered structure and „security" as a strategy towards sustainability

The term „female economy" has been coined by Gudrun Lachenmann and entails in its conception the different dimensions of the argument of embeddedness, brought forward by Granovetter (1985) [8], with regard to women's economic activities (Lachenmann 1992). Though there is much to be said about the dangers of forming such distinctions and even manifesting them through seemingly fitting terminology, I want to show how the concept of female economy as an analytical tool (not as an exclusive reality) helps us to differentiate and appreciate the existent gender-specific features of (economic) action and agency as such. Women's activities are embedded in complex social and cultural systems, making use of a wide range of options, relationships and networks, not restricted to the household or indeed the boundaries of the village. They derive their knowledge and managing abilities from different sources, varying in space, time and content, due to their complementary, overlapping and conflicting agentic orientations. The application of „agency" and „embeddedness" in the sphere of female economy has following implications:

(1) Women can no longer be seen as a part of an atomised and therefore partly isolated economising household, where they respond and act in dependency of a (male) household head and solely according to rational principles (of the market). Instead, one has to include the various social relations in the analysis and lay the emphasis on these networks and interactions, considering their temporal orientations and dynamics.[9] The

---

[7] Adrian Gnägi has illustrated this aspect of space in his convincing argument on personal communication in apiculture practices in Mali (Gnägi 1992).

[8] Granovetter tries to show that (economic) behaviour and the herewith connected institutions are influenced by social relations in such a way that they can be even seen as being a part of them. From this follows that to analyse the two (behaviour and social context) apart from each other can only lead to „grievous misunderstandings" (Granovetter 1985). Instead, he suggests the analytical concept of the „embeddedness" of economy into society. See also the works of Polanyi, and Schrader 1995.

[9] The degree of the embeddedness of female economy in social and cultural processes of a broader dimension (spatial and temporal-relational: i.e. regional, national, international, as well as historical)

general perception of national research and development planning centres is still that women, even though economically active on their own account, are a mere „extension" of their fathers, husbands, or brothers. Thus information and development incentives are always believed to have to be introduced to the families through the men. Existing potential of women's networks, groups and their specifically structured transfer of knowledge is widely neglected. Here the dynamics of women's „going concerns"[10] as well as their temporal and relational orientation are entirely excluded from the analysis, leading to such hazardous conclusions.

(2) The dichotomization of subsistence and the market economy and the connected dualism of their logics of production has to be broken up.[11] Instead their interconnection, especially for „female economy", has to be accepted as a given reality with the consequence that both, subsistence production and the integration of the women into the market are analysed together. Here again it is crucial to take care neither to over- nor underestimate the degree of the social embeddedness of their actions. In research reality this implies that knowledge of the transfer and flow of assets such as money, energy and knowledge from one mode of production to another and from subsistence to the market and vice versa has to be made use of.

(3) Analysts tend to categorise and value trade and production forms and logics of female labour and economy with different criteria than those of the free market and economic sciences. Woman is still very often thought to be so entangled in social obligations and cultural norms that she cannot break free from her internalised structures of preference and knowledge systems. Here it is important to realise that the notion of an existing „free market", as well that of the non-rational and risk-avoiding female as a 'semi'-participant of the market is wrong. Instead the production systems as a whole have to be looked at and the consequences and further process connected to them should be grasped in their complexity.[12]

(4) Segregated markets are a Ghanaian (and even West African) reality: Men and women are often involved in separated production cycles and act on segregated but not isolated markets. Due to this practical reality it is not only important to understand the structures of and in a female economy but also to analyse the differences, conflicts, complementarities and the interplay of these „genderised economies". In doing so the local markets and their networks, as well as regional, national and international economic contexts have to be considered and their relevance for and effect on the 'temporal-relational orientations' of the actors evaluated.

A good example as to the ignorance of such genderised economies is the way in which innovations are sometimes promoted through research institutions, extensionists

---

has to be taken into account, in order to generate the much needed connections between micro and macro structures on the different levels of societal reality.

[10] See John Commons (1924/1974).

[11] Compare also the findings of Swen Guttschmidt (1996).

[12] What Geschiere and Konings have called the different „modes of accumulation" has to be taken into full account.

and development agencies. In the Northern Region of Ghana the soyabean constituted such an innovation and had been propagated by SARI throughout the area, with varying success. Lack of adaptation in some parts of the region was explained on the basis of biological shortcomings (such as shattering) of the crop, yet to be improved through further breeding and research. On looking closer, however, I had the impression that in fact soyabeans were often grown by women, on their own fields and on a smaller scale, and thus not recognised by the researchers or even the local extensionists.

Women showed more interest in the crop then men did, as the beans could be used for the production of *dawadawa* (a Maggi-like soup base), formerly only made of the increasingly scarce fruits of the Dawadawa tree (*Parkia biglobosa*).[13]

5. Systems of ignorance and challenges for research

When Georg Elwert, a well known development sociologist in Germany, writes in „*Die Zeit*" that his following article on the development of youngsters in modern and traditional societies has to be „limited to the young men, because we, as it is so often the case, know less about the young women" (Elwert 1998), we encounter a typical example for the self-referential abilities of a „system of ignorance" as Mark Hobart has outlined it (Hobart 1993). Such systems of ignorance are created on all levels in the development context as well as in so-called knowledge-based societies of industrialised countries.

The 'epistemization' which takes place in development planning and at national research institutes with the help of statistics, diagrams and charts is considered by Bourdieu as a destruction of „the logic of practice" (Bourdieu 1990). This is just what I have been experiencing in the course of trying to work out seasonal calendars and other so-called instruments of objectification, which all failed to reflect the variability and flexibility of nature and the farmer's reality alike. Many such calendars, maps and statistics were produced by the researchers of the Institute, who often lacked the capability to put their findings into context, formulate conclusions and make the information available to fellow researchers or others interested in it. As a result much of the work done remains unrecognised and useless in terms of development practice, on the contrary producing the uncertain impression of (a constructed) ignorance and of need for more research projects. In such a process the paradigms involved are closely linked to dimensions of power.

Commoditization of labour and products often leads to the marginalization of women and their knowledge on specific trees, shrubs, herbs or weeds. A practical example for

---

[13] Martina Padmanabhan is currently working in the course of her PhD research in Northern Ghana on a very interesting aspect connected to the substitution of dawadawa through soyabeans. Her thesis is that the women, in growing their dawadawa ingredients (the soyabeans) themselves and thus stepping out of the local context of male owned and hierarchically distributed Dawadawa trees and fruits, gain a new independence, partly reconstructing the prevalent gender relations and social structures (Padmanabhan 1998).

this is the neglect of agricultural research in Northern Ghana with regard to the leafy vegetables and other local plants which are grown as subsistence crops but also sold on the local markets. The women are usually the ones in charge of these non-commoditized crops and so their work on them is usually perceived (by the researchers, the co-villagers and even themselves) as subordinated to the work related to the farming of (cash) crops such as groundnuts etc. Ironically it is precisely these plants which provide a substantial part of the little input of minerals and vitamins the local diet offers.

It might be useful to keep in mind that other cultures do not necessarily exclusively follow the dualism of efficacious and rational action on the one hand and ritual or magical action on the other. On the contrary the socially constructed dichotomies of nature/culture, subject/object and mind/body predominant in the western civilisations are often perceived as being unrealistically rigid in their complementary, the one only defined through the absence of the other.[14]

6. Conclusion: Agency, Knowledge and Sustainability

I want to differentiate between at least three dimensions of embeddedness, which are, inspite of being interdependent, analytically distinguishable:

(1) the *embeddedness of economic agents into social contexts* (Keynes according to Nancy Gutman, and Granovetter's argument of embeddedness)

(2) the *peasant's embeddedness of ecology into society* (Ramachandra Guha)

(3) the embeddedness of knowledge into hierarchical structures and power relations: *episteme and techne* (Marglin) and *theory and practice* (Bourdieu)

They can be loosely connected to three levels of sustainability:
(1) The sustainability of the farmers' daily life,
(2) the sustainability of the environment and
(3) the sustainability of knowledge structures.

To ensure sustainability on all three levels it is crucial to grasp the respective degrees of embeddedness of actors, their agency, and their knowledge. The focus on 'women's roles' is not only analytically restrictive but also a falsification of the practical reality. Research and development measures should therefore focus on the dynamic organisation of local structures instead of system-based analysis, and on concepts of strategies and agency instead of roles and 'traditions'. In this context it is important to ensure a certain degree of flexibility and responsiveness on the side of the 'external agents' and to have in mind how 'attitudes' and „'the ideology of knowledge' affect knowledge as practice" (Apffel-Marglin 1996).[15]

---

[14] See also David Millar's „cosmovision paradigm" (1992).
[15] See also Robert Chambers on the „primacy of personal behaviour" (1991).

Development programmes and research agendas which seek local participation and wish to include indigenous knowledge into their analysis, have to take care as to *whose* knowledge is taken notice of and being integrated into future planning toward sustainable development. This is especially true for gender-specific fields of local knowledge with relevance to agriculture.

Literature

Apffel-Marglin, F./Marglin, St.A.(eds.) (1996): Decolonizing Knowledge. From Development to Dialogue.(UNU/WIDER), Oxford.

Appleton, H. (1993): Women, Science and Technology: Looking Ahead. In: Appropriate Technology. 20 (2): 9-10.

Bourdieu, P. (1990): The Logic of Practice. Stanford, Calif.

Chambers, R. (1991): In Search of Professionalism, Bureaucracy and Sustainable Livelihoods for the 21st Century. In: IDS Bulletin 22 (4): 5-11.

Commons, J. (1924/1974): The Legal Foundations of Capitalism. Clifton.

Elwert, G. (1998): Kein Platz für junge Wilde. In: Die Zeit 14, 26th March 1998.

Emirbayer, M./Mische, A.(1998): What is Agency?. In: American Journal of Sociology 103 (4 January): 962-1023.

Fernández, M.E. (1994): Gender and Indigenous Knowledge. In: Indigenous Knowledge & Development Monitor 2 (3), Special Issue.

Giddens, A. (1976): New Rules of Sociological Method: a Positive Critique of Interpretative Sociologies. London.

Gnägi, A. (1992): Elaboration participative de technologies: Dévelopement d'une méthode à partir de l'exemple de la technologie apicole locale dans l'arrondissement de Ouéléssébougou, Mali. A report of the Institute d'Ethnologie Berne for GTZ and DNAS.

Granovetter, M. (1985): Economic Action and Social Structure. The Problem of Embeddedness. In: American Journal of Sociology 91 (3 Nov.): 481-510.

Guttschmidt, S. (1996): Bäuerliche Strategien des Wirtschaftens im Norden Ghanas und deren soziale Einbettung. Diploma Thesis, University of Bielefeld.

Hobart, M. (ed.) (1993): An Anthropological Critique of Development: the Growth of Ignorance. London.

Knorr-Cetina, K. (1981):The Manufacture of Knowledge. An Essay on the Constructivist and Contextual Nature of Science. Oxford.

Lachenmann, G. (1992): Die Gefährdung sozialer Sicherung in der Krise und Perspektiven neuer Strategien der Selbstorganisation: Fall Kamerun. Berlin: DIE.

Long, N./Long, A. (eds.), 1992: Battlefields of Knowledge: The Interlocking of Theory and Practice in Social Research and Development. London.

Millar, D./Haverkort, B. (1992): Farmer's Experimentation and the Cosmovision. In: ILEIA Newsletter 3: 26-27.

Padmanabhan, M.A. (1998): Dawadawa, Sojabohnen und Maggi-Würfel: Innovationen und Geschlechterverhältnisse im Suppentopf Nordghanas. Unpublished paper, Institute for Rural Development, University of Göttingen.

Schrader, H.(1995): Zur Relevanz von Karl Polanyis Konzept der Einbettung der Wirtschaft in die Gesellschaft. Working Paper No. 219, Sociology of Development Research Centre, University of Bielefeld.

Schütz, A./Luckmann, Th. (1973): The structures of the life-world. Evanston.

Funmi Soetan
Department of Economics, Obafemi Awolowo University Ile-Ife, Nigeria

Women and the Environment: Women farmers' utilization of environmental resources and sustainability practices in rural South Western Nigeria

1. Introduction

Increasing global attention has been focussed on the environment by governments, development agencies, researchers and non-governmental organizations (NGOs). The environment has been defined as „... all natural factors which include the interaction of the earth's constituents which in one way affect the livelihood of people". Environmental management has been denoted as „... the rational use of environmental resources which promotes their continuous existence in a form usable for the livelihood of people" (Dube 1992). Environmental management was viewed as the sustainable utilisation and conservation of environmental resources for the continuous improvement of living standards of people.

In recognition of the important role of the global environmental resource base and the need for its conservation for long-term development, the United Nations Conference on the Human Environment was held in Stockholm in 1972. The Conference adopted the Action Plan for the Human Environment and initiated the United Nations Environmental Programme (Rodda 1994). The Conference popularised the concept of Sustainable Development. Development was viewed as sustainable, if it enables people to meet their current needs without jeopardising the ability of future generations to meet theirs. Subsequent to the 1972 Conference, the World Conservation strategy was launched in 1980 to facilitate the achievement of sustainable development. More recently, the Earth Summit was held in Rio de Janeiro, Brazil in 1992 to initiate an agenda for the 21st century.

Although environmental and women's issues both gained momentum around the same period, yet the link between women and the environment was not previously acknowledged. It was not until the 1992 Earth Summit that women's role in the environment became a central issue. In developing countries, women's multiple roles as wives, mothers and subsistence farmers align them very closely with the environment (Clones 1992). As wives, women gather fuelwood and fodder from the forest, as mothers they fetch water and also take care of the sanitation of their surroundings and the health of their families and as subsistence farmers, women till the soil for producing food (Deen 1992, Okojie

1992). These three items, food, fuel and fodder underscore the importance of the environment for meeting women's basic domestic needs.

Women's role in agricultural production and food processing also mean that they take resources out of the environment often without thinking of the replacement of such resources. Although indigenous knowledge about environmental management such as shifting cultivation exist, yet a greater demand is placed on the environment under the current harsh economic milieu of Structural Adjustment Policies (SAPs). Since it has been documented that women bear the brunt of adjustment efforts (Commonwealth Expert Group 1989), negative consequences are expected from the exploitation of environmental resources and lack of sustainability practices.

However, empirical studies on these issues in developing countries are few and far between. In order to fill this gap, this paper examines the exploitation of environmental resources and explores the sustainability practices carried out for environmental management by female farmers in farming camps around Efon Alaaye in Ondo State, Nigeria. Programme and policy recommendations for sustainable environmental management are subsequently proposed.

2. Theoretical Perspectives

Yngstrom (1994) argued that both the central thesis of demographic and economic approaches to the problem of environmental degradation in Africa are based on the assumption that intensified use of resources without attention to sustainable management techniques leads to resource depletion and environmental degradation. She highlighted five major theoretical perspectives on the gender dimensions of environmental change. These include:

I) The Eco-feminist view-point which argues that women are naturally inclined to nurture the land and that they employ environmentally sustainable practices.

II) The Women in Development (WID) approach which postulates that women would be the main group to suffer as a result of environmental degradation. An antithesis to the WID approach puts the blame for environmental degradation on women as a result of their domestic activities for example, fuelwood gathering.

III) The demographic approach which associates excessive population growth with environmental stress and recommends lower female fertility as its solution.

IV) The bottom-up/participatory approach which encourages sustainable development at all levels and emphasizes women's participation in environmental programmes.

V) The Women-Environment Development (WED) debate is similar to the ecofeminist approach in that it views women's and environmental ssues as synonymous. It argues that an improvement in one can only lead to an improvement in the other.

This approach has been criticised on four grounds as follows:
(a) The approach views women as a homogenous group with universal characteristics;

(b) It ignores the socio-economic and political context of the women-environment relationship and fails to recognise that natural resources form part of women's livelihoods;

(c) It also fails to account for women's lack of control over resources based on predominant patriarchal social relations which not only results in the feminisation of poverty but also increases women's dependence on the environment.

(d) Finally, it neglects the changes in the wider economy, as for example, changes arising from SAPs and their impact on small-holders which are predominantly women. These changes ultimately result in intensified use of environmental resources.

In adopting a theoretical perspective for the current study, the bottom-up/participatory approach provides a useful prototype. Given women's multiple roles and their interaction with the environment resulting from their multifaceted domestic and subsistence activities, it is expected that women's participation would be crucial in many programme intervention or initiatives for sustainable environmental management.

3. Literature Review

The evidence from literature on women's utilisation of environmental resources concludes that women reply heavily on the environment for meeting their basic domestic needs. These include water, fodder, fuelwood and agricultural products (Deen 1992, Okojie 1992, Oppong 1992). The lack of access to critical resources such as land, education and credit increases women's dependence on the environment (Leonard 1989).

The „slash and burn" method of bush clearing and the traditional method of shifting cultivation characterised by short fallow periods especially for female farmers with limited access to land are some of the agricultural practices which are not environment friendly. For example, Deen (1992) reported that hillside or upland farming was the common method of farming among her sample of female farmers in Sierra Leone. This was attended with very little technique of terracing which conserve soil fertility. Shorter fallow period had also exacerbated the depletion of soil nutrients. The study indicated an over-exploitation of the forest through resource mis-management. While 80% of Sierra Leone's population was reported to rely on the forest for fuelwood, food, building materials, medicines and other items of daily use, bush fallow agro-forestry regrowth was the only method of forest regrowth being used. The major source of domestic energy was the burning of biomass and the cutting of fuelwood usually from burnt farmland through the „slash and burn" method of cultivation.

Dube (1992) reported the lack of structural basis for the conservation of environmental resources in Botswana especially where such resources were communally owned. She emphasised the unsuitability of traditional (indigenous) management systems for the present socio-economic conditions. She also reported the lack of incentive for women to invest time, labour and material resources (which are very limited) on environmental management.

Oppong (1992) and Rodda (1994) reported that fuelwood collection is a major activity of rural women. Traditional wood fuels are seen by such women as „free resources". Fuelwood collection has received a large share of the blame for environmental degradation. In such cases, women spend hours for fuelwood gathering and this increases their time pressure for other domestic chores. Similarly rural women often trek several kilometers, sometimes undertaking several trips per day to fetch clean water for domestic use. This obtains where nearby streams and rivers have been polluted through being used for bathing, washing and defecating.

Many insights can be highlighted from these findings from the literature. First, is the dearth of empirical studies on women's utilisation of environmental resources and their role in environmental management especially in Nigeria. In addition, while the literature consulted reveals a consensus on the reliance of women on environmental resources, very few studies address the traditional management practices carried out by women. This paper fills these research gaps by highlighting these pertinent issues.

4. Research Methods
Survey Location

The survey location for the study was Efon-Alaye area of Ondo State, Nigeria. Efon-Alaye is located on a hilly terrain. Farming is the predominant occupation of rural women in the area. Intensive subsistence farming and erosion of the hillside farms are common. A sample size of 302 female farmers was selected using quota sampling technique from the sampling frame completed with the assistance of the agricultural extension officer. Farming camps around Efon-Alaye were categorised into four enumeration areas for sampling purposes.

5. Tools of Investigation

1. Questionnaires: Data was collected using mainly questionnaires. The questionnaire included structured and semi-structured questions.
2. Focus group discussion: Four groups of 6 to 8 female farmers participated in the FGDs. One FGD group was constituted from each enumeration area. A general interview guide of open-ended questions was used to obtain qualitative data about individual experiences and the women's views of community practices. This further amplified the questionnaire data. The responses were tape-recorded and analysed using descriptive analysis.
3. Indepth interviews: Using an open-ended interview guide, indepth interviews were carried out with the opinion leaders in the community. These included the traditional

ruler, the Agricultural Extension agent and the Chairman of the Local Government Council. Their views and opinions on issues relating to women and the environment were obtained. Indepth interviews were also tape recorded.
Another data gathering technique, time use observation technique was used to gather data on issues relating to poverty. Data obtained from this can be found in the full report.[1]

6. Data Analysis

The quantitative data generated in this study was processed on personal computer using EPI Info (Version 6) computer software for data entry and Statistical Package for Social Sciences (SPSS) for data analysis. Qualitative data were analysed using dcriptive analysis.

7. Research Findings
Main Crops Cultivated

The main crops cultivated by the female farmers were yam, cassava, rice and maize. Data in Table 1 shows that yam which is the main staple food in the community was predominantly cultivated by female farmers. 61.1% of the respondents reported cultivating yam. In addition to yams, 49% cultivated cassava, 27% of the female farmers cultivated upland rice and 18.8% cultivated maize. However cocoa was the least popular crop being cultivated by 4.0% of the female farmers. This is not surprising since cocoa, a cash crop is the main revenue earner in Ondo State where Efon Alaaye is situated. Cash crops are men's crops while women cultivate mainly subsistence crops.

8. Exploitation of environmental resources by female farmers

Various types of environmental resources such as wild fruits and berries, medicinal herbs, animal fodder, snails and bush meat and fish from streams and rivers as well as wild vegetables were obtained from the environment by female farmers. FGD responses by the female farmers provided further insights into the specific types of wild fruits and berries obtained from the forests. These included oranges, paw-paw, and Agbalumo (a wild plum). Table 2 shows the frequency of obtaining these items by the female farmers. Wild fruits and berries, fish and wild vegetables were popularly obtained daily. While herbs were obtained mainly weekly (22.3%) or monthly (21.5%). Animal fodder were obtained weekly by 32.7% of the female farmers and once every 3 months by 21.8% of the female

---

[1] See Soetan, R. O. and Adebayo, A. (1997): Poverty and Environmental Resources: Women and Sustainable Development in Rural Western Nigeria Research Report submitted to the Union for African Population Studies (UAPS). Dakar, Senegal.

farmers. Since snails and bush meat could be dried and preserved, they were obtained about twice yearly by 26.1% of the respondents and weekly by 22.7% of the respondents.

9. Exploitation of the environment for fuelwood

The cheapest and most readily available source of household energy reported by the female farmers is fuelwood. However, fuelwood gathering has been documented as a major source of deforestation in many part of the world; forest degradation is in turn directly linked to soil erosion and some other physical environmental problems.

The types and quantity of fuelwood gathered as well as the frequency of fuelwood gathering were investigated. Information was also sought on the distance trekked by women to gather fuelwood. Data in Table 3 show the type of fuelwood collected. Majority of the respondents (90.1%) indicated that they used dead wood and branches (biomass), 6.3% gathered logs. While 3.0% reported cutting live trees. Furthermore, data in Table 4 show that fuelwood was commonly obtained from the farm or forest (88.4%) and was rarely bought (7.6%). Fuelwood was usually obtained on a daily or weekly basis (96.3%). The mean quantity of fuelwood obtained per trip was 1.95 headloads; the mean distance trekked to obtain fuelwood was 1.405 miles. Distance was obtained in miles because rural people in Nigeria are more conversant with this unit for measuring distances. Figure 1 which relates data on quantity of fuelwood collected to distances trekked shows that a larger quantity of fuelwood was obtained closer to the farm camps than further away. On the one hand, this indicates that it would be easier for the women to make more trips and to carry larger quantities of fuelwood from nearby than from further away. It also suggests that fuelwood was readily available around the farm camps and that this source was not yet depleted. Continued exploitation however signify negative consequences for the future. In all FGD groups, the consensus was that fuelwood was the main source of household energy and that it was obtained from the farms or forests with dead or fallen branches and twigs being gathered. Live trees and logs were also obtained after bush clearing which was mainly by the „cut and slash" method.

Data in Table 5 show the distribution of respondents by the frequency of obtaining fuelwood. Fuelwood was commonly obtained on a daily (54.3%) or weekly (42.0%) basis. This provides further evidence that fuelwood was the main source of domestic energy. It also indicates the possibility of deforestation with its resultant degradation in the near future.

10. Sources of water for domestic activities

Close to 100% of respondents reported obtaining water for cooking, bathing, laundry and drinking from streams or rivers (Table 6). A very small percentage of respondents obtained water for domestic uses from taps (0.3 per cent) wells (0.3 per cent) or from boreholes (1.0 per cent). The consensus from the FGDs and indepth interviews corroborated these findings. All participants affirmed although pipe borne water was installed in the community since 1955 but it got faulty six years ago and had been out since then. The people relied on streams and rivers for all domestic uses. According to the traditional ruler, the community was well endowed with water from about ten streams nearby. The distance to the stream was given as 800 metres to 2 kilometres. Women and children usually made about 2 to 4 trips per day to fetch water for domestic uses. However, although tap water was not available, water borne diseases like guinea worm were not common to the community. This is probably due to the rocky terrain from which the streams issued which would aid in filtering the water and removing some impurities.

11. Environmental Management and Sustainability Practices

Sustainable development involves meeting the needs of the present in such a way that the needs of future generation will not be compromised. In this study, we explored the awareness of respondents about indigenous knowledge (I.K) practices adopted by women to protect the farm environment and hence ensure sustainability. Table 4 shows the distribution of respondents by their awareness of indigenous knowledge practices undertaken by female farmers to protect the farm environment.

Less than one third of the female farmers were aware of any type of I.K. practice for protecting the soil. Methods spontaneously mentioned include fallow cultivation (25.9%), crop rotation (10.5%) and other methods including creating drainages for water to run off the farms to preventing erosion and avoiding indiscriminate felling of trees.

FGD participants from monogamous families and those in the widowed/divorced group expressed ignorance of soil protection methods. Indeed, the consensus among the polygynously and monogamously married women was that, only God can protect the soil. However, the polygynously married women suggested that by providing them with tractors, government will make it easier for them to conserve the soil since they will then be farming on the lowlands and not on the hills. In their view, this will check erosion and conserve the soil. The women in the widowed/divorced group expressed a need for the government to assist them by providing training on environmental conservation practices. FGD participants in the young married group appeared more knowledgeable about I.K. practices for protecting the soil. they reported that shallow gutters were dug to drain their farms and prevent excessive erosion of their farmlands.

Respondents similarly demonstrated little awareness of I.K. methods for conserving water. A large percentage of the female farmers reported that sweeping the surroundings of streams would conserve the water. The consensus from the FGD with the young married women on IK practices to conserve the water was more illuminating. They suggested that women should avoid polluting the streams by doing their laundry far from the side of the stream. They also suggested that defecation should not be carried out near the streams. The sides of the streams should similarly be kept clean by constant weeding. The FGD group comprising of the young married women has participants who all had some formal education, mostly primary education which probably explains their greater awareness of IK practices.

A large percentage of respondents were also not aware of IK practices to conserve the vegetation and trees while 82.5 per cent of the respondents did not think bush burning would protect the environment, yet a mere 14.4% expressed awareness of tree planting as an IK practice to conserve the vegetation and its trees (Table 7).

We were interested in eliciting information from the respondents on their perception of the impact of their present practices on the future of the farm environment. Table 8 shows the perception of the respondents on the issue.

It was interesting to find that respondents were least aware of the negative impact of fuelwood gathering on the environment. Table 8 shows that 57.2% of the respondents perceived the farm environment as very bright or bright given their current practice of fuelwood gathering. However, 60.8% of the respondents felt that given their present practice of tree cutting (with slash and burn method of cultivation), the future of the farm environment was not bright/bleak.

Similarly 90.7% of the female farmers perceived a negative impact of their failure to use fertiliser on the future farm environment. 78.7% and 93.7% perceived a poor future for the farm environment due to the reduction in the fallow period and the pollution of streams and rivers respectively.

12. Policy Recommendations

The findings of this study have important policy implications for women and the environment not only in Nigeria but also in other developing countries. To facilitate sustainability of environmental resources, a number of action-oriented policy and programme interventions are proposed:
1. It is quite clear that rural women are heavily dependent on the environment for meeting their basic domestic requirements for food, fodder, medicinal herbs, domestic energy and water. This results from their documented lack of access to critical resources such as land, education, credit and technology and is made worse by the harsh economic realities under SAPs. In order to reduce their dependence on and exploitation of environmental resources, women's access to critical inputs needs to be broadened. Institutional and intervention programmes which provide access to land, education, credit and other inputs will increase women's incomes by improving their livelihoods and thereby reduce their overdependence on the environment for meeting their basic needs.
2. It is quite obvious that very little alternative household energy sources apart from fuelwood exist. This would continue to encourage the degradation of the forests and farm and forest vegetation with its attendant long term negative consequences. Portable stoves, regular and affordable supply of kerosene and solar stoves should be introduced

and their use encouraged in rural areas. Other interventions to pre-empt the menace of deforestation should include the setting up of a community woodlot to reduce the distance trekked and the drudgework experienced by women from gathering fuelwood. A community wood lot would also conserve the community's forest resources. The „cut and slash" method of bush clearing and bush burning should be discouraged since its destroys environmental resources as well as the forest cover. The traditional system of shifting cultivation should be improved and alternative and sustainable farming systems should be encouraged. Soil improvement methods should also be encouraged.

3. Perhaps the most important contribution of this study is that it has exposed the lack of awareness by the female farmers of the environmental impact of practices such as fuelwood gathering and other unsustainable activities. In addition, there is a lack of awareness of sustainable management practices for conserving the environment. These portend negative long-term consequence for the environment. It emphasises the need for urgent and concerted action to encourage environmental education and sanitation through functional literacy programmes and mass campaigns.

13. Conclusions

This paper has highlighted the importance of environmental resources for meeting women's domestic needs of food, water, fodder, medicines, and domestic energy. The lack of awareness of environment management practices which portends dire consequences for the survival of the rural people and the environmental resource base which supports them is also underscored. The major policy implications of the finding of this study is the need to ensure the participation of rural women in environmental conservation. This is consistent with the participatory/bottom-up theoretical perspective which this study is based and which encourages sustainable development at all levels by encouraging the participation of women in all environmental projects and programmes.

14. Acknowledgement

The author gratefully acknowledges funding support for the study from which this paper comes by the Union for African Population Studies (UAPs), Dakar, Senegal.

Literature

Akpan P. A. (1992): Impact of Modernization on Traditional Land use Pattern in IBIBIO of Eastern Nigeria. In: Terra: A Journal of Environmental Concern. 1 (1).

Atteh, D.O. (1989): Indigenous Local Knowledge As a Key to Local-Level Development: Possibilities, constraints and planning issues in the context of Africa.

Paper presented at the Seminar on Revising Local Self Reliance: Challenges for Rural/Regional Development in Eastern and Southern Africa, Arusha, Tanzania.

Barbier E.B. (undated): New Approaches in Environmental Resource Economics: Towards an Economics of Sustainable Development. The international Institute for Environment and Development, London.

Boserup, E. (1965): The Conditions of Economic Growth: The Economics for Agricultural Change under Population Pressure. Aldine Publishing Company, Chicago.

Broad R. (1994): The Poor and the Environment: Friends or Foes? In: World Development 22, (6:): 811-822.

Burk, P. (1987): Healing the Earth - From Theory to Practice: A model of environmental conservation programme for soil erosion control through tree planting campaign. In: Sagna: V.O. et. al. (eds.) (op. cit).

Chukweze H.O. (1992): The Search for Effective Control of Soil Erosion in Anambra State, Nigeria. In: TERRA: A Journal of Environmental Concern 1 (1).

Clones, J.P. (1992): The Links between Gender Issues and the Fragile Environments' of Sub-Saharan Africa. Working Paper No. 5, World Bank.

Commonwealth Expert Group (1989): Engendering Adjustment for the 1990s. London, Commonwealth Secretariat.

Dasgupta, P.S. and Heal, G. (1974): The optimal depletion of exhaustible resources. Review of Economic Studies, Symposium on the Economics of Exhaustible Resources: 3-28.

Deen, Mariama A. (1992): Women and Environmental Management in Sierra Leone Conference Proceedings on Population and Environment in Africa, Gaborone, Botswana, 14-19 September 1992, UAPS.

Dube, P. (1992): Women and Environmental Management in Botswana. In: Published Proceedings.

Fisher, A.C./Peterson, F.M. (1977): The exploitation of extractive resources, a survey. The Economic Journal, 87: 681-721.

Freeman, A.M. (1979): The Benefits of Environmental Improvement. Baltimore, Johns Hopkins University Press.

Goodland, R./Ledec, G. (1986): Neoclassical Economics and Principles of Sustainable Development. Office of Environmental and Scientific Affairs, The world Bank, Washington DC, July.

Hotelling, H. (1931): The economics of exhaustible resources. In: Journal of Political Economy 39: 137-175.

Leonard H.J. (1989): Overview: Environment and the Poor: Development Strategies for a common Agenda. In: Leonard, H.J. (ed.) (op. cit.).

Nigerian Environmental Study Team (NEST) (1991): Nigeria's Threatened Environment A National Profile, Nigeria, Intec Printers Ltd.

Okojie, Christiana, E. E.: Environmental Hazards and the Health Status of Women and Children in a Riverine Community in Nigeria: Nikrowa in Edo State. In: Conference Proceedings on Population and Environment in Africa (op. cit).

Olaniyan, G.O. (1987): Soil Erosion on Agricultural Fields: A Case for Reduced Cultivation Technique in Sagma. V.O. et al. (eds.) (op. cit).

Oppong, C.: Population, Environment and Women: Some Issues in Africa. In: Conference Proceedings on Population and Environment in Africa (op, cit.).

Rodda, A. (1994): Women and the Environment U.K. and U.S.A. Zed Books Ltd.

Titilola, T. (1990): The Economics of Incorporating Indigenous Knowledge Systems into Agricultural Development: A Model and Analytical Framework. Technology and Social Change Programme, Iowa State University, Ames, Iowa.

United Nations Population Fund (1991): Population, Resources and the Environment: The Critical Challenge.

Warren, D.M./Cashman, K. (1988): Indigenous Knowledge for Agricultural and Rural Development: Some Practical Applications. Paper presented at the Conference on Indigenous Knowledge Systems, AED, Washington D.C., U.S.A.

Warren Sarah T. (ed.) (1992): Gender and Environment: Lessons from Social Forestry and Natural Resource Management Canada. Aga Khan Foundation.

Whitehead, A. (1991): Rural Women and Food Production in Sub-Saharan Africa in J. Dreze and Amatya Son (eds.). In: The Political Economy of Hunger. Clarendon Press, London.

Whitney, J.B.R. (1987): Impact of Fuelwood use on Environmental Degradation in the Sudan In Little Peter D./Micheal, M. Horowitz /A. Sudre Nigerges (eds): Lands at Risk in the Third World: Local Level Perspectives. London Westview Press.

Wignaraja, P. (1990): Women, Poverty and Resources. Sage Publications, London.

World Bank (1990): Towards the Development of an Environmental Action Plan for Nigerian. West African Department, World Bank.

World Commission on Environment and Development (W.C.E.D.) (1987): Our Common Future. Oxford University Press.

Yngstom Ingrid/Patricia Jeffery/Kenneth King/Canilla Toulmin (eds.) (1994): Gender and Environment in Africa: Perspective on the Politics of Environmental Sustainability. UK: Centre for African Studies, University of Edinburgh.

Appendices

TABLE 1: DISTRIBUTION OF RESPONDENTS BY MAIN CROPS CULTIVATED

CROPS	YES		NO		
	Number	%	Number	%	%
Rice	84	27.7	216	71.3	100
Yam	182	61.1	116	38.9	100
Maize	56	18.8	242	79.9	100
Cassava	135	49.3	166	54.7	100
Cocoa	12	4.0	285	96.0	100
Other Crops	24	7.9	271	89.4	100

TABLE 2: DISTRIBUTION OF RESPONDENCE BY FREQUENCY OF OBTAINING RESOURCES FROM THE ENVIRONMENT

	Wild fruit / berries	Medicinal Herbs	Fodder	Snails/ Bush meat	Fish	Wild Vegetables
Daily	35.8	10.8	9.1	10.9	38.0	29.2
Weekly	11.8	22.3	32.7	22.7	29.6	24.5
Fortnightly	1.6	6.2	1.8	3.4	-	3.8
Monthly	2.7	21.5	-	5.0	-	1.9
Quarterly	12.3	16.2	21.8	14.3	8.5	9.4
About twice a year	29.9	7.7	18.2	26.1	12.7	22.6
Others	5.9	15.4	16.4	17.6	11.3	8.5

TABLE 3: DISTRIBUTION OF RESPONDENTS BY TYPE OF FUELWOOD USED

	NUMBER	PERCENTAGE
Deadwood / Branches	272	90.1
Logs	19	6.3
Live trees	9	3.0
Other	2	0.7

TABLE 4: DISTRIBUTION OF RESPONDENTS BY SOURCE OF FUELWOOD.

	NUMBER	PERCENTAGE
Bought	23	7.6
Farm / Forest	266	88.4
Both	12	4.0

TABLE 5: DISTRIBUTION OF RESPONDENTS BY FREQUENCY OF OBTAINING FUELWOOD.

	NUMBER	PERCENTAGE
Daily	163	54.3
Weekly	126	42.0
Fortnightly	8	2.7
Monthly	1	0.3
Other	2	0.7

TABLE 6: DISTRIBUTION OF RESPONDENTS BY SOURCES OF WATER FOR DOMESTIC USES

Domestic Activities	Source of Water			
	Stream / River	Tap	Well	Borehole
Cooking	98.7	0.3	-	1.0
Bathing	97.4	0.3	1.3	1.0
Laundry	97.4	0.3	1.3	1.0
Drinking	98.7	0.3	-	1.0

TABLE 7: DISTRIBUTION OF RESPONDENTS BY THE UTILISATION OF INDIGENOUS KNOWLEDGE (I.K) PRACTICES

Indigenous knowledge practices carried out to protect the:	YES (%)	NO (%)
SOIL		
Fallow cultivation	25.9	74.1
Crop rotation	10.5	89.5
Other	43.4	56.6
WATER		
Add alum to purify water	3.4	96.6
Sweep surroundings of streams	59.7	40.3
Depend on rain	2.7	97.3
Remove dirt/leaves from surface	7.1	92.9
Others	28.6	71.6
VEGETATION AND TREES		
Clearing and burning bush	17.5	82.5
Tree planting	14.4	85.6
Setting Trap	2.6	97.4
Others	52.8	47.2

TABLE 8: DISTRIBUTION OF RESPONDENTS BY THEIR PERCEPTION OF THE IMPACT OF PRESENT PRACTICES ON THE FUTURE OF THE FARM ENVIRONMENT.

Activity	Future prospects for the environment			
	Very Bright	Bright	Not Bright	Bleak
Wood gathering	19.1	38.1	37.8	5.0
Tree Cutting	16.9	22.3	55.8	5.0
Not Using Fertiliser	5.6	3.7	81.7	9.0
Intensive Cultivation	12.6	10.6	58.8	17.9
Short Fallow Period	11.3	10.0	60.0	18.7
Pollution of river/streams	1.0	2.3	71.8	24.9

Bärbel v. Römer-Seel
Deutschland

Sozial-ökologische Methoden in Umwelt- und Gesundheitsprojekten mit Frauen auf Java

1. Frauen und Umwelt auf Java

Umwelt kann für die javanische Frau die Wildnis, das landwirtschaftlich genutzte Land, ihr dörfliches oder städtisches Umfeld oder der Kosmos insgesamt sein. All diesen Bereichen bringt sie unterschiedliche Gefühle entgegen. Die Frauen Javas sind nicht überall und in gleicher Weise von ihrer physischen Umwelt direkt abhängig, so wie sie auch selbst die Umwelt in unterschiedlicher schichten- und gender-spezifischer Weise beeinflussen. Aus der Differenz von Bedarf und Verfügbarkeit resultiert die ökologische Qualität der Umwelt und der Gesundheitszustand der Bevölkerung. Die Verbindung der Frauen zu ihrer Umwelt verändert sich mit der zunehmenden Degradierung der Landschaft durch Übernutzung. So werden die Frauen zum einen als Opfer der Umweltzerstörung und zum anderen als Ressourcen-Manager beschrieben, die die Umwelt schützen (Heyzer 1996) Ihre konkrete persönliche Beziehung zur Umwelt ist durch ihre soziale Position und ihr Arbeitsfeld bestimmt (Reardone 1993).

2. Wasser und Gesundheit im ländlichen Java

Die Verfügbarkeit von sauberem Wasser ist die Basisvariable für den Gesundheitszustand der Bevölkerung. Flachgründige Brunnen stellen auf Java die übliche Wasserversorgung dar, die jedoch selten den erforderlichen Trinkwasserstandards entspricht. Obwohl die indonesische Regierung in den letzten Jahren jährlich ca. 60 Mio. US $ in die ländliche Wasserversorgung und weitere 12 Mio. in die sanitäre Infrastruktur investiert hat, verfügt bislang nur ca. ein Drittel der Bevölkerung über Zugang zu sauberem Wasser und sanitären Einrichtungen (WHO/ CWS 1992) Die Wasserqualität ist in der Regel ungenügend und viele Brunnen trocknen in der Trockenzeit aus (Sudjarwo/Renyaan 1989). Darüber hinaus bestimmen traditionelle Verhaltensweisen die persönliche Hygiene. Bis heute benutzen Frauen, Männer und Kinder die Flüsse und Bewässerungskanäle als Toilette und zum Baden, obwohl sich die Wasserqualität der Flüsse in den letzten 3 Jahrzehnten dramatisch verschlechtert hat. Alle diese Bedingungen sind für den schlechten Gesundheitszustand der Bevölkerung und die hohe Kindersterblichkeit verantwortlich. Wie lokale Gesundheitszentren bestätigen, sind durch das Wasser übertragene Infektionskrankheiten, wie Diarrhöe, Hepatitis und Entzündungen der Haut und der Augen am weitesten verbreitet.

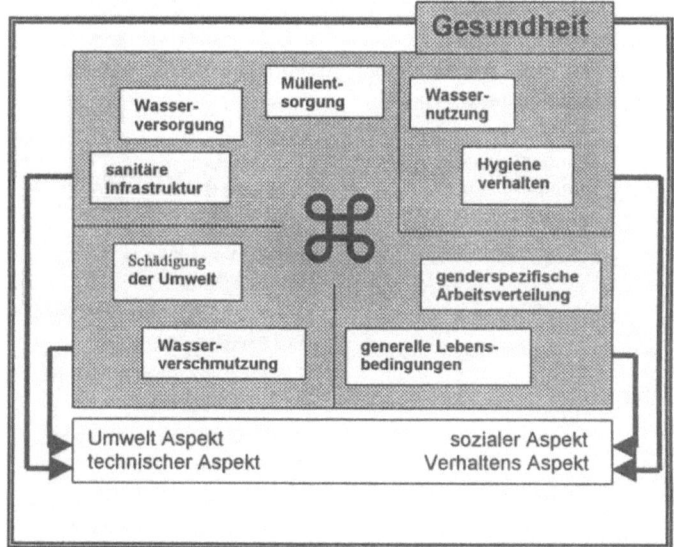

3. Didaktische Prinzipien partizipativer sozial-ökologischer Bildungsarbeit

Generell sollten Maßnahmen der Erwachsenenbildung, die eine Entwicklung ihrer Zielgruppen bezüglich ihrer Kapazität zur selbstorganisierten Lösung kommunaler Probleme intendieren, folgenden didaktischen Prinzipien genügen:

Lebensorientierung meint, die Bevölkerung dort anzusprechen, wo sie lebt, die Vorerfahrungen, Traditionen und Rollenverständnisse ihrer spezifischen Umwelt in den pädagogischen Prozeß mit einzubeziehen und umgekehrt, durch den Gewinn zusätzlicher Qualifikationen und Aktionspotentiale, auf der Basis eines Bewußtseins der politischen und ökologischen Zusammenhänge, die Gesundheitsrisiken zu verringern.

Handlungsorientierung strebt nicht nur nach dem Gewinn spezifischer Kenntnisse und Fertigkeiten, sondern integriert auch den Mut, Initiative zu ergreifen, den Mut zur Aktion (Hansen/Pausewang 1987). Die Lernenden erfahren das Dilemma ihrer zerstörten Umwelt oder ihrer Unterversorgung aktiv und bewußt und wenden ihre neu erworbenen Kompetenzen produktorientiert zur Verbesserung ihrer Alltagssituation an (v. Werder 1987).

Soziale Relevanz kann dann erreicht werden, wenn der Bewußtseinsstand kleinerer Gruppen über ihre subjektive Alltagssituation hinaus zu klaren ökologischen und gesundheitspolitischen Standpunkten mit einem langfristigen politischen supra-regionalen Aktionspotential führt (v. Werder 1987).

Basisvoraussetzung für partizipatives Lernen einer Gruppe ist eine kooperative *demokratische interne Organisationsstruktur*, in der alle Teilnehmer in einem dialektischen Verhältnis zueinander stehen (Beer 1987). Einen Einstieg bieten auf Java die traditionellen Methoden der Entscheidungsfindung wie *musyawarah* und *mufakat*[1], die genutzt und weiterentwickelt werden können. Beispiele für funktionierende demokratische Institutionen in Java stellen, trotz der traditionell streng hierarchisch gegliederten indonesischen Gesellschaft, Frauenkooperativen dar.

Handlungsorientierung	Handlungssphäre	Bewußtsein
Individuell, traditionelle Nutzungsmuster der Wasserquellen	Familie, lokaler Badeplatz	Erfahrung d. Abhängigkeit von d. Umwelt, bzw. Menge + Qualität des Wassers, Diffuse Vorstellungen von Wasserqualität, Wunsch nach Wasserversorgung und Sanitäreinrichtungen
Solidarisch, Analyse der sozial-ökologischen Bedingungen	Ortsteil Dorf	Erkenntnis der Interdependenz von Wasserqualität, Nutzungsmustern, sozialen Faktoren und Gesundheit
Solidarische konstruktive politische Aktion, Gotong-royong	Ortsteil, Dorf, Distrikt, Provinz	Orientierung auf politisch strategische Maßnahmen zur Finanzierung d. san. Infrastruktur, Organisation kollektiver Selbsthilfemaßnahmen

Tab. 1: Hierarchie von Bewußtseinsformen in Anlehnung an v. Werder,[1] angewendet auf den Prozeß des Empowerments in Umwelt- und Gesundheitsprojekten

Das Postulat der *Unabhängigkeit von Institutionen* ist eine Voraussetzung, die in Projekten der Erwachsenenbildung schwer zu realisieren ist. In Regierungsprojekten werden die Verwaltungswege und Verantwortlichkeiten penibel beachtet, um sich niemandes Kompetenzen anzumaßen. Eine Unabhängigkeit von Institutionen scheint nur in indirekt finanzierten Projekten möglich.

Partizipation realisiert sich dort, wo auf die Subjekt-Objekt-Beziehung im Lernprozeß verzichtet werden kann. Hier müssen insbesondere die javanischen Frauen lernen ihre Rollenkonzepte zu überwinden und sich aktiv in kommunalen Fragen engagieren.

Andragogische Maßnahmen, die sich an den oben skizzierten Prinzipien orientieren, streben glaubhaft eine Selbstbestimmung ihrer Zielgruppen an, die sie befähigt, ihre sozialen Bedingungen zu ändern und ihnen auch die Freiräume dazu einräumt (power of change). Auf der metadidaktischen Ebene bietet die "Alltagsstrukturdidaktik" von Lutz von Werder und die "Pädagogik der Freiheit" von Paolo Freire (Freire 1975) ausreichenden Spielraum für offene didaktische Planungsprozesse. Durch die Anregung von

---

[1] musyawarah = Beratschlagen und Abwägen bis zu mufakat = Einstimmigkeit

Animateuren soll über die Problematisierung des Alltags die eigene Lebenssituation und die Beschränkungen, die das Individuum oder die Gruppe erfährt, bewußt gemacht werden und die Ursachen der Mangelsituation bzw. der Gefährdung erkannt werden. Doch über den Bewußtwerdungsprozeß hinaus liegt der Lernerfolg in der produktiven Bewältigung der Krisen des Alltags (v. Werder 1980). Die Betroffenen handeln und agieren selbst und für sich, und die Voraussetzung dazu ist die Analyse und somit das Wissen um die eigene Realität.

4. Sozial-ökologische Methoden für partizipative Umwelt- und Hygienebildung

Um eine Verbesserung der Umweltbedingungen und eine Reduzierung der Gesundheitsrisiken zu erreichen, sollte die aktuelle Umweltsituation in Hinblick auf die ökologischen Gegebenheiten, die sanitäre Infrastruktur und die sozialen Aspekte der Abhängigkeit von Umwelt und Gesundheit bewertet werden. Die Analyse der vertrauten Umwelt bietet der Bevölkerung eine Chance, die zerstörenden Faktoren zu erfassen und die Interdependenz von physischer Umwelt, Armut und Gesundheitsstatus bewußt zu erfahren.

1. Stufe: Abschätzung des Gesundheitsrisikos
Manche Krankheiten treten an bestimmten Orten besonders häufig auf. Ist diese auffallende Häufung schicksalhaft oder lassen sich ökologische oder soziale Faktoren dafür verantwortlich machen? Werner und Bower (1991) entwickelten ein System, mit dessen Hilfe die relative Bedeutung und die Risiken der verschiedenen Gesundheitsprobleme erfaßt werden können. Leicht lassen sich auch die Ergebnisse und Bedingungen in bezug auf regionale Unterschiede oder Übereinstimmungen mit anderen Dörfern vergleichen.

2. Stufe: Community mapping
Mittels der Methode des Community mapping soll die sanitäre Infrastruktur einer Gemeinde visualisiert werden. Es werden die Häuser und die öffentlichen Einrichtungen eines Dorfes oder Stadtteiles mit ihren Wasserversorgungseinrichtungen, wie Wasserhähnen, Brunnen oder Pumpen, private oder öffentliche Toiletten und Müllplätze kartiert. An den Flüssen werden die Orte festgehalten, an denen das Wasser genutzt wird und mit Aktionskarten die Art der Nutzung dargestellt. Anschließend können die Ergebnisse mit der Evaluierung des Gesundheitszustandes verglichen werden. Im Gegensatz zu statischen Ansätzen steht bei der Analyse der Kommune der selbstgesteuerte Prozeß im Vordergrund, der zu selbstinitiierten Aktionen führen soll

Evaluierung des Gesundheitsrisikos

Krankheit	Häufigkeit	Gefährlichkeit	ansteckend	chronisch
vom Wasser übertragene Krankheiten				
Diarrhoe	☺☺☺☺☺	☠	⊙→⊙	
Hepatitis	☺☺☺☺	☠	→	∽
Hautinfektionen	☺☺☺☺☺	☠	→	∽
Augeninfektionen	☺☺☺	☠	⊙→⊙	∽
Typhus	☺	☠	⊙→⊙	
Würmer	☺☺☺☺☺	☠	→	∽
Vaginal infection	☺☺☺	☠	→	∽
Cholera	☺	☠	→	
durch Wasser verbreitete Krankheiten				
Malaria	☺	☠		
Dengue	☺☺	☠		

Tab. 2: Evaluierung des Gesundheitszustandes nach Werner & Bower

3. Stufe: Gender- Analysen
Gender-Analysen ermöglichen die Betrachtung der Arbeitsteilung zwischen den Geschlechtern, des genderspezifischen Einflusses auf die Umwelt und der unterschiedlichen Hygienebedürfnisse von Männern und Frauen. Auch allgemeine umweltrelevante Fragestellungen, wie die Verantwortung für die Verteilung des Wassers für die Bewässerung der Felder oder den Einsatz von Düngern und Pestiziden, sollten unter genderspezifischen Gesichtspunkten betrachtet werden, um die Verantwortlichen und die Ausführenden identifizieren und umweltrelevante Weiterbildungsmaßnahmen richtig adressieren zu können.

Wasserversorgung

Verantwortung für die Wasserversorgung	♀		♂	
	Frauen	Mädchen <12	Männer	Jungen <12
Wer holt das Wasser von den öffentlichen Wasserstellen, von der Quelle oder aus dem Fluß?	☐	☐	☐	☐
Wer reinigt die öffentlichen Wasserstellen?	☐	☐	☐	☐
Wer reinigt die Wasserbehälter?	☐	☐	☐	☐
Wer ist verantwortlich für die Wasseraufbereitung mittels Filtern oder Desinfektionsmitteln?	☐		☐	
Wer kümmert sich um den technischen Zustand und das Reparieren der öffentlichen Wasserstellen?			☐	☐

Tab. 3.: Gender-Analyse: Wasserversorgung *Stufe: Gender-Analysen*

Biologische Gewässergütebestimmung

Gewässergüteklasse	Gruppe der Bioindikatoren	empfohlene Nutzungen
1	Dugesia Gonocephala Sericostoma Glossossomatinae	Zähneputzen, Baden, Geschirrspülen,
1 - 2	Glossossomatidae Plecoptera Dugesia Gonocephala Simulium Hydropsyche	Baden, Geschirrspülen, Wäschewaschen
2	Plecoptera Hydropsyche Simuliidae Ephemeroptera	Baden, Wäschewaschen
2 - 3	Hydropsyche Ephemeroptera Lymnaeidae Hirudinea	Wäschewaschen, Viehbaden, Toilette
3	Hydropsyche Lymnaeidae Hirudinea	Viehbaden, Toilette
3 - 4	Chironomus thummi Tubifex tubifex	keine Nutzung empfohlen
4	Sphaerotilus	keine Nutzung empfohlen

Tab. 4: Gewässergüteklassen und ihre Nutzung

Da normalerweise keine chemische Laborausrüstung zur Verfügung steht, um die Güte des täglich genutzten Flußwassers zu messen, wurde ein System entwickelt, das mit Hilfe von Bioindikatoren die Gewässergüte bestimmt. Insektenlarven, Würmer, Egel und Schnecken wurden in Indikatorgruppen zusammengefaßt und Reinheitsstufen des Flußwassers in Abhängigkeit von der statistischen Häufung ihres Vorkommens zugeordnet. Darüber hinaus wurden Empfehlungen zur Nutzung der verschiedenen Wasserstufen gegeben.

Problem	Häufigkeit	Gefährdungsgrad	Gefährdet Gesundheit	permanent
Wasserversorgung				
zu wenige Wasserstellen	☹☹☹	!!!	⊂	∿∿
verschmutzte Brunnen	☹☹☹	!!!	⊂	∿∿
verschmutztes Flußwasser	☹☹☹	!!!	⊂	∿∿
Abfall				
defäkieren im Fluß	☹☹☹☹	!!	⊂	∿∿
wilde Müllplätze	☹☹☹	!!	⊂	∿∿

Tab. 5: Risikoevaluierung der sanitären Infrastruktur

Wasserabhängige Gesundheitsrisiken entstehen durch die unzureichende Versorgung mit sauberem Wasser und die zumeist fehlenden oder nicht adäquat genutzten Sanitäreinheiten. Um das daraus resultierende Gefährdungspotential qualitativ zu erfassen, kann dasselbe Verfahren angewendet werden wie zur Erfassung des Gesundheitsrisikos. Darüber hinaus ist diese Methode von Werner und Bower auch in anderen Feldern anwendbar, wie z.B. zur Bewertung des Hygieneverhaltens oder auch der allgemeinen Lebensbedingungen, wie Verfügbarkeit von Land, Einkommen oder Qualität der Häuser.

5. Frauen in Projekten der Umwelt- und Hygieneerziehung

Die indonesische Regierung gesteht der Gesundheits- und Hygieneerziehung einen hohen Stellenwert zu und kooperiert mit internationalen Geberorganisationen in Projekten für Frauen und Schulkinder (Office of the Minister of State for the role of women Republic of Indonesia 1989). Obwohl die Bedeutung der Frauen in diesem Sektor weltweit

Anerkennung findet, sehen sie sich selbst jedoch eher in der Rolle der Adressaten von Projektintentionen gehalten, denn als Partner in einem partizipatorischen Planungs- und Implementierungsprozeß. Bis die Mehrheit der Bevölkerung einen garantierten Zugang zu sauberem Wasser hat, liegt es in der Verantwortung der Frauen, über die Verwendung der verfügbaren Wasserquellen zu entscheiden. In Abhängigkeit von der vorherrschenden Wasserqualität werden sie dabei in der Rolle der „Verwalterinnen des Elends" gehalten, denen die Verbesserung der Situation, ja selbst das Bewußtsein über die ökologischen und ökonomischen. bzw. politischen Zusammenhänge verwehrt bleibt.

Nach traditionellen javanischen Rollenkonzepten der Frauen wurden sie zwar in ihrer ökonomischen Kompetenz ernst genommen, ihnen aber jede Beteiligung am politischen Mandat verwehrt. Der Übergang zu der nun mehr islamisch geprägten Vorstellung, die die Frauen wirtschaftlich zwar wieder eher in die Abhängigkeit von ihren Männern stellt, ermöglicht ihnen jedoch ein gesellschaftspolitisches Engagement über die Pflichtbeteiligung in den abhängigen staatlichen Frauenorganisationen hinaus. Nach dem Vorbild von Mohammeds Ehefrau Aisyiah sind die Frauen moralisch verpflichtet, sich persönlich für die Verbesserung der sozialen Verhältnisse in der Gemeinde einzusetzen. Unter dem Dach religiöser Frauenorganisationen bilden sich daher Freiräume für eine sozialpolitische und -pädagogische Arbeit von Frauen, die die üblichen Einschränkungen der Frauen transzendieren können und wo Frauen aller Schichten in einem gesellschaftlich akzeptierten Kontext selbstorganisierte Projekte in der Kommunalentwicklung realisieren können.

Literatur

Beer, W. (1987):Selbstorganisation als Prinzip ökopädagogischer Bildungsarbeit. In: Becker/Ruppert, Frankfurt.

Bolscho, D., Seybold, H. (1996): Umweltbildung und ökologisches Lernen, Berlin.

Freire, P. (1975): Pädagogik der Unterdrückten. Reinbek.

Government of Republic of Indonesia (1992): Water Supply and Sanitation Project for Low Income Communities (WSSPLIC), Annex 20: Women in WSS Development, Jakarta.

Hansen, H., Pausewang, F. (1987): Ökologische Aspekte für sozialpädagogische Arbeit. In: Becker/Ruppert, Frankfurt.

Heyzer, N. (1996): Gender, Population and Environment in the context of deforestation, Kuala Lumpur.

Reardon, G. (1993): Women and the Environment, Oxford.

Römer-Seel, B.von (1997): Women, River Water and Health, a Biological Approach of Water Quality Assessment for rural Women in Java. In: Teherani-Krönner,

P./Altmann, U.: What have Women's Projects Accomplished so far? Berlin, 270 – 282.

Smyke, P.:Women and Health, London, 1993.

Sudjarwo, Ch. & Renyaan,V. (1989): Country Paper Indonesia. In: ADB&UNDP: Women and Water, Manila.

Werder, L.v. (1980): Alltägliche Erwachsenenbildung, Weinheim.

Werner, D., Bower, B. (1991): Helping Health Workers Learn, Palo Alto.

WHO/CWS: World Health Organization, CWS Unit (1992): The International Drinking Water Supply and Sanitation Decade: End of decade review, Geneva.

Jacqueline I. George
Institut für Internationale Forst-und Holzwirtschaft, Tharandt

Women and Nature Sustainability in East Africa

1. Introduction

The conservation and sustainable utilisation of natural resources has gained a lot of attention in the last two decades, and emphasis is directed towards involving all levels, classes or groups of people to restore the depleting resources for our benefit and the benefit of the future generation. Women in Africa are a part of these groups, as they not only depend on the depleting resources, but are the ones seriously affected when these resources are threatened or degraded. Furthermore, women's relation to nature in the south is of both physical and spiritual form, and their motherly role is extended to 'nurturing' nature. Whether this is an advantage or a disadvantage to women is a point of argument among eco-feminists.

This paper aims at outlining the strong relation between East African women and nature, the change that is happening and its impact on them. It also tries to address the need for conservationists and all those concerned with saving nature, to understand this relation for a better and effective integration of women for a sustainable development. Most of the examples mentioned are based on my experience in southern Tanzania and Southern Sudan[1], as these are places I have worked in, and few from available literature on Uganda and Kenya.

2. Women and Nature

In most parts of the rural Eastern Africa, the majority of women are illiterate with little or no formal education. In such circumstances, the difficulty of moving from a primitive, simple village life to a complicated town or city life style results in family splits where only men migrate leaving their women and children behind. And according to a British sociologist who has studied the situation in 'men's towns' in Africa: „Normal economic opportunities for women are restricted or illicit" (Boserup 1989), hence they depend on nature directly for a living given no other choice. This might be one reason why there is tension between eco-feminist who see „the relationship between women and nature as

---

[1] The situation of women here must not be generalised for the Northern Sudan (as has usually been done with the reverse), since different agricultural systems involved govern the division of labour between the sexes.

socially created and those who see it as a deeper relation of biological and spiritual affinity that transcends particular societies and eras" (Buckingham-Hatfield/Evans 1996). The following paragraphs give a few examples of women's relation to nature.

2.1 Women in Food Production

I refer you to Boserup's 'basic need theory', a development theory, which suggests that development cannot occur unless the basic needs of a society are met, after which the surplus is put as savings and invested in development opportunities. It is more the women's role in most African societies to provide for these basic needs, namely food, health and shelter, in rural areas. In Uganda, the MAAIF 1992 report records 68% of women's labour in food crop, and 53% in cash crops production. This is an aspect of women's role that is related to environmental degradation and deforestation, especially through shifting cultivation. Traditional methods of agriculture in most rural societies in East Africa took this into account and designed their own conservation methods for the soil. But with new ideas brought about by colonisation and exposure, the pressure for land and the changes in land tenure systems and local food crops gave way to destructive means. Despite all these problems, women have continued in their role of food production.

Apart from food obtained from agricultural practices, most tribes in southern Tanzania and Southern Sudan collect wild vegetables in the forest, or un-sowed plants in the fields (shambas) especially at the onset of rains when the vegetable gardens are in the preparation stage. In these societies, growing vegetable gardens using irrigation during the dry season is not practised due to the high labour input (collecting water from distant sources to water the gardens). In Juba, the rain patterns have changed remarkably and are unpredictable due to the micro-climate formation resulting from deforestation. This prolongs dry seasons and delays food source from vegetable gardens. When such man-made ecological misfortunes give no choice, these wild vegetables, usually occurring around small ponds and wet spots in the wild, and tolerant to hard conditions, are the main sources of food for the household for long periods of time during the year.

2.2 Traditional Healthcare

Healthcare is solely women's responsibility in some African societies, except in acute cases, where men get involved by using some of their savings, in kind or cash, to pay for the treatment, local (Witchcraft) or modern. Naturally, the savings are not only the result of men's work, but are in most cases totally controlled by the men, a typical case in the rural areas of Tunduru and Liwale districts, in southern Tanzania. In rural societies of East Africa, women depend on plant parts (leaves, roots, stems, barks, fruits or flowers) of certain species for treatment of specific diseases. In most societies of the Equatoria region of Southern Sudan, a root herb, locally known as *'deker-timelo'* is a treatment for a number of diseases such as malaria and stomach problems. Species such as *Accacia spp, Balanites aegyptica, Albizia spp, Baobab* and many other trees and shrubs are used as medicines in Sudan. In some societies of Southern Sudan, even certain type of soils are used in treating skin rashes caused by smallpox. It is women's work to harvest and store these medicinal plants, although some are needed fresh and thus harvested when a situation necessitates. In the Equatoria region of southern Sudan, some of these medicinal plants (such as *'deker-timelo'*-local name) are used for the cure of various diseases and have a market value in the urban areas. Some plants (*'abu rihan'* – local name)are also dried and smoked as insecticides to chase away mosquitoes and still others are woven into strings and tied around a new baby's wrist to chase away the bad spirits. In Kakamega district in Kenya for instance, 'the omokubo' (tree).... was ceremonially planted on homesteads where twins were born, to symbolise their growth and prosperity" (Bradley 1991). Here the spiritual function of the forest is sought to ensure good health.

2.3 Fuel Wood

Provision of fuel wood for domestic consumption is also the sole responsibility of women in almost all societies of East Africa. Women in these societies know a lot about the different tree species that provide good firewood. According to Bradley (1991), in Kenya, these species were identified as Sabakwa (*Vernonia auriculifera*), emesabakwa (*Sesbania sesban*), emenyenya (*Ficus capensis*), emetarankanga (*Bridelia micrantha*), emeraa (*Terminalia brownii*) and many others. Emenyenya and emeraa were particularly valuable for long burning fires necessary in circumcision ceremonies where the initiates were required to keep the fire burning for the complete period of confinement (usually one month to six weeks). Kerkhof (1990) classified tree species used in the rural areas as „men's species", such as *Cupressus* and eucalyptus which produced construction poles and „women's species", such as *Sesbania sesban*, not suitable for construction but widely used for fuel wood. This clearly indicates the different interests derived from the difference in natural resources utilised by men and women in rural areas. Fuelwood is also a source of income especially for poor women in urban areas. In this case it is usually a tedious job collecting firewood every morning to meet the basic needs of the family.

2.4 Non-timber products

Non-timber products (NTP) are forest products that are not woody. They include medicinal herbs, wild fruit spices, gum, weaving material, thatching grass, bamboo, materials for cultural costumes and masks, dyes, and many others, varying in number with the different societies and traditions. Most of these products have been underestimated in economic terms, and only recently, a number of research projects have been carried out to measure their economic value in specific societies. Also, the collection of most of these products among tribes of East Africa is a speciality of women, although the market for these goods has attracted men into weaving and cutting thatching grass and bamboo for markets. Weaving, dying and other craftwork for domestic use are usually carried out at leisure times in the dry season, and are a source of a relaxed gathering (social activity). In most rural areas of southern Sudan and southern Tanzania, thatching grass is collected by women although men thatch the roof of the house. Women collect the soil for plastering and smearing the wall, and a special type of soil is sought for this activity, usually collected far from the village. Women weave the sleeping mats for the family and baskets for all sorts of uses. In one of the villages of the 'Lotuko people' of Southern Sudan, where harvesting of seasonal fish is done by the women, women weave their traditional fishing nets as well. Here also, fruit trees are very rare due to the soil type, so women collect wild palm fruits as alternative fruit source for the family.

2.5 Value Norms and Time Calender

Other aspects of women's attachment to nature are that most of their parameters of measurement are nature related. For example in the village where I come from in Southern Sudan, women remember when a child was born or when a particular event happened by the height of grain crops, the planting or harvest season, or by the social occasions that are usually celebrated after harvest at definite times of the year, while the men may remember the month or year. Women here also still understand the value of a good in terms of its exchange for cows and not money, although this fact mostly still exists among the older women and is fading with the young ones who frequently visit towns to sell and buy. For example, a cow in the old times in this society cost £5 Sudanese pounds, and so a good for £100 Sudanese pounds was equivalent to 20 cows and therefore quite expensive to their understanding. Similarly, a cup of salt in the village is exchanged for a tin of groundnuts, and so in an urban market, when told the price of a cup of salt, the women would try and estimate how many tins of groundnuts that is, and on that basis, argue the price.

2.6 Spiritual Relations

In most East African rural societies, spiritual beliefs exist and are associated with trees, streams or mountains, and hence such places are conserved for that purpose. On the other hand, in many tribes of Equatoria region in Southern Sudan, it is a bad omen when a woman in showing her anger beats the soil with her hands or pours soil on her head, just like when they beat their breasts. In such cases, the woman's needs are taken

seriously and a ritual is done so as not to annoy the spirits. These are few aspects of spiritual relations practised by women in relation to nature. Thus women's relation to nature can be described as spiritually related, in this case.
Women's role in provision of basic needs has become part of their nature, and thus they rarely complain of the workload associated. They are more responsible for the continuity of life in that they work hard to ensure children are provided for and grow up, and feel rewarded when they become mothers-in law, or more important, grandmothers. Nature helps them to protect their babies from the bad spirit; Nature ensures continuity of life by providing food and water. Nature provides for their shelters and in some societies (the Lotuko people of southern Sudan) the soil with its different colours provides women with the material for decorating their walls and compounds, an art they take pride in. And finally but more important, nature protects their status as mothers.

3. Constraints

It is now a global aim of all nations, including African nations, to ensure sustainability of their existing resources. But talking about sustainability in a political manner does not help much. What is sustainability, and for whom is it? It is important to note that sustainability can only be achieved when social, economical and ecological requirements of people are satisfied. Before that, it is almost impossible to achieve sustainability of any one resource of utmost importance to human beings. Some of the problems that limit women's role in sustainable development are mentioned as:

3.1 Inaccessibility to Land and Decision Making

The agricultural productive ability of women in some parts of East Africa is constrained by their inaccessibility to land and decision making on their husbands' land. In Uganda, the MAAIF 1992 report[2], records only 16 % of women have control of farms compared to 84% of men who own farms. This difference would be much wider for Southern Sudan, if statistics were taken, and likewise for southern Tanzania.

3.2 Change in Division of Labour

Another constraint on women's relation to nature is the change in division of labour brought about by employment, migration, and the introduction of exotic cash crops such as coffee and tea in Kenya, and tobacco in Tanzania. Boserup (1989), Braidotti (1994), Bradely, (1991), Kerkhof (1990) and many others mention this effect and its impact on

---

[2] Taken from „State of the Environment Report for Uganda 1994": Ministry of Natural Resources-National Environment Information Centre.

the rural women in Africa. Coupled with their reproductive function, health care, provision of water and fuel wood, their workload is increased and this limits the capability of women for any expansion of their agricultural production.

3.3 Cultural Taboos

Cultural taboos in some tribes of East Africa tend to limit the capacity of women for improvement or adoption of innovation. For example in Kakamega district in Kenya, Bradley (1991) discovered that women were not allowed to plant trees, lest they become barren. This was solely men's job although they gave little consideration to planting fuel wood species, despite the increasing scarcity of fuel wood. Furthermore, some traditional beliefs are responsible for shifting cultivation and hence deforestation. For example, in certain tribes of Liwale district in Southern Tanzania, it is believed that when another person's farm is close to yours, your luck of harvest may easily be transferred to him. Hence villagers have farms scattered all over the forest, and tend to move more inwards as others get closer.

3.4 Environmental Degradation

In recent years, the degradation of agricultural soils, formation of undesired microclimates due to deforestation and the depletion of certain plant and animal species of east Africa, has had its toll on the rural women. In Juba, micro-climates have made the poor women poorer as seeds here are expensive and women end up planting twice due to the unpredictability of rains, only those under the Women Self-help (WSH) group are assisted in such cases with more seeds free, thanks to the GTZ project.

Equally, the effects of deforestation have added to the workloads of women who have to travel considerable distances to collect firewood, or find a means of extra income to buy firewood, unlike in the past. Most of the problems of deforestation have little to do with its use for domestic firewood in theses regions. Braidotti, et al (1995) call it the misconception of development planners (in the south) and instead relate much of the deforestation activities to commercial felling and agricultural extension into forests. The later is justified by Bradley's (1991) results in Kenya where deforestation is due to the colonial introduction of exotic plantations. He mentions the introduction of cash crops, such as coffee, tobacco, and many other 'male crops'[3], that increased the demand for agricultural land, and hence encroachment of agriculture into forest areas at a rapid pace in the colonial times.

---

[3] I prefer to call them male crops as men do most of the production and marketing work.

3.5 Agricultural Innovations and Technologies

Agricultural innovations and technologies have been more to men's advantage than to women's, thus reducing men's workload but maintaining or even increasing women's. These technologies –e.g. fertilisers, small-scale tractors – are more widely used on cash crop fields than on food crop fields due to the economic accountability. Clearing the fields in most parts of Africa is now not necessary with the deforestation effects while weeding is still handwork done by women on both food and cash crop farms. Ann Whitehead and Helen Bloom (in Ostergaard 1992) mention that many rural women do not control enough cash to be able to hire ploughs or buy seeds, fertiliser or new technology, and that stored wealth – in the form of livestock and machinery – is usually in the hands of men.

3.6 Lack of Gender Consciousness in Project Planning

Lack of gender consciousness in project planning is another constraint that excludes women's participation. In Tanzania for instance, the effort to involve villagers in the conservation of Selous Game Reserve attracted only men, while women were not represented. A study in the matter showed that women here regarded the project of benefit to men only, and on that basis cared less. Men were given license to hunt and sell some game so as to develop infrastructure in the village. What is beneficial and attractive to men is not always beneficial to women.

4. Suggestions for Integrating Women More Actively

Dear participants, my short experience working with GTZ in different women's environmental aspects, agroforestry in Juba and wildlife conservation in the Selous Conservation Program in Tanzania, has given me an insight, although not much, into the problems and success of development planners in tackling women oriented projects. Environmental degradation and the sequence of problems it causes is a concern of women; it is one aspect that deals with the root cause of a problem common to all rural women in a given society. Hence it is necessary for the rural women to be integrated in environmental reforms to ensure their sustainability. The following are some areas that should be embarked on to integrate women more actively:

- Encourage and enable women to form groups with identical problems.

For example, the WSH group in Juba is one of these successful groups in Southern Sudan. Here they not only meet to work out their problems but with the difficult and uncertain war situation, they find comfort in being together and look forward to group meetings. They are also happy to be given responsibilities outside the world of men, and

find it a challenge to show that they can also contribute even without the supervision of men.
- Land and tree tenure reform.

Again another example from the WSH group in Juba was that the project through the government and chiefs of the area, provided land for the women's agricultural activities. Furthermore, after enlightening the women on the problems of clear cutting, the women marked and left some trees in the fields for shade, fruit source and regeneration if the fields should have to be abandoned. Although the taboos excluding women from planting trees did not apply to these women, efforts must be made to find alternative solutions.
- Training to increase the capacity of women.

Certainly these women have their traditional knowledge in different aspects of life. Some of this knowledge is important for the innovators to consider, while some needs to be polished to fit the environmental changes that are occurring. Hence it is a two way process between the women and the project planners or extension workers that involves active participation
- Reduce workload of the women.

In southern Tanzania, one of these duties was pounding flour for a day's meal. It takes around two to three hours of pounding every day and therefore they have little time for extra activities in the project. This is just one example although other different time consuming routines exist in different societies.
- Providing credit facilities.

To enhance the economic situation of women is necessary especially among the poor. For example in the WSH project this is done with seeds that are later paid back in kind. But credit facilities can be extended to cover other inputs such as fertilisers, tools, and other things that can easily be used by the women. Such credit facilities should be compatible to the standard of the target group and local to the area, especially in case of tools and machines.
- Increasing participation in project planning and implementation.

This is an important aspect to be adopted because it not only helps to identify their problems, but gives an insight into how these problems could be solved within the limits of their resources. In this way the solution designed can be sustainable on a long term. At the same time, participation empowers and builds up their confidence, and this makes them more efficient in decision making.
- Encourage discussions.

By experience, discussions helped to eliminate obstacles that prevented the women from participating in group activities. In Naujombo village of southern Tanzania, men were reluctant to allow their wives to attend meetings. Following a discussion with the men, they eventually accepted and the women were able to participate actively.
- Education in gender consciousness.

There is a great need to educate men, not only at rural level but also at government and project levels, to recognise and encourage the potential contribution of women in national development. Economic systems should take into account women's role in production and environmental sustainability.

5. Conclusions

Dear participants, women in East Africa are closely related to, and depend directly on nature for their daily needs. As discussed, their genuine participation in environmental conservation is constrained by a host of problems ranging from ecological, socio-economic and cultural to political problems that create instability. There has been a lot of talk about participation and sustainability, but little has been achieved. Agenda 21 is just one of these efforts, but it has failed to reach out to the rural people who are directly related to nature utilisation. The pre-conditions for sustainability in East Africa are regional stability as first priority, and firm commitments of the governments to provide for the basic needs of the population. Naturally, the international community has a role to play and this should be taken seriously if environmental sustainability is to be achieved.

Literature

Boserup, E. (1989): Women's Role in Economic Development. London.

Bradley, Ph.N. (1991): Woodfuel, Women and Woodlots. London.

Braidotti, R./ Charkiewicz, E./Hausler, S./ Wieringa, S. (1994): Women the Environment and Sustainable Development. Towards a Theoretical Synthesis. Zed in Association with INSTRAW, London and New Jersey.

Buckingham-Hatfield, S./Evans, B. (Eds.) (1996): Environmental Planning and Sustainability. Wiley, England.

Kerkhof, P. (1990): Agroforestry in Africa – A Survey of Project Experience. Edited by Gerald Foley and Geoffrey Barnard. Panos, London.

Ministry of Natural Resources (1994): Environment Report for the State of Uganda. National Environment Centre (Unpublished Report).

Ostergaard, L. (Ed.) (1992): Gender And Development. A Practical Guide. London and New York.

Susanne Schunter-Kleemann
Hochschule Bremen

Nachhaltige Entwicklung als Zielsetzung der Europäischen Agrarpolitik?

1. Paradigmenwechsel in der europäischen Umweltpolitik?

Seit Ende der 80er Jahre vollzieht sich auf europäischer Ebene bezüglich ökologischer Themen ein Paradigmenwechsel, von dem manche erhoffen, daß er auch auf die Agrarpolitik ausstrahlen könnte. Programmatisch wird jetzt eine offensive Umweltstrategie vertreten, derzufolge die Umweltpolitik ökologische Ziele vorgibt, die von anderen Gemeinschaftspolitiken umgesetzt werden müssen. Erste vertragliche Grundlagen einer solchen "umweltpolitischen Integrationspolitik" waren 1987 mit der Einheitlichen Europäischen Akte und hier insbesondere durch die sogenannte Querschnittsklausel (Art 130 r (2) EGV geschaffen worden. Das Prinzip der "nachhaltigen Entwicklung" bzw. des "nachhaltigen Wachstums" wurde in den Artikeln B und 2(2) des Maastrichter Vertrags von 1991 ausdrücklich angesprochen. Im - noch nicht ratifizierten - Amsterdamer Vertrag von 1997 wird umweltgerechtes Denken noch weiter aufgewertet. Die Integrationsklausel wird aus dem Umweltkapitel in die Grundsätze der Gemeinschaft und damit an eine exponierte Stelle des Vertrages verschoben (Kraack u.a. 1998). Der neue Artikel 3c schreibt vor, daß die Erfordernisse des Umweltschutzes bei der Festlegung und Durchführung der Gemeinschaftspolitiken und -maßnahmen, insbesondere zur Förderung einer nachhaltigen Entwicklung einbezogen werden müssen. Mit diesen Bestimmungen geht die Union also ausdrücklich die Selbstverpflichtung ein, alle Politiken, also auch die Agrarpolitik, im Sinne der Nachhaltigkeit zu betreiben. Schließlich wird in der Ende 1997 von der Kommission vorgelegten "Agenda 2000", einem Dokument, das die grundlegenden Überlegungen zur Reform der Struktur- und Agrarpolitik und zur Osterweiterung enthält, die ökologische Orientierung auch zu einem zentralen Bestandteil der zukünftigen Agrarpolitik erhoben (Kommission 1997). Hier werden eine Reihe positiver Vorschläge zur Stärkung des Umweltschutzes in der Landwirtschaft gemacht, insbesondere die Konzeption direkte und produktungebundene Einkommensübertragungen an die Stelle komplizierter Marktordnungsinstrumente zu setzen, die bei konsequenter Umsetzung richtungsweisend für die weitere Entwicklung der Gemeinsamen Agrarpolitik (GAP) sein könnten.

Im vorliegenden Papier soll vor diesem Hintergrund der begrüßenswerten programmatischen Aufwertung des Nachhaltigkeitsprinzips geprüft werden, welche Chancen bestehen, daß aus dieser politischen Selbstverpflichtung der Gemeinschaftsbehörden auch direkte umweltpolitische Folgen für die Landwirtschaftspolitik ausgehen. Entsprechend werden im ersten Teil zunächst einige Kernprobleme der Gemeinschaftlichen Agrarpolitik (GAP) skizziert. Dazu gehören: explodierende Agrarmarktausgaben, Reduktion der Landwirtschaft auf die Aufgabe eines preiswerten Rohstofflieferanten unter Mißachtung ökologischer und landschaftspflegerischer Aufgaben, hohe Subventionierung des Exports landwirtschaftlicher Überschüsse auf dem Weltmarkt mit verheerenden Folgen für die Agrarentwicklung in den Entwicklungsländern, Vernichtung landwirtschaftlicher Überschüsse trotz steigender Armut in Europa und der Welt. Im zweiten Teil sollen einige Aspekte der durch die GAP forcierten Strukturanpassung in Portugal unter besonderer Berücksichtigung der Lage der Bäuerinnen erörtert werden. Abschließend sollen die neuen, in der Agenda 2000 enthaltenen, Ansätze zu einer nachhaltigen Entwicklung in der EU- Landwirtschaftspolitik bewertet werden.

2. Kernprobleme der gemeinschaftlichen Agrarpolitik (GAP)

Bekanntlich ist die Landwirtschaft der wichtigste vergemeinschaftete Politikbereich, in dem marktwirtschaftliche Regulierungen von Anfang an weithin außer Kraft gesetzt wurden. In allen westeuropäischen Ländern wurden nach dem Zweiten Weltkrieg im Primärsektor Sonderlösungen entwickelt, die den besonderen Merkmalen der Agrarwirtschaft, vor allem der kleinbetrieblichen Familienlandwirtschaft, der starken Unterbeschäftigung der LohnarbeiterInnen und dem niedrigen produktionstechnischen Stand Rechnung tragen sollten (Rieger 1996). Im Vordergrund der nationalen Landwirtschaftspolitiken der 50er Jahre stand deshalb das Ziel, die Erträge zu maximieren, um die Bevölkerung nach Jahren des Mangels mit ausreichenden Nahrungsmitteln zu versorgen, andererseits ging es darum, das überkommene Einkommensgefälle zu schließen und die weithin benachteiligte Landbevölkerung in die nationalen Wohlfahrtssysteme zu integrieren. Der von der Sechsergemeinschaft ausgehandelte Agrarkompromiß der frühen 60er Jahre verfolgte die gleichen - allerdings zunehmend in Widerspruch zueinander tretenden - Ziele: Nach Art. 39 des EG-Vertrages ist es das Ziel der GAP die landwirtschaftliche Produktivität rasch zu erhöhen, die Versorgung der Bevölkerung mit hochwertigen und preiswerten Nahrungsmitteln sicherzustellen und eine angemessene Lebenshaltung der Landbevölkerung zu gewährleisten.

Da die Landwirtschaft für Frankreich und die Beneluxländer traditionell einen wichtigen Bestandteil ihres Außenhandels darstellt, schloß der gemeinschaftliche Agrarkompromiß auch die Regelung ein, die innergemeinschaftlichen Agrarpreise weit oberhalb der Weltmarktpreise abzustützen. Der Agrarsektor wurde damit weitgehend aus dem marktwirtschaftlichen Mechanismus herausgenommen und dirigistischen Regelungen, den sog. Marktordnungen unterworfen. Das System der Marktordnungen, das etwa

90% der gemeinschaftlichen Agrarproduktion umfaßt, basiert auf einem relativ hohen Außenschutz, der bei Einfuhren im wesentlichen durch variable Zölle (sog. Abschöpfungen) gewährleistet wird und bei Ausfuhren Exporterstattungen notwendig macht. Diese Einbindung der GAP in die allgemeine Außenhandelspolitik der Gemeinschaft erhöhte das Gewicht der agrarpolitischen Interessen der Mitgliedsländer beträchtlich und führte zu einer starken Interessenkongruenz von Agrarlobby, Nahrungsmittelhandel und Kommission. Insofern war es auch kein Zufall, daß die wichtigen Entscheidungen über die Gestalt der GAP mit dem Abschluß der Dillon-Runde des GATT (1962) zusammenfielen. Mit Hilfe des supranationalen Regelungsansatzes der GAP konnte so eine Herausnahme der Agrarpolitik aus dem Regelwerk des GATT erreicht werden. In der Folge wurde auf der Basis gemeinschaftsweiter Preis- und Absatzgarantien und ansteigender Finanzzuweisungen aus dem europäischen Agrarfonds (EAGFL) ein Politikansatz entwickelt, der vorrangig auf die Verbesserung der Wirtschaftlichkeit der Betriebe, die Spezialisierung auf wenige Betriebszweige und die Aufstockung zu immer größeren Einheiten setzte. Diese agrarwirtschaftliche Interventionsstrategie, die in deutlichem Widerspruch zu der von amerikanischer Seite geforderten Politik der Liberalisierung des Welthandels stand, mündete bereits Ende der 60er Jahre in stark ansteigende Agrarüberschüsse gepaart mit exzessiv ansteigenden Exportunterstützungen zugunsten des Nahrungsmittelhandels. Dies brachte der Gemeinschaft in den späteren Gatt-Runden immer wieder den Vorwurf des "Protektionismus" ein (Rieger 1996).

3. Halbherzige Ansätze einer Agrarstrukturpolitik

Die seit 1972 einsetzenden Maßnahmen hin zu einer Agrarstrukturpolitik (Mansholt-Plan), blieben aufgrund widersprüchlicher Vorgaben in ihrer Wirkung begrenzt. Diese sahen vor, die landwirtschaftlich genutzte Fläche und die Zahl der in der Landwirtschaft Beschäftigten durch die Förderung außerlandwirtschaftlicher Arbeitsplätze stetig zu verringern. Entsprechend gewährte man Umschulungsbeihilfen und Prämien bei vorzeitigen Eintritt in den Ruhestand - Anreizsysteme, die bei der bäuerlichen Bevölkerung wenig Anklang fanden. Als kontraproduktiv erwies sich, daß gleichzeitig die investive Förderung auf entwicklungsfähige Betriebe, d. h. moderne landwirtschaftliche Unternehmen einer bestimmten Größenordnung beschränkt wurde. Die den Agrarbetrieben garantierten unbegrenzten Absatzgarantien hatten zusammen mit einer nun beschleunigten Mechanisierung, dem verstärkten Einsatz von Mineraldüngern, Pestiziden und Wachstumshormonen statt des angepeilten Rückgangs weiter wachsende Überschüsse und damit eine Explosion der Marktordnungsausgaben zur Folge. Bei wichtigen Agrarprodukten wurde die Selbstversorgung in der EU bald erheblich überschritten. Unerwünschte Butter-, Getreide- und Rindfleischberge, Milchseen sowie ein massiver Verdrängungswettbewerb zu Lasten kleiner bäuerlicher Betriebe waren die Folgen der GAP, die gleichzeitig den Ländern immer höhere Kosten abverlangte. Allerdings waren es nur zum geringeren Teil die BäuerInnen, die von der gemeinschaftlichen Subventionspolitik profitierten. Wie der Europäische Rechnungshof immer wieder feststellte, kamen rund 70% der EG-Agrarmilliarden nicht den Höfen zugute, sondern flossen dem sogenannten "Agrobusiness" zu. Mitte der 80er Jahre wurden für Exporterstattungen 43%, für Lagerhaltung und Kühlhäuser 22 v.H. und preisausgleichende Maßnahmen 38 v.H. der Agrarausgaben verwendet.

Gleichzeitig hat die Politik der "billigen Nahrungsmittel" durch die Einführung industrieller Produktionsmethoden gravierende ökologische Schäden verursacht. Die technisch aufgerüstete Landwirtschaft hat eine Intensität der Landschaftsnutzung bewirkt, die häufig über dem umweltverträglichen Niveau liegt. Was lange Zeit als "Gesundschrumpfen" der Landwirtschaft beschönigt wurde, führte vielfach bei Menschen und Tieren zu Krankheiten und zerstörte die natürliche Umwelt. So hat der Einsatz von Traktoren und schweren Maschinen zu Bodenverdichtungen und großflächigen Erosionen geführt. Dort wo ausgewogene Fruchtfolgen zugunsten einer Ertragsmaximierung fallen gelassen wurden, erzwangen Schädlingsbefall und Krankheiten oft eine gesteigerte Chemieanwendung. Entsprechende Probleme zeigen sich in der Tierzucht. In den stark spezialisierten Tierhaltungsbetrieben mit hohen Bestandsdichten und Leistungsanforderungen kommt es zu erhöhter Krankheitsanfälligkeit und in der Folge zu vermehrtem Medikamenteneinsatz. Was für die europäische Chemie-, Düngemittel- und Landmaschinenindustrie durchaus profitabel ist, hat wiederum - und das ist die Kehrseite der Industrialisierung - die Qualität vieler landwirtschaftlicher Erzeugnisse sinken lassen. Zwei Merkmale der GAP sind in diesem Zusammenhang bemerkenswert: Das erste Merkmal ist die besondere Struktur des Interventionssystems der Marktordnungen. Beim Großteil der Agrarerzeugnisse greift die Intervention nicht bei den Primärerzeugnissen, sondern erst auf der nachgeordneten Verarbeitungsstufe. Aufgekauft, eingelagert, exportiert oder vernichtet werden in der Regel bereits bearbeitete oder im Handel befindliche Produkte. Dem sogenannten „Agrobusiness" kommt also eine entscheidende Rolle zu. Ohne die aktive Mitarbeit der Nahrungsmittelindustrie wäre die GAP überhaupt nicht funktionsfähig (Rieger 1996). Das politische Gewicht der Agrar- und Nahrungsmittelindustrie im System der GAP wird noch dadurch verstärkt, daß die Kommission den Export von landwirtschaftlichen Überschüssen (Wein, Getreide, Rindfleisch, Milch) in Drittländer mit Hilfe bestimmter Zweige der Verarbeitungsindustrie und des Agrarhandels organisiert. Diese sind natürlich daran interessiert, daß die Kommission die Exportsubventionen so festlegt, daß ihnen ein ausreichend hoher Gewinn bleibt. Nach Berechnungen der OECD kosten die derzeit (1998) existierenden protektionistischen Maßnahmen die Verbraucher rund 500 Milliarden im Jahr. Eine vierköpfige Familie müsse wegen der künstlichen Agrarpreise in der EU knapp 3000 DM mehr für Lebensmittel ausgeben (OECD gegen Protektionismus. In: Süddeutsche Zeitung vom 5. Mai 1998). Die negativen Wirkungen der Einbindung der Nahrungsmittelindustrie in die GAP werden noch dadurch verstärkt, daß sowohl die Marktordnungen als auch die parallelen Systeme für Verarbeitungsprodukte die großen Unternehmen des Agrarhandels und der

Nahrungsmittelindustrie gegenüber den kleineren privilegieren (Rieger 1996). Das reichhaltig verbreiterte Warenangebot für Europas KonsumentInnen stellt insofern nur die eine Seite der Medaille des Europäischen Binnenmarktes dar. Das gepriesene Konsumparadies überdeckt, daß sich im Sog des Binnenmarktes die Fusionswelle im Lebensmittelhandel verstärkt hat, daß mit harten Bandagen um Marktanteile gekämpft wird. Inzwischen teilen nur ganz wenige Großunternehmen den Markt unter sich auf. Die Ernährungsindustrie gibt den durch den Binnenmarkt verschärften Wettbewerbsdruck an die BäuerInnen weiter. Diese sind das schwächste Glied in der Kette. Bei ihnen bleiben nur 20% des Verkaufserlöses; der Rest des Verkaufserlöses entfällt auf betriebliche Vorleistungen, Handelsspannen, Kosten für Transport, Lagerung und Verpackung. Tatsächlich sind die Erzeugerpreise für die BäuerInnen in den letzten Dekaden real gesunken und bewegen sich wieder auf Nachkriegsniveau.

Gleichzeitig werden die BäuerInnen durch vielfältige gesetzliche Regelungen zur Direktvermarktung unter Druck gesetzt. Bauern, die ihre Erzeugnisse ohne Umweg direkt an die VerbraucherInnen verkaufen wollen, haben es mit erheblichen Beschränkungen und Auflagen zu tun. Daß große Teile der landwirtschaftlichen Bevölkerung selbst mit der EG-Agrarpolitik unzufrieden sind oder wie in Frankreich und Spanien in offene Rebellion treten, verwundert nach dem Gesagten kaum. Denn in kaum einen anderen Wirtschaftszweig gibt es so gravierende Einkommensdifferenzen zwischen leistungsfähigen, kostengünstigen Großbetrieben (Gewinn je Familienarbeitskraft obere 25% ca. DM 70.000) und der großen Zahl bäuerlicher Familienbetriebe (Gewinn je Familienarbeitskraft untere 75% rund DM 30. 000).

4. Bäuerliche Landwirtschaft in Portugal wird erdrückt

Die Probleme, mit denen die portugiesischen Bäuerinnen heute zu kämpfen haben, reichen weit in die Geschichte des Landes zurück. Unter der Salazardiktatur (1933 -1968) hatten sich auf dem Lande sehr ungleiche Besitzstrukturen herausgebildet. Nur 0,3% der Bevölkerung verfügten über 40% der Agrarfläche. Die mit der "Nelkenrevolution" von 1974 angestrebte Agrarreform scheiterte. Gegen die Umverteilung des Bodens an besitzlose LandarbeiterInnen wurde durch Großgrundbesitz und Klerus Stimmung gemacht, so daß die bäuerliche Bevölkerung des dichtbesiedelten Nordens gegen die Landreform eingenommen werden konnte. Fehlende Kredite ließen vielfältige Versuche der genossenschaftlichen Produktion im Süden Portugals (Alentejo) scheitern. Teilweise wurde kollektiviertes Land mit Polizeigewalt an die alten Besitzer zurückgegeben. Die Rücknahme der Landreform zwang viele LandarbeiterInnen, in die Städte abzuwandern. Rund um Lissabon leben heute Millionen Menschen, im wohl größten Elendsgürtel, der sich je um eine europäische Metropole gelegt hat.

Mit der nach dem EG-Beitritt (1986) von konservativen und liberalen Kräften durchgesetzten Verfassungsreform von 1989 wurde die Kollektivlandwirtschaft letztlich für beendet erklärt (Axt 1993). Die in der Folge Portugal als Ziel- 1- Gebiet zugewiesenen, nicht unerheblichen Finanzhilfen aus dem EG-Regionalfonds (EFRE) wurden vorrangig für Verkehrsinvestitionen verwandt, um den portugiesischen Markt besser erschließen zu können. Demgegenüber zog die Landwirtschaft nur relativ geringen Nutzen aus den Garantiezahlungen des EG-Agrarfonds. 1991 betrug deren Anteil an den Gesamtzahlungen an Portugal lediglich 17%, während im Durchschnitt 72% der EG-Zahlungen in den Agrarbereich gingen (Axt 1993). Die Mittel für die nachhaltige ländliche Entwicklung (130 Mio Ecu) sind nur ein Bruchteil der 15 Milliarden Ecu, die Portugal im Zeitraum 1994 - 1999 aus den Strukturfonds bezog. EU-Zuschüsse zur landwirtschaftlichen Strukturanpassung wurden größtenteils in und um Porto angelegt. Sie wurden vorrangig dafür verwendet, die im Großgrundbesitz befindlichen Weinanbaugebiete zu sanieren. Nicht wenige der Latifundien sind inzwischen von Deutschen, Holländern und Dänen aufgekauft worden.

Bemerkenswert ist der soziale Status der in der Landwirtschaft tätigen Frauen. 68,7% von ihnen sind selbständige (Klein)bäuerinnen, 21% mithelfende Familienangehörige und nur 10% abhängige Lohnarbeiterinnen. Einen noch höheren Anteil von selbständigen Bäuerinnen verzeichnet sonst nur die Niederlande (77, 8%). Das was als "Feminisierung der Landwirtschaft" in den mediteranen Ländern bezeichnet wird, ist für die Frauen nicht in jedem Fall vorteilhaft. Zumeist heißt es, daß die üblichen Formen der Arbeitsteilung auf dem Hof entfallen, weil die Männer anderweitig erwerbstätig sind und die (zumeist älteren) Frauen die schwere körperliche Arbeit ohne jede Hilfe erledigen müssen. Für die kleinbäuerlichen, häufig von Frauen allein bewirtschafteten Höfe in Nordportugal ist von seiten der EU wenig Hilfe gekommen, sie wurden durch die Strukturhilfen nicht erreicht. Im Agrarfonds gab es bis Mitte der 90er Jahre keine besonderen Programme für Frauen, die in der Landwirtschaft tätig sind. Hier dürften sich erst zukünftig - wenn das "mainstreaming"- Programm der Kommission, das Gleichbehandlung in Strukturpolitik ab 2000 vorschreibt (vgl. Kommission 1997), die Chancen für Bäuerinnen etwas bessern. Zu befürchten ist allerdings, daß die aufgrund der Osterweiterung dann generell gekürzten Strukturmittel so gering ausfallen, daß für die Bäuerinnen der Mittelmeerländer die Hilfe zu spät kommt. Denn unübersehbar ist heute das ökonomische Risiko, daß die wenig entwickelte Landwirtschaft von den Partnern in der EU erdrückt wird.

Da die Portugal eingeräumten Übergangsbestimmungen 1993 - mit Beginn des EG-Binnenmarktes endeten, sind die um ihr Überleben ringenden bäuerlichen Betriebe (Wein, Obst, Oliven) seither dem vollen Druck der Konkurrenz ausgesetzt (Castro/Santos 1991). Entsprechend hat sich in der letzten Dekade eine rasche Umschichtung innerhalb der bäuerlichen Bevölkerung vollzogen, seit dem Eintritt in den Binnenmarkt (1993) hat sich die Landflucht beschleunigt. Dennoch ist im EU-Vergleich der Anteil der Bäuerinnen mit 13,5% gegenüber 4,2% im EG-Durchschnitt immer noch vergleichsweise hoch (Kommission 1997). Die Dramatik der Arbeitsplatzverluste im bäuerlichen Sektor ist zu ermessen, wenn man bedenkt, daß 1986 noch 26% der Frauen (18% der Männer) in der Landwirtschaft tätig waren (Kommission 1997). Entsprechend bestimmen Verödung, Erosion und Armut den Charakter des bergigen Hinterlands der Algarve sowie des agrarischen Nordens. Die Jungen sind in die Touristenzentren abgewandert, die Alten bleiben zurück. Der absolute ökonomische Widersinn der Situation zeigt sich heute darin, daß viele BäuerInnen große Probleme haben ihre landwirtschaftlichen Produkte zu vermarkten und gleichzeitig die verfügbaren Lebensmittel für das Gros der Bevölkerung unbezahlbar sind. Bereits mit dem EG-Beitritt waren die Durchschnittslöhne um 20% gesunken - und damit das Lebensniveau insgesamt. Durch den Rückgang der Kaufkraft mußten auch die Importe reduziert werden. Agrarprodukte verteuerten sich zum Teil erheblich. Da wie oben skizziert, die EG-Agrarmarktordnungen das Preisniveau für Agrarprodukte gegenüber dem Angebot auf dem Weltmarkt weithin verteuern, haben sich für die PortugiesInnen nach dem EG-Beitritt auch viele Preise für Lebensmittel erhöht, weil nun statt der billigeren Drittlandprodukte die teuren EG-Produkte (Rindfleisch) das Preisgefüge bestimmen. Heute müssen die Portugiesen immer größere Anteile ihrer im EU-Vergleich sehr niedrigen Einkommen für Nahrungsmittel ausgeben.

Ein wichtiger Erfolg der Nelkenrevolution war die gesetzliche Verankerung eines Mindestlohns, dieser lag 1996 bei DM 480 monatlich. Mehr als 40%. der in der Industrie Tätigen und 80% der in der Landwirtschaft Beschäftigten müssen mit diesem Lohn auskommen. Im industriellen Bereich und im Finanzsektor werden demgegenüber deutlich höhere Einkommen gezahlt. Diese Daten belegen eine durch den EU-Beitritt forcierte Polarisierung der portugiesischen Bevölkerung. Frauen in Portugal können, obwohl sie in hohem Maße in den Arbeitsmarkt (Erwerbsquote 1996 : 62, 1%) integriert wurden, nur in sehr eingeschränktem Maße als Gewinner des EU-Beitritts bezeichnet werden. Sie haben im EU-Vergleich nicht nur die niedrigsten Einkommen, sondern auch die längsten Arbeitszeiten. Insgesamt arbeiten 68% der Frauen wöchentlich 40 Stunden und mehr. Besonders lang sind die Arbeitszeiten der in der Landwirtschaft tätigen Frauen, durchschnittlich 51,7 Stunden. Unter Bezug auf das mittlere portugiesische Einkommen sind über 30%, unter Bezug auf das mittlere europäische Einkommen rund 70% der portugiesischen Bevölkerung als arm zu bezeichnen (Europäisches Parlament 1994). Was hier für die portugiesischen Landfrauen gesagt wurde, gilt für die meisten Bäuerinnen des mediterranen Raums. Bezogen auf die für Landfrauen typischen "Wechselfälle des Lebens" ist die soziale Absicherung in jeder Hinsicht lückenhaft, besonders kraß ist die Unterversorgung im Alter. Französische, griechische und spanische Bäuerinnen werden im Alter mit einer minimalen Versorgung abgespeist, die erheblich unterhalb des Existenzminimums liegt (140 - 200 ECU). Bilanzierend ist für den Mittelmeerraum zu sagen, daß rund 98% der Landfrauen eine unzureichende Alterssicherung haben (Melita 1993). Frauenarbeit auf dem Land gilt als eine unbegrenzt ausbeutbare Naturressource.

5. Nachhaltige Entwicklung als Zielsetzung der GAP

Nach der oben dargestellten Interessenverflechtung liegt es auf der Hand, daß sich "der Geist von Rio", zu dem sich die EU in ihrem 5. Umweltaktionsprogramm ausdrücklich bekennt, nur mit Mühe in der GAP ausbreiten kann. Betrachtet man die Stellung der Ökologie, die ja der Erhaltung der Lebens- und Wirtschaftsgrundlagen dient, im Kontext der Agenda 2000 und vor dem Hintergrund der übrigen Gemeinschaftspolitiken, muß man feststellen, daß nach wie vor der Schutz der Umwelt nur als flankierende und defensive Aufgabe gilt. Die Agrarstrategie ist weiterhin in jeder Hinsicht widersprüchlich, mit dem einen Maßnahmenbündel fördert sie eine intensivere landwirtschaftliche Produktion, mit dem andern will sie die daraus resultierenden Probleme lindern. Die im Maastrichter Vertrag gewählte Zielsetzung eines "sustainable growth" anstelle des "sustainable development" ist eher eine Bestätigung für diese Grundausrichtung als eine Leitlinie für eine Wirtschaftsweise, die die dauerhafte Bewahrung ihrer natürlichen Grundlagen in den Vordergrund stellt (Binswanger 1996). Eine Durchsicht der neuen EU-Dokumente zeigt, daß die zentrale Frage, wie diese Integration einer nachhaltigen Politik in die anderen Politikfelder, aussehen soll weder im Amsterdamer Vertrag, noch in der Agenda 2000 präzisiert wird. Hier werden auch die Gemeinschaftspolitiken aufgelistet, die den Erfordernissen des Umweltschutzes in besonderem Maße Rechnung tragen sollen. Das sind neben Industrie, Energie, Verkehr und Tourismus auch die Landwirtschaft als Schlüsselbereich. Insofern kann man wohl sagen, daß das Ziel einer nachhaltigen Entwicklung mit weitreichenden Folgen für die Lebensweise der Bevölkerung in einigen Generaldirektionen (Umwelt und Regionalpolitik) Unterstützung findet, von einer Operationalisierung dieses Ziels und der Entwicklung von Indikatoren, die zur Messung der Zielerreichung geeignet wären, ist man allerdings weit entfernt. Die fehlende Eindeutigkeit der Integrationsklausel wird inzwischen aber von vielen Seiten, auch der Generaldirektion Umwelt selbst, kritisiert. Ein kohärentes Gesamtkonzept für die Arbeitsebene in Brüssel existiere nicht, die Integrationsklausel sei schwammig, jeder Politikbereich könne seine "eigene" Integrationspolitik betreiben (Kraack 1998).

Die Arbeit anderer Generaldirektionen wird gegenwärtig keineswegs in dem Maße von den Erfordernissen der "sustainable development" erfaßt, wie der Wortlaut des EGV dies erwarten ließ. Insofern ist die Hoffnung, daß die GAP in Zukunft nur noch umweltfreundliche Agrarpolitik sein kann, sicher verfrüht. Eher ist zu befürchten, daß das Interesse an der Zugänglichkeit des Weltmarktes letztlich größer ist als an einer umweltgerechten Landwirtschaft, und daß die Vorschläge zum Umweltschutz in deutlich geringerer Weise als die zur Marktordnung umgesetzt werden. Es wird mehr denn je vom Druck der Umwelt-, der Tier- und Naturschutzbewegungen abhängen, ob es der EU nach Amsterdam gelingt, einen entscheidenden Schritt in Richtung "Umweltunion" zu vollziehen.

Literatur

Axt, H-J. (1993): Die Süderweiterung der Europäischen Gemeinschaft. Erfahrungen mit der asymmetrischen Integration. In: Jacobeit, C./Yenal, A. (Hrsg.): Gesamteuropa. Analysen, Probleme und Entwicklungsperspektiven. Bundeszentrale für Politische Bildung, Schriftenreihe Band 137, Bonn: 414- 438.

Binswanger, H. Ch. (1996): Nachhaltige Entwicklung in der Europäischen Union - Institutionelle Voraussetzungen und wirtschaftspolitische Konsequenzen. In: Europaforum Wien. Europa 1996 plus, Internationales Symposium- Materialien, Wien: 93- 100.

Castro, A./Santos, M. C. (1991): Wage Determination and Low Wages Before and After the EEC, Portugal. EALE Conference 1991, El Escorial (Spain).

Endevelt, M. (1993): The Transformative Capacity of a Feminist Perspective. The Case of Gender in Agricultural Production. Paper presented to the 1993 Conference "Out of the Margin"- Feminist Perspectives in Economy. Amsterdam.

Europäisches Parlament- Generaldirektion Wissenschaft (1994): Förderprogramme zugunsten von Frauen -Strukturfonds und Gemeinschaftsinitiativen der Europäischen Union 1994 - 1999. Reihe Rechte der Frau, 9.

Europäisches Parlament - Generaldirektion Wissenschaft (1994): Frauen und Armut in Europa. Reihe Rechte der Frau - 5.

Gonzales, M./Ruivo, M./Varejo, J. (1991): Les Femmes Portugaises - Des Comportéments d'Activité Atypiques Dans le Cadre De L'Europe Du Sud? EALE-Conference 1991, El Escorial (Spain).

Kommission der Europäischen Gemeinschaften (1998): Fortschrittsbericht der Kommission über Folgemaßnahmen der Mitteilung "Einbindung der Chancengleichheit in sämtliche politischen Konzepte und Maßnahmen der Gemeinschaft. Brüssel 4. 03. 1998 .

Kommission der Europäischen Gemeinschaften (1997): Agenda 2000. Brüssel 1997.

Kraack, M./ Pehle, H./Zimmermann-Steinhart, P. (1998) : Europa auf dem Weg zur integrierten Umweltpolitik ? In: Aus Politik und Zeitgeschichte B 25- 26 /98 vom 12. Juni 1998.

Melita, F. (1995): Die landwirtschaftliche Sozialversicherung in fünf europäischen Ländern. Landbouwuniversiteit Wageningen.

Rieger, E. (1996): Agrarpolitik: Integration durch Gemeinschaftspolitik? In: Jachtenfuchs/Kohler-Koch, E. (Hrsg.): Europäische Integration. Opladen: 401- 428.

Rodrigo, I. (1994): La femme rurale, l'Europe et le future. In: Les femmes et la Construction Europeenne. Egalite? Parite? Les Cahiers du Grif - Grace. Paris 1994: 131-140.

Schunter-Kleemann, S. (1995): "Bei der Bäuerin wird gespart"- Aspekte der Lebenssituation von Landfrauen in vier europäischen Ländern. In: Berliner Journal für Soziologie 2: 191-206.

Schunter-Kleemann, S. (1998): Globalitäre Regime, Neoliberalismus und Europäische Union. In: beiträge zur feministischen theorie und praxis 47/ 48: 47-59.

Urff, W. von (1997): Agrarpolitik. In: Weidenfeld, W./Wessels, W. (Hrsg.): Europa von A - Z. Taschenbuch der Europäischen Integration. Bundeszentrale für politische Bildung, Bonn: 61-68.

Karin Bachmann
Österreich

Die Gemeinsame Agrarpolitik der Europäischen Union: Die Bevormundung der "BürgerInnen Europas"

1. Verschiebung der Entscheidungskompetenzen: "Europa ohne Grenzen"

Im April 1997 sprachen sich 1.226.551 ÖsterreicherInnen gegen "Essen aus dem Genlabor", gegen eine "Freisetzung genmanipulierter Organismen" sowie gegen ein "Patent auf Leben" aus. Das "Gentechnikvolksbegehren" richtete sich gegen die von den Institutionen der Europäischen Union beschlossene "Novel-Food Verordnung", durch die die Methode des Genengineering bei der Produktion und industriellen Verarbeitung von Lebensmitteln legitimiert wurde.

Im April 1998 wurde vom österreichischen Parlament ein Gesetz verabschiedet, das zwar bestimmte Einschränkungen vorsieht[1], aber die wesentlichen Forderungen des "Gentechnikvolksbegehrens" ignoriert. Es ist Europas strengstes "Gentechnik-Gesetz".

Mit diesem Gesetz wurde der maximale Handlungsspielraum ausgeschöpft, dem eine nationale Regierung (als "Repräsentantin der WählerInnen") gegenüber EU-Recht verbleibt. Seit 1957 wird mit der Europäischen Union an einem Instrumentarium gearbeitet, das nach und nach die nationalen Regierungen beschneidet; Entscheidungen werden abseits von sog. "demokratischer" Kontrolle gefällt. "Da ist die EU zuständig, darauf haben wir keinen Einfluß", ist die Standardentschuldigung von Regierungsvertretern, wenn sich der Unmut der Mehrheit regt. Instrumente direkter Demokratie — wie das Volksbegehren in Österreich — verlieren zunehmend an Bedeutung, während übernationale Institutionen im Namen von kapitalkräftigen "Experten" entscheiden, daß beispielsweise die Produktion gentechnologisch veränderter Organismen für die Wirtschaft gesund und für die Gesundheit der VerbraucherInnen unbedenklich ist.

Die global zu beobachtende Tendenz einer Verlagerung der Machtbefugnis von einer nationalstaatlich zu einer übernational verwalteten Ebene, sowie die Tendenz einer Entwicklung vom ökonomischen Interesse zur politischen Entscheidungskompetenz

---

[1] Dieses Gesetz erschwert die Freisetzung von gentechnologisch veränderten Pflanzen durch gewisse Auflagen.

machen gerade vor Europa nicht halt. Unter dem Vorwand eines friedlichen Miteinander ("Ein vereintes Europa", "Europa ohne Grenzen", ...) werden nationale Regierungen entmachtet und den übernationalen Entscheidungsgremien, die von ökonomischen Lobbies bestimmt werden, eine expandierende Europäische Union zur Verfügung überlassen, die zum Spielfeld wirtschaftlicher Interessen verkommt.

2. Die Landwirtschaft als besonderes Anliegen der Vereinheitlichungsbestrebungen

Besonderes Augenmerk wurde stets auf die europäische Landwirtschaft gelegt; seit Ende der 50er/Anfang der 60er Jahre wird die europäische Landwirtschaft im Rahmen der Gemeinsamen Agrarpolitik (GAP) "harmonisiert". Diese Vereinheitlichung ermöglicht die zentrale Verwaltung eines Bereichs, der essentiell für das Leben aller "BügerInnen Europas" ist: der Lebensmittelproduktion. Die dadurch gewonnene Kontrolle sowohl über die "ProduzentInnen" als auch über die "VerbraucherInnen" ist in ihrer Qualität und Quantität bemerkenswert.

Der verwaltungstechnische und finanzielle Aufwand, den die GAP für sich beansprucht, ist - verglichen mit anderen vereinheitlichten (Politik-)Bereichen - immens: 1996 flossen gute 50% (41.328 Mio ECU) des gesamten Haushaltsbudgets in die GAP; die laut Agenda 2000 geplanten Ausgaben für die Landwirtschaft für die Jahre 1999 bis 2006 werden sich in astronomischen Höhen bewegen: die Mittel sollen von 45.205 Mio EURO (1999) auf 51.610 Mio EURO (2006) aufgestockt werden, wobei ein beträchtlicher Anteil dieser Ausgaben für die "Heranführungshilfe" der Landwirtschaften der zu integrierenden ost- und mitteleuropäischen Länder aufgewendet werden wird (ab 2000 jeweils 520 Mio EURO)[2] (Agenda 2000: Legislativvorschläge, http://www.europa.eu.int).

Der diesen Ländern noch bevorstehende "Strukturwandel" findet in den Mitgliedstaaten seit Jahrzehnten statt und hat die europäische Landwirtschaft polarisiert: in eine modernisierte und industrialisierte Landwirtschaft sowie in eine kleinstrukturierte Familienlandwirtschaft. Ein Unterscheidungsmerkmal (neben Größe, Produktivität, Modernisierungsgrad, Infrastruktur und Lage) zwischen diesen beiden Formen ist die Behandlung durch die GAP: die industrialisierte Landwirtschaft in Europa verdankt ihre Entwicklung und ihr Bestehen der GAP, während die verbliebenen kleinstrukturierten Betriebe, die oft in sog. "Ungunstlagen" liegen, auf großzügige Subventionen verzichten müssen, und dennoch von den Förderungsmengen aus dem EU-Budget abhängig sind. Agrobusineß und die modernisierten Betriebe profitieren von der GAP, während kleinstrukturierte Familienbetriebe oft ums Überleben kämpfen. Der Arbeitsaufwand, einen flächenmäßig kleinen Bauernhof unter GAP-Bedingungen zu führen, ist überdurchschnittlich hoch, und immer weniger Landwirte sind bereit, diesen in Kauf zu nehmen, was zum vielzitierten "Bauernsterben" führt.

---

[2] Bei diesen Angaben handelt es sich nur um Ausgaben für Maßnahmen marktstrategischer Art, jene für die strukturpolitischen Maßnahmen erscheinen hier nicht.

Auffällig ist hier, daß die Bereitschaft der europäischen Bäuerinnen, einen kleinen Hof zu führen steigt, während die der Bauern sinkt. Auch im jungen EU-Mitgliedstaat Österreich ist diese Entwicklung zu beobachten. Laut einer hier durchgeführten Untersuchung ist festzu- stellen, daß " ... die Zahl der weiblichen Betriebsinhaber sowohl im Haupt- als auch im Nebenerwerb flächenmäßig kleiner Betriebe (deren Existenz besonders gefährdet ist) zunimmt, während jene der Männer zurückgeht" (Goldberg 1997).

Die von "Brüssel" unerwünschte Form der kleinstrukturierten Landwirtschaft wird in einem steigenden Ausmaß von Frauen getragen. Nach den herrschenden Kriterien ist sie wenig produktiv und arbeitsintensiv. So lassen sich auch die den Landwirtinnen zugeschriebenen Arbeitsfelder beschreiben. Nach der oben zitierten Studie folgt die "geschlechtspezifische Arbeitsteilung" diesem Muster: Frauen sind hauptsächlich zuständig für die Bereiche "Haushalt", "Kinderbetreuung", "Direktvermarktung", "Viehwirtschaft", während sich Männer um den "Einkauf von Produktionsmitteln", die "Forstwirtschaft", die "Feldwirtschaft" kümmern (Goldberg 1997). Die Betätigungsfelder der Frauen sind tendenziell mit weniger Prestige als die der Männer und kaum mit einer direkten finanziellen Abgeltung verbunden. Die Aufgabenbereiche der Frauen sind meist solche, die nicht direkt "belohnt" werden - sie gewährleisten das Zusammenspiel der Einheit von Familie und Landwirtschaft.

Die Bäuerinnen messen ihren Erfolg nicht an der Höhe des Einkommens und des damit zusammenhängenden Prestiges. Laut einer ebenfalls in Österreich durchgeführten Umfrage schätzt ein Großteil der Bäuerinnen folgende Komponenten der landwirtschaftlichen Tätigkeit besonders: die "ganztägige Kinderbetreuung", die "Naturverbundenheit", die "Selbständigkeit", die "Selbstversorgung mit Nahrungsmitteln" sowie "keine räumliche Trennung" zwischen Beruf und Familie. Dies sind Elemente der landwirtschaftlichen Tätigkeiten, die Bäuerinnen als positiv bewerten und die sie dazu bewegen, einen höheren Arbeitsaufwand in Kauf zu nehmen (Bundesministerium für Land- und Forstwirtschaft 1997). Diese als wertvoll erachteten Elemente sind die verbliebenen Möglichkeiten außerhalb der GAP (und deren Bewertungsgrundlagen Produktivität und Rationalität) selbständig und eigenmächtig zu handeln.

3. Das steigende Ausmaß an Bevormundung durch die Institutionen der EU: "Rechtsharmonisierung"

Der Einfluß, den die GAP auch auf die verbliebenen kleinstrukturierten Betriebe nimmt, ist groß. Die Rationalisierungsbestrebungen und die bevorzugte Behandlung der industrialisierten Landwirtschaft prägen die Lebens- und Arbeitsbedingungen gerade auch auf kleineren Höfen. Ohne Abstimmung auf die GAP ist es nahezu unmöglich, Landwirtschaft zu betreiben: die Förderungen aus Brüssel sind essentiell, denn die europäische Agrarpolitik besteht - auf den Punkt gebracht - darin, durch die Verteilung von Geldern bestimmte Entwicklungen zu unterstützen und andere zu unterbinden. Die GAP würde sich selbst abschaffen, würde sie sich um Entkoppelung der Landwirtschaft von den Subventionen bemühen.

Angesichts der finanziellen Abhängigkeit ist der landwirtschaftliche Handlungsspielraum gering. Die Bevormundung durch die GAP löst vor allem bei den Bäuerinnen Mißmut aus: die "Abhängigkeit von Förderungen" (aus dem nationalen sowie dem EU-Budget) ist eine der von den Landwirtinnen ungeliebtesten Rahmenbedingungen (Bundesministerium für Land- und Forstwirtschaft 1997). Die Hartnäckigkeit vieler Bäuerinnen, die Form des kleinstrukturierten Familienbetriebs beizubehalten, stellt die europäische Agrarpolitik in Frage.

Durch die umfassende Abhängigkeit der LandwirtInnen in den durch die Möglichkeit der finanziellen Unterstützung beeinflußbaren Bereichen ist allerdings gesichert, daß die Entscheidungskompetenz für landwirtschaftliche Belange weiterhin mit steigender Tendenz vereinheitlicht bei den Institutionen der Union liegt.

Das Ausmaß, in dem sich die Europäische Union - als Vertreterin wirtschaftlicher Interessen - Entscheidungsbefugnis aneignet, ist ein wesentlich höheres als das, das sich die Verwaltungen der einzelnen Mitgliedstaaten zutrauten - die sich immerhin vor einer wählenden Mehrheit verantworten müssen. Diese Entscheidungsbefugnis erstreckt sich auf alle möglichen Lebens- und Arbeitsfelder der "BürgerInnen Europas". Nicht nur die LandwirtInnen haben unter dieser "Rechtsharmonisierung" besonders zu leiden.

Auch die sog. "VerbraucherInnen" werden durch die Europäische Union (siehe unter anderem "Novel-Food Verordnung") in ihrem Entscheidungsvermögen beschnitten. Daß sich hier vor allem auf weiblicher Seite aktiver Widerstand regt, zeigt das auffallend hohe Engagement von Frauen beim österreichischen "Genvolksbegehren"[3]. Viele (österreichische) Frauen wollen sich - wenn es ums Essen geht - nicht bevormunden lassen.

Literatur

Amt für amtliche Veröffentlichungen der Europäischen Union (1997): Die Lage der Landwirtschaft in der Europäischen Union - Bericht 1996. Brüssel/Luxemburg.

Bundesanstalt für Bergbauernfragen (1996): Das Direktzahlungssystem in Österreich nach dem EU-Beitritt. Wien.

Bundesministerium für Land- und Forstwirtschaft (1997): Lebens- und Arbeitssituation der Bäuerinnen. In: Bundesministerium für Land- und Forstwirtschaft (Hrsg.):

---

[3] Beispiele: Ulli Sima *(Global 2000)*, Maria Langthaler (Grüne Nationalratsabgeordnete), „Barbara Prammer (Bundesministerin für Frauenangelegenheiten und Verbraucherschutz). Auch wenn die Intention hinter vielen der in diesem Rahmen getätigten Aussagen die einer politischen Profilierung war, so war doch auffällig, daß Frauen hier besonders ernst genommen wurden.

Grüner Bericht 1996: Bericht über die Lage der österreichischen Landwirtschaft 1996. Wien: 159-161.

Food and Agriculture Organization of the United Nations (1997): The State of Food and Agriculture 1997. Rome.

Goldberg, Ch. (1997): Auszug aus dem aktuellen Forschungsbericht: Bäuerinnen im Spannungsfeld zwischen Tradition und Moderne - Einstellungen zur Berufstätigkeit der Frau, zur Ehe und zur Familie. In: Bundesministerium für Land- und Forstwirtschaft (Hrsg): Grüner Bericht 1996: Bericht über die Lage der österreichischen Landwirtschaft 1996. Wien: 162-165.

Leidwein, A. (1997): Weiterentwicklung der Gemeinsamen Agrarpolitik. In: Kohl, A./ Ofner, G./Stirnemann, A. (Hrsg.): Österreichisches Jahrbuch für Politik 1996. Wien/ München: 199-221.

Rieger, E. (1995): Bauernopfer - Das Elend der europäischen Agrarpolitik, Frankfurt.

Steger, G. (1997): Kosten des EU-Agrarsystems und Reformperspektiven. In: Duffek, K.A./ Steger, G. (Hrsg.): Reform der EU-Agrarpolitik: Für sozialen und ökologischen Umbau. Wien: 27-33.

Werlhof, C. von/Mies, Maria/Bennholdt-Thomsen, V. (1983): Frauen, die Letzte Kolonie. Reinbek bei Hamburg.

"Agenda 2000" - Landwirtschaft: Vollständiger Text (Juli 1997). In: http://www.europa.eu.int/en/comm.

Agenda 2000: Legislativvorschläge (März 1998). In: http://www.europa.eu.int/en/comm.

"Agenda 2000" - Vorschläge der Kommission (März 1998). In: http://www.europa.eu.int/ en/comm.

Sabine Voigt
Humboldt Universität zu Berlin

Geschlechterdifferenzierung in der urbanen Natur- und Landschaftsaneignung

1. Einleitung und Aufgabenstellung

Im Rahmen eines Forschungsprojektes zur urbanen Wertschätzung von Kulturlandschaft und Landbaugütern ist u.a. ein Schwerpunkt die Funktionsbestimmung des Landbaus in der modernen Industriegesellschaft. Die Betrachtungen erfolgen in Abgrenzung zur ökonomischen Nachfragetheorie aus dem Blickwinkel des urbanen (Agrar-) Landschaftsverhältnisses und Partizipationsinteresses (Voigt 1997). Das Projekt reiht sich in die Untersuchungen zur kulturellen Bedeutung von Landbau, zum Stadt-Land-Konsens und zur Erhaltung ländlicher Räume ein, zu deren nachhaltigen Reproduktion Städter direkt und indirekt einen entscheidenden Beitrag leisten. Im Erkenntnisgegenstand über das Beziehungsgeflecht und die Interaktionsprozesse zwischen Städtern und ruraler Umwelt zeichnen sich Geschlechtsspezifika ab, deren Basis in den sozialen und kulturellen Überformungen von urbanen Aneignungsprozessen und ihren sozialen Steuerungsmechanismen zu suchen sind. Den Erkenntniszielen der Untersuchung sehr nahe kommend, finden sich Ansätze in der wissenschaftlichen Interdisziplin der Humanökologie, wie auch der Bedeutungslehre oder "subjektiven Biologie" von Uexküll[1].

2. Methodologie und Beschreibung der Stichprobe

1997 wurden in einer sozialempirisch angelegten Fallstudie (mail survey) 296 Probanden einbezogen. Die ausgewählten Merkmalsträger sind Berliner und Kunden des Vereins für Urlaub und Freizeit in Brandenburg e.V., Potsdam. Unter 34 offenen und strukturierten, meist 5-fach rangskalierten Fragestellungen wie z.B. zur zukünftigen Landnutzung, zum Einsatz öffentlicher Steuermittel, zur Nutzung stillgelegter und brachliegender Flächen, zu Motivationen für die "Fahrt ins Grüne" und zu Auswahlkriterien für einen Landurlaub

---

[1] Jakob von Uexküll (1864-1944) differenziert darin zwischen der Wahrnehmungswelt von Subjekten und den Eigenschaften von Objekten. Seine naturwissenschaftlichen Arbeiten basieren auf der Grundlage seiner subjektbezogenen Betrachtungen in der Biologie zur Identifizierung von Eigenschaften der Umwelt und einer differenzierten Betrachtung der Subjekt-Objekt-Beziehung. (Teherani-Krönner 1992: 155ff)

wurden immer wiederkehrend ihre Einstellungen zur Bedeutung und Vorstellungen zur weiteren Entwicklung solcher Bereiche wie Land-, Forst- und Gewerbewirtschaft, Nahrungsgüter-, Rohstoff- und Energieproduktion, Naturschutz, Pflege und Verwilderung, sowie zu familien-, kultur- und freizeitbezogenen Aspekten betrachtet. Zufriedenheits- und Unzufriedenheitskriterien für das Umland Brandenburg, Präferenzen für bestimmte Landschaftsstriche, Fragen zur Verantwortung und Vergütung von Landschaftspflege und zu Bereitschaften, selbst einen Beitrag für die Erhaltung des ländlichen Raumes zu leisten, sind Gegenstand von offenen Fragestellungen.

Aufgrund erheblicher Unterschiede[2] nicht nur zwischen den Geschlechtern, sondern auch unter den Frauen, wurden fünf Cluster nach den demographischen Merkmalen gebildet, nach denen sie sich bezüglich der o.g. Fragestellungen am meisten unterscheiden. Dazu zählen: Alter (hier in der Bedeutung "jung": bis 45 Jahre, "älter": ab 46 Jahre), mit und ohne Kinder, soziokulturelle Herkunft[3] und Haushaltsnettoeinkommen (niedrig/ mittel: bis 4500 DM, hoch: ab 4500 DM). Hinsichtlich der Verteilung des Geschlechts ist die Stichprobe ausgewogen (52% Frauen und 48% Männer).[4]

3. Ergebnisse

Es können hier nur einige wenige Beispiele geschlechtsspezifischer Unterschiede und gruppenabhängiger Einstellungen der Frauencluster beschrieben werden.

1. Unter 21 *Auswahlkriterien für die Bestimmung des Urlaubsziels* wurde auch nach der Wichtigkeit der "vor Ort erzeugten Lebensmittel und regionalen Spezialitäten" auf dem Lande gefragt. Erwartungsgemäß stuft die ältere Generation (Mann wie Frau, Ost wie West) dieses Kriterium bis zu vier Fünftel für "(sehr) wichtig" ein. Auch junge Männer teilen diese Ansicht, wenn auch nur zwei Drittel. Junge Frauen (Ost und West) legen bedeutend weniger Wert darauf: Fast die Hälfte votieren mit "egal" und "unwichtig". Bei jungen Ostfrauen ist die Ablehnungsrate am höchsten (50% unter "unwichtig").

2. Frau und Mann zieht es aus unterschiedlichen *Motiven* aufs Land. Unter den 16 freizeit-, familien-, kultur-, gesundheits-, sinnes-, natur- und landschaftsbezogenen Motiven ist eindeutig "weiblich" das Gesundheitsbewußtsein (Index über "dient meinem Wohlbe-

---

[2] Die Auswertung erfolgt mittels deskriptiver und konfirmativer Statistik, Faktorenanalysen zur Indexbildung sowie CHAID-Analysen (p=0,05). Letztere (Chi-squared Automatic Interactiv Detector unter SPSS) dienen der Beschreibung und Bildung differenzierter Probandengruppen in Abhängigkeit eines zu erklärenden Merkmals (hier das Geschlecht).

[3] in der Bedeutung Ost: in der DDR aufgewachsen; West: in der (Alt-) BRD/Berlin-West aufgewachsen.

[4] Bezüglich der Haushaltsgröße ergibt sich eine Teilung der Stichprobe zu jeweils 50 % in eine Gruppe ohne Kinder und eine Gruppe mit vorrangig ein bis zwei Kindern. Die Gruppe ohne Kinder besteht zu 68 % aus Pärchen und 32 % Singles, zusammen zu 85 % älter als 45 Jahre. Die landläufig familienbezogene These von Landurlaub mit Kindern wird damit in Frage gestellt.

finden/meiner Gesundheit" und "Ich baue Streß ab."), denn Frauen sind mit einem 10%-ig höheren Anteil "ja, ganz bewußt/ ja, auch" diesbezüglich motivierter. Im Vergleich aller Motive reagieren Frauen bewußter auf naturbezogene und intrinsische Motive sowie auf die "Verbindung mit kulturellen Ereignissen". Männer reagieren dagegen zu zwei Drittel im Motiv "Ich suche den Kontakt mit der ländlichen Bevölkerung" in der Kategorie "ja, ganz bewußt/ ja, auch"; Frauen nur zur Hälfte. Insbesondere die jungen Frauen mit Kind(er) sind in der Mehrheit (zu fast zwei Drittel) *nicht* am o.g. Kontakt interessiert; junge Frauen ohne Kinder nur zu gut einem Drittel.

3. Unter den Probanden, die unter den *Kontaktindikatoren* angaben, noch kein "Gespräch mit einem Bauer/Bäuerin" geführt zu haben, sind 2/3 Frauen, unter ihnen vor allem die jüngeren Frauen. Die überwiegende Mehrzahl (80%) dieser jungen Frauen gab jedoch an, schon mal Landurlaub gemacht zu haben.

4. Im Index über *Verbundenheiten*[5] *zum Umland* sind Frauen relativ häufiger in den Kategorien "eher unverbunden", "neutral/ kein Bezug" und "z.T. verbunden/ distanziert" zu finden. Männer geben die Kategorien "verbunden" und "hoch verbunden/ persönliche Beziehung" zu jeweils 6% mehr als Frauen an. Der altersabhängige Unterschied ist dabei größer als der geschlechtsspezifische. Dennoch votieren ältere Männer zu einem größeren Prozentsatz unter höheren Verbundenheiten als ältere Frauen. Junge Frauen bleiben zu einem höheren Anteil im neutralen Bereich als Männer dieser Alterskategorie.

5. "Artenvielfalt (in Fauna und Flora) ist wichtiger als landwirtschaftliche Produktion" - dieser von *13 Entscheidungssituationen* (herangezogen zur Prüfung von Präferenzen) stimmen Männer zu 32% und Frauen nur zu 19% zu. Letztere erachten zu zwei Drittel beides für wichtig (Männer nur gut die Hälfte). Der beschriebene Unterschied verstärkt sich insbesondere in der jüngeren Generation: 43% der jungen Männer (Ost wie West) halten Artenvielfalt für wichtiger, junge Frauen nur zu 22%. Die Hälfte der Männer und Frauen, die Artenvielfalt bejahen, stufen regionale Lebensmittel sowohl als Auswahlkriterium als auch Motiv mit "(sehr) wichtig" ein und befürworten gleichzeitig eine ökologische Wirtschaftsweise (unter der Fragestellung der Nutzung stillgelegter und brachliegender Flächen).

6. Unter den Argumenten zur Fragestellung *"Landnutzung in der Zukunft"* stimmen Frauen sowohl mehr für einen wachsenden Beitrag der Landnutzung für die "Erhaltung ländlicher Arbeitsplätze" als auch für den "Erhalt von Natur für künftige Generationen". Männer setzen eher auf ein Wachstum der "Produktion von Nahrungsgütern" und der "Freizeit- und Erholungsmöglichkeiten" sowie einer stärkeren Landnutzung "für kulturelle Zwecke (Erntefeste, Märkte, Ringreiten...)".
Der geschlechtsspezifische Unterschied im Merkmal "Nahrungsgüterproduktion" wird von einer soziokulturellen Abhängigkeit überlagert. Während die westgebürtigen Männer nur zu 22% (jung) bis 30% (älter) für eine steigende Nahrungsgüterproduktion plädieren

---

[5] Die vier Indikatoren für Verbundenheiten sind im einzelnen: - Verbundenheit zu Land und Leute, - zum Bauer/Bäuerin, - die Beziehung zur Landschaft Brandenburgs und - das Naturverhältnis.

und bis zu 70% für "soll so bleiben" entscheiden, votieren ostgebürtige Männer zwischen 55% (jung) und 67% (älter) für ein Wachstum der Nahrungsgüterproduktion. Bei Frauen ist der soziokulturelle Unterschied nicht ganz so stark. Aber während alle westgebürtigen Frauen mit einem 11 bis 13%-gen höheren Anteil als ihre Männer ein Wachstum der Nahrungsgüterproduktion befürworten, liegen die ostgebürtigen Frauen (junge und ältere Generation) unter dem Niveau der Ostmänner, dennoch über dem Niveau der Westfrauen. Bei jungen Ostfrauen ist bezüglich der Nahrungsgüterproduktion, wie auch bereits hinsichtlich der Bedeutung der regionalen Lebensmittel eine viel stärkere Anpassung an das westliche "Meinungsbild" zu verzeichnen.

Frauen, ob Ost oder West, ob alt oder jung, votieren immer stärker (um 7 bis 10%) für den Erhalt bzw. den Ausbau ländlicher Arbeitsplätze in der Zukunft als ihre männlichen Pendants. Ältere Frauen und östliche Frauen sind am stärksten am Ausbau ländlicher Arbeitsplätze interessiert.

7. Unter der Fragestellung "Wie beurteilen Sie die vom Staat eingesetzten *Fördermittel?*" setzen sich Frauen stärker für die "Förderung der Land- und Forstwirtschaft aus öffentlichen Mitteln" (Index für Subventionen) ein, obwohl sie zu den unter- und durchschnittlichen Einkommensgruppen gehören: 62% der Frauen und nur 42% der Männer meinen, diese beiden Wirtschaftszweige werden "(viel) zu wenig" gefördert. Fast alle junge Ostfrauen (92%) votieren für eine stärkere Subvention der Landwirtschaft und stehen damit gänzlich im Gegensatz zu den westgebürtigen Frauen (33%; zum Vergleich junge Westmänner 19%, Männer Ost: 62%). Während Frauen in weiteren Merkmalen insbesondere das Interesse (+6%) an ländlicher "Kultur und Wissen" (Ausstellungen, Lehrpfade, Ferienangebote...) gilt, würden Männer in der Tendenz eher "Dörfer und Landgemeinde", "Naherholung und Fremdenverkehr", die "Stillegung von Flächen", die "Gewerbewirtschaft", und "die Erschließung von Siedlungsflächen" auf dem Lande fördern wollen.

8. Würde man Frauen eine *stillgelegte oder brachliegende Fläche* übertragen, so würden sie mit einem jeweils 10 bis 20%igen höheren Anteil als Männer vor allem mehr ökologisch produzieren, Hobbygärtnerei betreiben und mehr Freiraum für Tiere (z.B. Wildgehege) anlegen. Männer würden dagegen der "Kultivierung mit Nutzpflanzen" mehr Bedeutung beimessen, desweiteren Flächen insbesondere für "wirtschaftliche Zwecke wie Siedlungs- und Gewerbeflächen" und für ihre "Freizeitinteressen (z.B. Freizeitparks)" nutzen und gestalten.

Besonderes Interesse an der *Hobbygärtnerei* hegen bei den Frauen mit jeweils mehr als die Hälfte im jeweiligen Cluster ältere Frauen ohne Kinder und niedrigem Nettohaushaltseinkommen (zu 57%), junge Frauen mit Kinder und hohem Einkommen (55%), junge Frauen ohne Kinder (50%). Weniger interessiert sind Frauen mit Kinder und hohem Einkommen (32%) und ältere Frauen ohne Kinder mit hohem Einkommen (45%) - vermutlich wegen einer stärkeren beruflichen Beanspruchung.

9. Männer sind zu einem größeren Prozentsatz an der Umsetzung ihrer eigenen *Freizeitinteressen* orientiert, wobei der geschlechtsspezifische Unterschied größer in der jün-

geren Generation bis 45 Jahre wird. Z.B. lehnen einen Besuch und/oder Bau von Fun- und Freizeitparks zu zwei Drittel junge Frauen, aber nur ein Drittel junge Männer ab.

10. Unter den *Bereitschaften*, persönlich einen Beitrag für die Erhaltung des ländlichen Raumes zu leisten, sind die Gruppen "leiste bereits einen Beitrag" (vorwiegend Mitgliedschaften, z.B. in BUND; NABU, Greenpeace), "Interessensbekundung" und "finanzieller Beitrag" zu mehr als die Hälfte bis zwei Drittel von Männern besetzt. Die Gruppen "physisch-aktiver" (körperliche Arbeit) und "politischer Beitrag" (Volksbegehren, Beschwerden etc.) sind zusammen zu 82% von Frauen besetzt.

4. Fazit und Ausblick

Der geschlechtsspezifische Unterschied zeigt sich oftmals in einem soziokulturellen und altersabhängigen Zusammenhang in einem inhomogenen Bild. Der Wertewandel ist nicht androgyn. Die jüngere feminine Gruppe scheint im Trend der Zeit zu liegen und bestätigt einen Wertewandel im Hinblick auf eine abnehmende Bedeutung von (regionalen) Nahrungsmitteln. Unter den jüngeren Frauen sind die Ostberliner diesbezüglich noch gleichgültiger. Spielen Lebensmittel unter der jüngeren Generation auch keine große Bedeutung mehr im Alltag, so wird trotzdem in der Mehrzahl der Fälle - auch insbesondere unter jüngeren Frauen - die Landwirtschaft bzw. mit Landwirtschaft verbundene Faktoren (wie ländliche Arbeitsplätze, Subvention) positiv reflektiert. Insgesamt sind folgende Interpretationen vorgenommen worden.

1. Eine soziale und ökologische Stabilität auf dem Lande und ein eher auf Nachhaltigkeit setzendes Konzept im Sinne der Agenda 21 wird vorrangig von Frauen präferiert. Sie sind mehrheitlich und zu einem größeren Prozentsatz als Männer dafür, daß Arbeitsplätze auf dem Lande erhalten bleiben *und* subventioniert werden müssen. Abgelesen werden kann diese Aussage auch an Merkmalen wie Erhaltung für folgende Generationen, Landschaftspflege, ökologische Produktion und der Auswertung offener Fragestellungen (insbesondere Kriterien zu Zufrieden- und Unzufriedenheiten mit dem Umland), die das soziale Umfeld der einheimischen Bevölkerung zum Ausdruck bringen.

2. Vor allem (jüngere) Frauen legen Wert auf kulturelle und Bildungsangebote: kulturbildungs- und kulturtraditionsbezogene Merkmale unter verschiedenen Fragestellungen erfahren in der Tendenz ein höheres feminines Interesse.

3. Männer bringen eine größere Wertschätzung der Produktion von Rohstoffen und Energie in der Zukunft, der Kultivierung von Nutzpflanzen auf stillgelegten und brachliegenden Flächen, der Förderung der Gewerbeansiedlung und der Gewerbewirtschaft, der Erschließung von Siedlungsflächen auf dem Lande etc. entgegen.

4. Männer sind insgesamt freizeitorientierter bezüglich der Nutzung des ländlichen Umfeldes.

Obwohl Frauen zwar zum ländlichen Raum einen etwas geringeren Grad der Verbundenheit und auch unter den Kontaktindizes etwas weniger Kontakte zur Landwirtschaft als Männer zeigen, ist zu konstatieren, daß sich dennoch förderlich-positive und anerkennende Meinungen bezüglich agrarwirtschaftlicher und sozialer Problematiken bei den Frauen durchsetzen. Grundlage dafür ist vermutlich der sozial- und zukunftsgelagerte Blick, d.h. die Einbeziehung und Wertschätzung des sozialen Umfeldes auf dem Lande in die Reflexion der ruralen Umwelt und ihrer künftigen Entwicklung.

Männer lassen sich in ihren Vor- und Einstellungen zur Landnutzung eher von wirtschaftlichen Aspekten und Freizeitinteressen leiten.

Insgesamt erhärtet sich der Verdacht, daß je jünger die Generationen (Männer und Frauen) sind, desto mehr entfernen sie sich von der Reflexion des ländlichen Raumes als Träger von agraren, agrarsozialen und kulturtraditionellen Faktoren. In den Vordergrund drängen sich in dieser Gruppe vorrangig naturschutzbezogene und freizeitbezogene Interessen bezüglich des ländlichen Raumes.

Die Auswertung einer kleinen nichtrepräsentativen Kontrollgruppe von "Durchschnittsberlinern" zeigt im Vergleich von Gruppendurchschnitten erhebliche Unterschiede, so daß das hier relativ positiv gezeichnete Bild von Einstellungen zum ländlichen Raum und speziell zur Landwirtschaft nicht zum tragen kommt. Allein die Merkmale von Verbundenheiten liegen vorwiegend im negativen, unverbundenen und neutralen Bereich. Subventionen werden vorrangig abgelehnt.

Natürlich bleiben Widersprüche und viele Fragen offen. Zur Vertiefung des Einblicks in die Zusammenhänge städtischer Lebensstile und der Reflexion und Wertschätzung des ländlichen Raumes sind weiterführende Untersuchungen (Intensivinterviews) vorgesehen.

Literatur

Teherani-Krönner, P. (1992): Eine Kulturökologie im biologischen Gewand: Die Uexküllsche Umweltlehre. In: Glaeser, B./Teherani-Krönner, P. (Hrsg.): Humanökologie und Kulturökologie. Opladen.

Voigt, S. (1997): Land in (städtischer) Sicht oder sichtet Städter Provinz? Eine Annäherung an Wahrnehmungen. In: Lorenzl, G./Voigt, S./Lippmann, H.-Chr. (Hrsg.): Stadt, Land, Fluß - die Aneignung von Landschaft in Denk- und Handlungsweisen. HU Berlin, LGF, Fachgebiet Agrarmarktlehre, Arbeitsbericht, 1: 33-35.

Bettina Iganski
University of Plymouth, UK

From "Superwomen" to "Prosperity Trash"- Women in Rural Development in the former GDR.

1. Introduction

Women in rural areas of the former GDR have had to cope with numerous changes since unification causing immediate or delayed impacts on everyday lives. The most renowned change has been widespread and long-term unemployment. However, the overall dismantling of the socialist regime introduced a set of new norms and values and, of course, a 'social market economy'. At the local level, women have largely lost their role in agricultural society without being able to define themselves fully within the new framework. Women's previous role has been described as *'superwoman'* (Corrin 1992), largely due to women's obligation and capability to manage multiple burdens. Today, many rural women face stigmatisation at a private and public level. The most notable stigma is perhaps represented by the 'unword' of the year 1997 *'prosperity trash'* (Spreemann 1998), which was assigned to the unemployed and social benefit recipients, most of whom are women (data from 1996 suggests at least 50% more women than men received those benefits).

In the following paper, I will examine the change in women's role in village development in Uecker Randow. For the purpose of this conference, the focus of the paper will be on barriers and opportunities of the Local Agenda 21 for women. This paper must be seen as part of a larger research project and presents preliminary interpretations only. Aside from secondary sources on the context of Agenda 21, primary data is used to pursue the theme of this paper. Data includes correspondence[1] with 40 women throughout Mecklenburg-Vorpommern (MV) as well as 36 in-depth key-informant interviews[2] in Uecker-Randow and MV. 'Key informants' include respondents at the local and regional administrative and political level, as well as NGOs.

---

[1] see Letherby and Zdrodowsky (1992)
[2] see Kuzel

2. Losing Status

The information given by my respondents suggests that it was made clear to women throughout their lives that they were an *essential* part of the agricultural society. Women were proud to have managed their multiple burden, they felt 'emancipated', and they fondly remember the social context of their workplace including the numerous festivities. Unification set an end to socialist policies designed to enhance women's role (Doelling 1991, Nickel 1990 or Shaffer 1981) Most social institutions which were maintained by the LPG (Landwirtschaftliche Produktionsgenossenschaft) including child care and after-school services, canteens, culture centres, youth clubs, pubs and local shops were either privatised or fell under the responsibility of the community. Neither private owner nor community could usually afford to keep costly institutions if there was no legal obligation to do so. My research suggests that women in rural areas have lost what they had perceived as benefits of women policies in the previous political system. Moreover, women are now frequently discriminated against, especially when single and with children (Nickel 1990 and De Soto/Panzig 1995).

Farmers and agriculture in general have lost the status and privileges which they held in the GDR. After unification, the LPGs were privatised and dissolved and today operate under the pressures of the international market and European agricultural policies. Women no longer have an extra income from private farming, and they no longer belong to the most important social class, i.e. that of workers or farmers. Furthermore, villages suffer severely from these abrupt social and economic changes.

The confrontation with norms and values that are opposed to the former socialist ones and a sense of 'Ostalgia'[3] may have developed into barriers inhibiting women from participation in the restructuring process of the New Germany. To a number of women, the discontinuity of employment and the collective has become equivalent to the loss of life-quality. Norms and values such as the public versus the private sphere, collectivism versus individualism, and political and cultural capital versus economic capital (see Doelling, 1991) need to be re-established within women's everyday lives.

Edwards (1985) suggest that as women's qualification and level of education rises they become involved in voluntary work to a greater extent. It seems justifiable to argue that the reverse may be true as well: as the level of professional involvement decreases the willingness for voluntary work also declines. This is a dilemma for policy-makers who direct resources to structural improvements within a 'central-town' system of priorities and depend largely on voluntary initiatives to revive social structures in rural areas.

---

[3] This is a term used to express nostalgic feelings for the former GDR.

3. Local Agenda 21

In 1992 the UN Conference on Environment and Development in Rio de Janeiro produced a document promoting strategies for global, national and regional sustainability. Section III 'Strengthening the role of major groups' is the core for developments including local concerns of women in development (chapter 24) as well as the role of NGOs (chapter 27) and local authorities (chapter 28) (UN 1992). Hence, the Local Agenda 21 (LA21) was introduced to provide a suitable framework for local sustainability action plans. This programme consists of three pillars which address (1) the environmental dimension; (2) the economic dimension and; (3) the social dimension[4]. Kuhn (1997) reiterates the need for decision making at the *local* level since this is the *only* level where direct participation is possible. LA21 activities usually begin at the administrative level, i.e. environment office of the community (e.g. Guestrow[5]), although local groups (e.g. Ludwigslust[6]) or town planners (e.g. Schwerin[7]) increasingly initiate discussions. The entire process relies strongly on networks between NGOs and actors from the public and private sector. As will be explored below, problems can must be seen in the context of a post- communist rural setting.

Research by the 'Umweltbundesamt' in early 1997 shows that only 70 to 80 of the 17,000 German communities had set up a LA21[8]. Germany, in an international comparison, lags behind the UK, the Netherlands or Sweden, all of whom are relatively active in promoting LA21[9]. It is suggested that a range of reasons may account for the lack of interest to date: (1) other events (unification) have taken prior roles; (2) no available human resources; (3) activities in environmental development are subsumed within other programmes and; (4) no available financial resources[10]. Permien (1998) assesses the regional particularities of Mecklenburg-Vorpommern (MV) as a rural area and concludes that the LA21 process must be directed by small-scale activities as there is currently no suitable model available for the size of communities in this region. This increases the need for commitment at the local level. However, Permien regards the Agenda as a chance for communities to initiate a comprehensive survey of local potential and engage locals in the discussion. My research asserts that LA21 could potentially serve as tool for the provision and legitimisation of discussion space for women at a local level.

A comparison from the Internet of LA21 programmes of German cities asserts that the majority of German LA21 cities have chosen to focus on environmental issues or relations with the developing world. Although there are considerably fewer East German towns, there is no topical difference, which reflects the political focus on the natural en-

---

[4] http://oekoregio.de/la21/la21bund.htm
[5] http://www.schwerin.netsurf.de/~gn0001/guestrow.htm
[6] http://www.twfg.de/H&A/ag_txt.htm
[7] http://www.schwerin.netsurf.de/~gn0001/sn_la21.htm
[8] http://server.stmukwk.bayern.de/blz/agenda21/7.html
[9] see 4
[10] see 6

vironment of the Agenda document itself. However, Kibbel (1997) reinforces the necessity of a focus on ecological themes but warns not to lose sight of the social and economic context. Hornschuh (1997) explores the social 'reality' which LA21 faces and needs to address effectively. He argues that freely developed 'capitalist dynamics' have resulted in a new social crisis with destabilising effects on German society. Competition has become a dogma inhibiting sustainable *socio*-ecologic developments. However, only if social economic and ecological concerns are regarded as equally important, will LA21 gain acceptance in social and political debates. Hornschuh urges communities to reinforce the social sphere as a basis of any further development (Glueck and Magel (1990), Henkel (1990), Herrenknecht (1997) and Parade (1992) for discussion of the level of village renewal).

As mentioned above, LA21 emphasizes the role of women in local development. Amongst others, have integrated the above arguments in their evaluations of women's role in village renewal. Both conclude that despite the need for women to become more visible in village renewal, they remain detached from it. This is a key issue which LA21 aims to address.

4. Barriers

In the following, I will explore some limitations of LA21 for rural areas in East Germany. I will first outline some assumptions of Agenda 21 before turning to problems faced due to the post-communist character of the studied region. The LA21 concept makes a number of assumptions about the community and its population from its outset. Key assumptions are, amongst others, (1) financial support; (2) an efficient network of private and public partners and; (3) strong personal commitment[11]. At least some West German LA21 cities meet these prerequisites: (1) the Bundesland of North-Rhine Westphalia (NRW), for instance, offers 0.50 DM per resident for those towns implementing LA21[12]. A town of 40,000 residents could consequently set out with a budget of 20,000 DM. (2) Hannover publishes a list of 97 participating public and private institutions and organisations for its LA21[13]. (3) There is a long-standing tradition of voluntary 'Vereine' in West Germany. These 'Vereine' normally require its members to show willingness to spend time and money. This commitment essentially nurtures initiatives such as LA21.

In East Germany, there is no tradition of 'Vereine' and indeed 'Vereine' have only just begun to become established in urban areas. Rural women are often excluded from them because they cannot afford the costs or lack transportation to larger cities. With regard to local financial resources, it must be noted that a large number of rural villages have no more than 100-500 inhabitants which, if the NRW model was adopted, would add up to a LA21 budget of 50-250 DM. Furthermore, some mayors criticise the amount

---

[11] http://home.t-online.de/home/wolfgang.pietzek/agenda21.htm
[12] see 4
[13] http://www.agenda21.de/t2/t22.html

of compulsory communal expenditures since unification, which has caused them to reduce social spending significantly. Due to the rapid decline of local business, there is little chance of establishing networks with public or private institutions, nor of receiving either funds or organisational expertise for a LA21 programme.

The issue of motivation and personal initiative is, as indicated above, essential in establishing LA21. As suggested by the research, it is also the most problematic. This is, at least in part, due to women's previous experiences in the GDR. It is argued that the socialist regime, at a national level, suppressed and controlled people's private and public lives in a rigid manner. In the rural context described, social control could be exercised more rigorously as most residents knew each other through occupational or social collectivisation. At the same time, most daily activities were planned which reduced an immediate need to develop personal organisational skills. However, there was also scope for the creation of niches. Many respondents of the research today denied that the party exercised rigid control over their lives from birth to death and claim that there were indeed many opportunities for them to become involved in decision making and see the actual results of their initiatives (own research). Thus, even though the framework for such activities was static, women unfolded a range of skills within it such as solidarity, commitment, voluntary work (social or environmental), organisation (at work, the home and within their socio-political engagements), inventiveness (be effective with few material resources), education and qualification. It is this kind of 'cultural capital' that LA21 addresses and seeks to develop in communities for the purpose of sustainable development.

5. Opportunities

In previous sections, I outlined the focus of LA21 as presented in the official document and pursued by most communities. I also suggested that these interpretations of LA21 often failed to address the social dimension in sustainable development. Finally, I addressed common problems for the implementation of LA21 plans at the local level. The research suggests that women's experience today largely reflects their need for communication and social gathering. On a larger scale, women need to become more self-confident to revive and utilise existing skills as well as developing new ones. Aside from the above barriers, women feel little inclination to initiate contact in order to address their needs independently of organised forums. Perhaps LA21 could be regarded as a tool which may provide the space for locally oriented village development including already present small-scale and large-scale programmes. In addition, however, it could potentially offer a rationale and organisational framework for women to meet as well as an occasion to develop skills and gain social recognition on the basis of 'cultural capital'. Women can revive previously respected norms and values, such as co-operation and solidarity, which they are familiar with and can identify with. Furthermore, they are provided with the opportunity to apply their local 'capital' to contemporary issues. My research shows that women are in need of discussion spaces. Despite their desire to communicate more regularly and become more constructive agents in their environment, they lack real incentives to make the first steps. From the perspective of the community, women's needs are recognised and there is some commitment to maintain existing structures. However, compulsory tasks, as mentioned above, greatly restrict communal involvement. Again, LA21 could offer an incentive for communities to pursue, at an official level, their social responsibilities. Naturally, these are tentative hypotheses on the basis of previously collected data and gained insights. Thus, further data collection, i.e. focus groups will address the question of the 'real life' potential of LA21 in the context of post-communist rural areas.

Literature

Corrin, C. (1992): Superwomen and the Double Burden. Women's Experience of Change in Central and Eastern Europe and The Former Soviet Union. Scarlet Press.

De Soto, H./Panzig, C. (1995): Women, Gender and Rural Development. In: Tagungsbericht 16. bis 18. Juni 1994 „Frauen in der ländlichen Entwicklung", Landwirtschaftlich- Gärtnerische Fakultät der Humboldt-Universität zu Berlin.

Doelling, I. (1991): Between Hope and Helplessness: Women in the GDR after the 'Turning Point'. In: Feminist Review 39: 3-15.

Edwards, G.E. (1985): GDR Society and Social Institutions. London.

Glueck, A./Magel, H. (1990): Das Land hat Zukunft- Neue Perspektiven für ländliche Räume. München.

Henkel, G. (1990): Der Lebens- und Selbstbestimmungsraum in Gemeinde und Dorf - Probleme und Chancen. In: Glueck, A./Magel, H. (1990) Das Land hat Zukunft- Neue Perspektiven für ländliche Räume. München.

Herrenknecht, A. (Ed.) (1997): Das Dorf in den Neuen Bundesländern. Bände I und II. Boexberg-Woelchingen: Pro Provincia Materialien.

Hornschuh, F. (1997): Modelle sozialer Nachhaltigkeit in Mecklenburg-Vorpommern mit dem Schwerpunkt der Beschäftigungspolitik. In: Workshop 19. November 1997 „Agenda 21 Gestalten. Maßstäbe für eine regionale Lebensqualität und Wirtschaftsweise in M-V".

Kibbel, H.U. (1997): 'Nachhaltige Entwicklung In Mecklenburg-Vorpommern - Erreichtes, Tendenzen, Aufgaben. In: Workshop 19. November 1997 „Agenda 21 Gestalten. Maßstäbe für eine regionale Lebensqualität und Wirtschaftsweise in M-V".

Kuhn, S. (1997): Die Rolle der Kommunen und lokalen Akteure bei der Umsetzung der Agenda 21. Überblick, Strategie, Vorbilder. In: Workshop 19. November 1997

„Agenda 21 Gestalten. Maßstäbe für eine regionale Lebensqualität und Wirtschaftsweise in M-V".

Kuzel, A.J. (1992): Sampling in Qualitative Inquiry. In: B.F. Crabtree/W.L. Miller (Eds.): Doing Qualitative Research. London.

Letherby, G./Zdrodowsky, D. (1992): „Dear Researcher". The Use of Correspondence as a Method within Feminist Qualitative Research. In: Gender and Society 9(5): 576-593.

Nickel, H.M. (1992): Geschlechtererziehung und -sozialisation in der Wende. Modernisierungsschübe oder -brüche? In: Berliner Journal für Soziologie. 3 (4): 381-387.

Parade, L. (1992): Das Dorf im Wandel. In: Agrarische Rundschau 3-4/92: 46-49.

Permien, T. (1998): Lokale Agenda 21- Chance oder zusätzlicher Aufwand? In: Http://Www.Schwerin.Netsurf.De/~Gn0001/La21perm.Htm

Shaffer, H.G. (1981): Women in the Two Germanies. A Comparative Study of a Socialist and a Non-Socialist Society. Oxford.

Spreemann (1998): Unwort des Jahres: Wohlstandsmüll. In: Der Nordkurier vom 8.1.1998.

Statistisches Landesamt Mecklenburg-Vorpommern (1997): Frauen in Mecklenburg-Vorpommern im Spiegel der Zahlen. 7. Jahrgang Heft 8.

UN (1992): Report of the United Nations Conference on Environment and Development. Rio de Janeiro. 3-14 June 1992. Volume 1. Resolutions Adopted by the Conference.

Maite Mathes
Humboldt Universität zu Berlin

"Selbst"vermarktung
Exempel für die Feminisierung der Arbeit im ländlichen Norden[1]

"Was hat Nürnberg mit Chicago gemeinsam?" fragte Werner Sommer 1906 (zit. nach Seltzer 1996): "Nichts als die äußerlichen Merkmale, daß viele Menschen eng beieinander in Straßen wohnen, die für ihren Unterhalt auf Zufuhr von außen angewiesen sind." Natürlich gilt dies heute auch noch, es ist das Charakteristikum von Städten aller Größen, daß sie die Lebensmittel für die in ihnen wohnenden Menschen nicht selbst erzeugen können. Ohne die zuliefernde Arbeit ländlicher Gebiete, die stillschweigend die Mittel zur Wiederherstellung physischer Leistungskraft und damit zur Reproduktion der städtischen Outputfähigkeit bereitstellen, wäre keine Stadt existenzfähig.

Aber ist das ihren BewohnerInnen bewußt? Sind die Stadtleute zutiefst dankbar für die lebenssichernde Arbeit in der Landwirtschaft, behandeln sie die LieferantInnen mit großer Achtung und zahlen sie Gelder, die der Wichtigkeit dieser Arbeit angemessen sind?

Scheinbar ist es doch andersherum: Das "wahre Leben" findet in der Stadt statt. Ohne diese geht nichts, kein Behördenakt, keine Eheschließung, keine KFZ-Anmeldung. Das Land produziert billige, an sich unwerte Rohstoffe, die erst durch veredelnde, industrielle Arbeitsgänge zu den Nahrungsmitteln und Gebrauchsgütern werden, die - wiederum vor allem in der Stadt - zu erwerben sind. Zum Einkaufen fährt man in die City oder in das große Einkaufszentrum auf der grünen Wiese, das zwar geographisch auf dem Land liegt, aber mitnichten die Produkte seiner Umgegend präsentiert. Feilgeboten werden Waren, die scheinbar aus dem Nichts bzw. aus den gutsortierten Warenhäusern, Boutiquen und Lebensmittelmärkten kommen. Also ist ihnen und natürlich den großen Markenfirmen der Dank zu widmen, sie erhalten die finanzielle Würdigung für wichtige Arbeit.

Die Nichtachtung reproduktiver Arbeiten des ländlichen Raumes findet eine Parallele in der Geringschätzung der Reproduktionsarbeit in Haushalt und Versorgung, also der klassischen Frauen-Aufgaben. Das läßt sich zum einen historisch erklären: *"Keine Frau, keine Kühe, keine Milch, kein Käse, kein Geflügel, keine Eier"* hieß die einfache Rech-

---

[1] (Erstveröffentlichung als Nachwort zur Erzählung "Markttag – Lebensrealität einer Bäuerin" im Buch "Zeitlandschaften", hrsg. von Hofmeister, S. u. Spitzner, M. 1998).

nung auf einem Bauernhof zu feudalherrlichen Zeiten (Birnthaler/Hagen 1989). *"Und kein Garten, keine Kräuter, kein Gemüse, kein Eingemachtes, kein Gelee, kein selbstgebackenes Brot, kein Eierlikör ..."* möchte frau heute ergänzen - die Subsistenzerzeugung und die Lebensmittelverarbeitung fällt nach wie vor in den Arbeits- und Kenntnisbereich der Frauen. Auch heute noch ist die Hausarbeit auf den Höfen, wie auch die Kinderbetreuung und Altenpflege, selbstverständlich Frauensache, unabhängig davon, ob auf konventionellen oder auf Altbetrieben, die auf ökologische Wirtschaftsweise umgestellt haben (Faßbender 1995). Neugegründete Betriebsgemeinschaften mit alternativer Lebensform variieren dies nur insofern, daß *"das eigentlich so nicht geplant war und schon mehr gerechte Verteilung der Hausarbeit gewünscht wird (von den Frauen)"* (Birnthaler/Hagen 1989). Die reproduktiven Tätigkeiten werden von den Frauen selbst als gering eingeschätzt. Typisch ist die bei Birnthaler und Hagen (1989) zitierte Aussage einer Frau auf einem alternativ bewirtschafteten Hof: *"Des isch ja nichts Produktives für den Betrieb, gell, was ich schaff."*

Unter diesen Voraussetzungen verwundert es nicht, daß die scheinbar doppelt "unbelasteten" Landfrauen - in deren Leben die Nichtachtung landwirtschaftlicher Arbeit mit der von Versorgungsarbeit zusammentrifft - , die "eigentliche Produktion", Lebensmittelverarbeitung und Handel, zusätzlich übernehmen: Direktvermarktung ist in hohem Maße Frauenarbeit (Faßbender 1995). Der folgende Tagesablauf von Frau F. ist keine Ausnahme, er wurde einem Artikel in der Land- und Forstwirtschaftlichen Zeitung entnommen (Sandvoß 1995).

Frau Fischers Tagesablauf:

6 Uhr	Aufstehen
bis 8 Uhr	Frühstück zubereiten, Kinder für die Schule fertigmachen (Brote frühstücken, Betten machen etc.)
bis 9 Uhr	Vorbereitungen zum Mittagessen, tägliche Reinigungsarbeiten, Verkaufsraum beschicken, bestellte Ware abwiegen und verpacken etc.
9 bis 12 Uhr	Verkauf im eigenen Hofladen
bis 16 Uhr	Mittagessen, Küche aufräumen, Schularbeiten beaufsichtigen, Verkaufsraum erneut beschicken
16 bis 18 Uhr	Verkauf im eigenen Hofladen
bis 21 Uhr	Abendessen, Küche und Verkaufsraum aufräumen, Verkaufsraum reinigen, anfallende tägliche bzw. wöchentliche Arbeiten (z. B. Wäschepflege, Nutzgarten, eigene Vorratshaltung, etc.) Planung des nächsten Tages

Frau Fischer gibt offen zu, daß 21 Uhr ein früher Feierabend ist.
"An den Schlacht- und Verkaufstagen am Wochenende wird es oft 22 oder 23 Uhr, ehe bei uns Ruhe einkehrt."

Für die Betroffenen, die uns StädterInnen an Marktständen und in Hofläden rotwangig das glückliche Landleben verkörpern, bedeutet dies nichts weniger, als drei Arbeitsleben in einem Frauenalltag zu realisieren. Arbeiten schon die durchschnittlichen Bauern und Bäuerinnen mit 62 Stunden pro Woche deutlich mehr als es dem allgemeinen Trend zur 35-Stunden-Woche entspricht (Schneider 1995), so übertrifft die Arbeitszeit der Bäuerinnen diesen Wert noch einmal erheblich: Landfrauen haben eine 80- bis 86-Stunden-Woche, die sich auf 52 Stunden betriebliche Arbeitszeit und 28 bis 34 Stunden Hausarbeit verteilt (Thomas/Vögel 1993). Daß das "ständig für alles zuständig Sein" eine Parallelität von Arbeitsabläufen und Gleichzeitigkeit von Tätigkeiten erfordert, ist in diesen Zahlen noch nicht einmal enthalten - die Arbeiten fließen ineinander über, sind zeitlich ineinander verschachtelt oder überlagern sich: Frauenarbeit (auch) auf Höfen ist vermischtes Tun.

Was eigentlich ein ganzheitliches Arbeiten sein könnte, mit dem Erleben der gesamten Produktionskette von der Bodenlockerung bis zum genießerischen Lächeln der KundInnen, wird unter den gegenwärtigen Rahmenbedingungen zur ständigen Überlastung. Während die Vielfalt der Arbeit von den Frauen durchaus positiv erlebt und gerade die freie Wählbarkeit von Arbeitsrhythmus und Arbeitsintensität als Vorzug gegenüber beispielsweise der Fabrikarbeit betont werden (Inhetveen/Blasche), geht mit der zwecks minimaler Existenzsicherung ständig wachsenden Arbeitslast eine stete Verdichtung einher. Die Arbeit wird immer stärker als "allumfassend" und die Arbeitskraft ohne Spielräume einbindend erlebt (Lasch 1995). Vor allem die "wertlose" Hausarbeit scheint nie zu enden. Was nichts wert ist, kann eben immer wieder aufgeschoben und von "wertvoller Produktion" verdrängt werden. Der liegengebliebene Berg führt allerdings dazu, daß - im Gegensatz zur täglichen Stallarbeit oder turnusmäßigen Außenarbeiten - die Hausarbeit nie "fertig" ist.

Natürlich beinhaltet die Übernahme geldbringender, "produktiver" Tätigkeiten durch die Frauen für diese auch einen Zugewinn an Macht und Eigenständigkeit. Schon immer war der "Gang an den Markt" die Möglichkeit, als Bäuerin eigenes Geld in die Hände zu bekommen (siehe u. a. Kolbeck 1985) und damit Selbstbewußtsein und Gestaltungsmacht. Das heißt mitnichten, daß die reproduktiven Arbeiten der Frauen nun honoriert würden. Wird die mit der "Produktion" verbundene Arbeit allerdings zusätzlich zur unbezahlten Reproduktionsarbeit geleistet, und/oder übernehmen Frauen weite Bereiche der landwirtschaftlichen Außenarbeit (Inhetveen/Blasche 1985, Schmitt 1997), so zahlen sie dafür den hohen Preis der völligen Überlastung. Feminisierung von Arbeit, wie sie Christa Wichterich (1996) für die Länder des Südens beschreibt, wo Frauen neben dem Anbau der "food crops" für die Familie mehr und mehr auch "cash crops" anbauen, bedeutet neben dem Zugewinn an Macht und dem nur dadurch möglichen Überleben auch Ausbeutung weiblicher Arbeitskraft.

Und das hat Folgen, es hat unter anderem gravierende Auswirkungen auf die gesundheitliche Situation. Einer Befragung südwürttembergischer Bäuerinnen zufolge leiden 78% an Müdigkeit, 76% an Kreuzschmerzen, 65% klagen über schwere Beine (Elger

1992). Auch nach ärztlichen Befunden sind Venenleiden und andere Durchblutungsstörungen der Beine bei den Bäuerinnen signifikant häufiger vertreten als in der Durchschnittsbevölkerung; weiter fielen ÄrztInnen die vielfältigen Erschöpfungsbeschwerden der Frauen besonders auf (Wonneberger 1992). Die Reproduktion derer, die die Reproduktionsarbeit leisten, ist im Rahmen der derzeitigen Arbeitsteilung zwischen Stadt und Land, zwischen Männern und Frauen, weder eingeplant noch gewährleistet.

"Sustainable" ist solch ein Gesellschaftsmodell natürlich nicht. Zum einen wäre es nur mit ständigem Nachschub an "Opferwilligen", meist Frauen, fortsetzbar. Dieser kann mit zunehmender Emanzipation derselben und stets sinkender (finanzieller) Anerkennung für Reproduktionsarbeiten nicht mehr als selbstverständlich vorausgesetzt werden. Bereits 1850 wurden als Ursachen für die Abwanderung junger Mädchen vom Lande in die Stadt angegeben: die Aussicht auf höheren Verdienst, auf ein freies, ungebundenes, genußreiches Leben und auf eine weniger anstrengende Tätigkeit (Göltz 1874, zit. nach Hohensee 1950). Zum anderen verträgt sich die Überlastung gerade der verantwortungsbewußtesten Mitglieder einer Gesellschaft nicht mit dem im Konzept "Sustainable Development" enthaltenen Gebot der intragenerativen Verteilungsgerechtigkeit. Durch die Zuweisung weit über die Landwirtschaft hinausgehender reproduktiver Tätigkeiten an "die Bauern" und durch die Feminisierung eben dieser Arbeit wird genau das zerstört, was sich StädterInnen von einem Dasein auf dem Land erträumen: ein Leben in Einklang mit natürlichen Rhythmen, das die selbständige Verfügung über die eigene Zeit, ein Leben in Einklang mit den eigenen Rhythmen, einschließt.

Dringende Aufgabe ist es also, einen gesellschaftlichen Wandel einzuleiten, der eine gerechte Umverteilung der für das Leben notwendigen Arbeiten ebenso einschließt wie ihre angemessene Honorierung. So könnten adäquate und damit höhere Lebensmittelpreise über die Einstellung zusätzlicher Arbeitskräfte und damit die Reduzierung der Frauenarbeit in allen Bereichen des Hofes sowie über den stärkeren Einsatz von Fremdarbeitskräften für die Direktvermarktung selbst den Landfrauen ganz konkrete Entlastung bringen (Faßbender 1995). Schließlich hat jeder nur ein Leben und Anna Wilmschneiders letzter Satz in ihrem Buch "Herbstmilch" (Wilmschneider 1987) lautet: *"Wenn ich noch einmal zur Welt käme, eine Bäuerin würde ich nicht mehr werden."*

Literatur

Birnthaler, J./Hagen, M. (1989): Frauen in alternativ bewirtschafteten landwirtschaftlichen Betrieben, ASG-Kleine Reihe Nr. 37, Agrarsoziale Gesellschaft (Hrsg.), Göttingen.

Elger, U. (1992): Die gesundheitliche Situation von Frauen in der Landwirtschaft. Arbeitsergebnisse Nr. 19 (Oberthema: Bäuerinnen und Gesundheit), März 1992: 5 – 19.

Faßbender, M. (1995): Sozialökonomische Konsequenzen des Direktabsatzes landwirtschaftlicher Produkte für die bäuerliche Familie, Kiel.

Hohensee, L.(1950): Wirtschaftliche und soziale Probleme der Frau auf dem Lande in den letzten 150 Jahren. Berlin, Humboldt-Universität, Landwirtschaftliche Fakultät, Dissertation.

Inhetveen, H./Blasche, M. (1983): Frauen in der kleinbäuerlichen Landwirtschaft, Opladen.

Kolbeck, T. (1985): Landfrauen und Direktvermarktung - Spurensicherung von Frauenarbeit und Frauenalltag. Univ. GH Kassel, Fachb. Stadtplanung und Landschaftsplanung, Diplomarbeit, Arbeitsberichte des Fachbereichs Stadtplanung und Landschaftsplanung, 65.

Lasch, V. (1995): Arbeit und Belastung bei Bäuerinnen, Rheda-Wiedenbrück.

Sandvoß, E. (1995): "Die Familie muß dahinter stehen" - Einkaufen auf dem Bauernhof ..., Hannoversche Land- und Forstwirtschaftliche Zeitung 148.(29), 20.07.95: 46 – 47.

Schmitt, M. (1997): Und welche Rolle spielt das Geschlecht? - Landwirtinnen in ihrem Arbeitsalltag. In: Agrarbündnis (Hrsg.): Landwirtschaft 97 - Der kritische Agrarbericht, Rheda-Wiedenbrück: 161 – 171.

Schneider, M. (1995): Die Folgen des Erfolgs. Politische Ökologie, Sonderheft 8: 6 – 14.

Seltzer, A. (1996): Babel und Jerusalem. die taz, 07.11.96: 15.

Thomas, F./Vögel,R. (1993): Gute Argumente: Ökologische Landwirtschaft. München.

Wichterich, Ch. (1996): Den Männern das Land, den Frauen die Arbeit - verstärkter Anbau von "cash crops" hat in vielen Ländern Afrikas zu Versorgungsengpässen bei der Bevölkerung geführt. Frankfurter Rundschau, 11.11.96.

Wilmschneider, A. (1987): Herbstmilch - Lebenserinnerungen einer Bäuerin. München.

Wonneberger, E. (1992): Stress durch Modernisierung und seine gesundheitlichen Folgen. Arbeitsergebnisse Nr. 19 (Oberthema: Bäuerinnen und Gesundheit), März 20 – 30.

Helga Purgand
Humboldt Universät zu Berlin

Freiheit allein macht nicht satt und auch nicht emanzipiert! Anmerkungen zur „Frauenfrage" und zum Frauenalltag in Reformstaaten Mittel- und Osteuropas

Wenn der Zustand einer Gesellschaft an der Lage der Frau zu messen ist, dann stellen die Verhältnisse in den Transformationsstaaten Mittel- und Osteuropas eine mehrdeutige und widersprüchliche Realität dar. Frauen und Männer sind nach den Verfassungen gleichberechtigt. Die gesellschaftliche Realität indes sieht vielfach anders aus. Benachteiligungen von Frauen in Mittel- und Osteuropa werden vor allem in drei Bereichen deutlich: im Arbeitsleben, im familiär-gesellschaftlichen Bereich und in der Politik. Es geht im weiteren um eine soziokulturelle Dimension von Nachhaltigkeit oder um die Frage: kann es angesichts der unterschiedlichen Lebensentwürfe und Zielvorstellungen in schweren gesellschaftlichen Krisen und unter starkem Globalisierungsdruck eine nachhaltige Entwicklung der Frauenfrage geben? Unter nachhaltiger Entwicklung soll hier einfach die Verbesserung der sozialen Lage diskriminierter Frauen (und anderer marginalisierter sozialer Gruppen) verstanden werden.

1. Frauenemanzipation im Systemwechsel

Nach dem Systemwechsel im Osten Europas müssen sich Frauen die Emanzipation neu erkämpfen, haben sie doch dramatische Verluste auf allen Ebenen der Gesellschaft erlitten. Es muß gefragt werden, warum die Frauen Mittel- und Osteuropas eine derart drastische Absenkung ihrer bereits erreichten und gelebten Gleichberechtigung hinnehmen mußten und ob es Chancen gibt, die Emanzipation zu bewahren. Dazu ist es notwendig, sich den bisherigen Verlauf der gesellschaftlichen Transformation in den ost- und mitteleuropäischen Ländern mit seinen sozialen Auswirkungen auf die Frauenfrage näher anzusehen. Hier einige wenige Aspekte zur Verdeutlichung.
Der Systemwechsel verläuft als ein sehr komplexer widersprüchlicher Prozeß „zwischen Marx und Markt"[1] oder „zwischen Lenin und McDonalds".[2] Er hat tiefe

---

[1] Vgl. Bundesinstitut für ostwissenschaftliche und internationale Studien (Hrsg.): Zwischen Krise und Konsolidierung (1995): 217.

wirtschaftliche und politische Krisen produziert und eine große soziale Ungleichheit zwischen Armen und Reichen, zwischen Männern und Frauen geschaffen. Sozial und territorial gespalten, ist ein „Rußland der zwei Welten" entstanden, wie Irina Bussygina, Expertin für Krisensymptome und Armutsprobleme im Institut für soziale und wirtschaftliche Probleme an der Akademie der Russischen Wissenschaften feststellte.[3] Geographisch geteilt in die Hauptstadt Moskau („die Vitrine"), die mit ihrem Gartenring von 18,7 km^2 ein Millionstel der Fläche des ganzen Landes umfaßt und in die riesige russische Provinz, in der für die Mehrheit der russischen Bevölkerung dramatische Verarmungsprozesse ablaufen. Für die verheerende wirtschaftliche und soziale Lage ist es bezeichnend, daß sich nur jeder fünfte Bürger Rußlands bislang den marktwirtschaftlichen Bedingungen anzupassen vermochte.

Große Gruppen der Bevölkerung in Mittel- und Osteuropa zählen zu den Verlierern des Umbruchs: Arbeiter, Frauen und Pensionäre erleben eine überdurchschnittliche Verschlechterung ihrer sozialen und ökonomischen Position. Schattenwirtschaft und Korruption, Bandenterror und Massenkriminalität wachsen in unvorstellbaren Dimensionen, was große Schichten der Bevölkerung demoralisiert. Das Lebensniveau, insbesondere der ländlichen Bevölkerung, sinkt. Die zunehmende Gewaltkriminalität ist Ausdruck für den destruktiven Umgang der Russen mit dem Leben. Für eine chronisch frustrierte Gesellschaft wie die russische, die sich von Krisenmeldungen nicht leicht beeindrucken läßt, ist *die gegenwärtige demographische Situation* alarmierend.

Bereits seit 1965 konstatieren russische Demographen eine sinkende Lebenserwartung, eine Tendenz, die sich seit der Wende nicht nur in Rußland, sondern in allen mittel- und osteuropäischen Ländern verstärkte und zu einem drastischen *Rückgang der Geburten führte*. 1993 wurden z.B. in Rußland im Vergleich zu 1985 fast eine Million Kinder weniger geboren, während eine halbe Million mehr Menschen starb.[4] Im Jahre 1990 wiesen 21, 1991 30, 1992 43 und 1993 68 der russischen Territorien eine negative Bevölkerungsentwicklung auf (Godel 1995). Die gesundheitliche Situation der Bevölkerung verschlechterte sich seit dem gesellschaftlichen Umbruch, insbesondere in Rußland und Rumänien. Mehr als ein Drittel aller Haushalte hat ein Einkommen unter der Armutsgrenze (Voronina 1998) und benötigt zusätzliche Einkommensquellen, um die hohen Anteile für Nahrungsmittel aufbringen zu können (1994: 60-70 % gegenüber 1990: 30 %). Arme Frauen sind oft kranke Frauen. Der Alkoholismus unter Frauen wächst (jede 3.- 5. Frau soll betroffen sein) (Kabernik 1998). 1995 war die Zahl der Frauen, die an Anämie litten, dreimal höher als 1990. Die Kindersterblichkeit ist dreimal höher als im Westen, die Sterberate der 1- bis 14jährigen stieg von 1995 zu 1996 um 35 % (Spiegel 2/98). Die Zahl der randständigen und bereits kriminell gewordenen Kinder und Jugendlichen hat sich fast verzehnfacht. Die Negativliste ließ sich mühelos fortsetzen mit ähnlichen Tatsachen aus Rumänien, Bulgarien u.a. mittel- und osteuropäischen Ländern. „Mit einer Lebenserwartung von 55 für Männer und 71 für Frauen könnte Rußland im 21. Jahrhundert zum Land der Witwen werden

---

[2] Berliner Zeitung, 9. Juni 1998: 12.
[3] Eigene Aufzeichnungen, 1996.
[4] Nuzny li Rossii deti?, in: Rossija, 13.9.1994.

(Margolina 1997).

In einer Hinsicht ist Rußlands demographische Situation aber doch einzigartig: In keinem Land der Welt wird die Alterspyramide einer Industriegesellschaft mit niedrigeren Geburtenraten und hohem Anteil an älteren Menschen so sehr durch eine hohe Kindersterblichkeit und rapide sich verringernder Lebenserwartung vom Einsturz bedroht. Die dargestellten krassen Armuts- und Lebenslagen führen zu anhaltenden Existenzkrisen, unterminieren die Humanressourcen und damit die soziale Stabilität von Staaten, die sich nicht nachhaltig entwickeln können. Deutlich geworden ist, daß freie Marktwirtschaft und liberale Wirtschaftspolitik Unfreiheit, soziale Degradierung und eine wachsende Armut besonders für Frauen und Kinder gebracht hat. Zu den grundlegenden Forderungen gehört die Schaffung von Möglichkeiten, seinen Lebensunterhalt durch frei gewählte Arbeit angemessen zu verdienen. Frauen erfahren gegenwärtig massenhaft, daß ein einmal errungenes hohes Gleichberechtigungsniveau durch den Verlust an Arbeitsplätzen und vielfach durch Armut, Not und dauerhafte Existenzunsicherheit nicht nur gefährdet ist, sondern stark gesenkt wurde. In allen Transformationsländern ist die Situation für Männer wie Frauen unterschiedlich, sehr widersprüchlich, aber überall sind Frauen ärmer. Armut bedeutet Verlust an ziviler Freiheit vor allem für Frauen, die bisher wesentliche politische Grundrechte und soziale Menschenrechte besaßen. Armut hat vielfach auch einen Verfall und Verlust an Beziehungen und Solidarität zur Folge. Die globale Feminisierung der Armut (70 % der Ärmsten sind Frauen!) findet ihre lokale Variante in Mittel- und Osteuropa, wo Frauen Verliererinnen von Transformations- und Globalisierungsprozessen sind, da die Masse von ihnen besonders von Informalisierung und Flexibilisierung von Arbeit betroffen sind (Teilzeit- und Heimarbeit, gar keine Erwerbsarbeit). Mit solchen Verlusten müssen viele alleinerziehende Frauen mit Kindern im „Planet Moskau" (Mikich 1998) und „in der weiten russischen Provinz" zu (über-)leben lernen. Frauenleben und Frauenprobleme differenzierten sich während der politischen Emanzipation und diversifizieren sich in den Transformationsprozessen weiter.

Die Leiterin des Petersburger Zentrums für Geschlechterprobleme, Olga Lipowskaja (1997), stellte fest, daß die Sowjetunion innerhalb von 70 Jahren die Bedingungen für Männer und Frauen einander angeglichen habe und meint zugleich, „daß es schwierig sei, deutlich zu machen, daß die Gleichberechtigung gar nicht existiert". Damit wird ersichtlich, daß die „von oben" verordnete Gleichberechtigung der sozialistischen Staaten widersprüchlich war und dennoch einen Zuwachs an Gleichberechtigung für die Frauen bewirkte. Zugleich muß festgestellt werden, daß es der sozioökonomische Strukturbruch und politische Machtwechsel waren, die mittel- und osteuropäischen Frauen seit Beginn der 90er Jahre einen enormen Verlust an Freiheit und Gleichheit brachten. Frauen unter postsozialistischen Verhältnissen machen gerade die bittere Erfahrung, daß politische Freiheit allein weder satt, noch alle frei macht. Freiheit alleine emanzipiert nicht marginalisierte Gruppen einer sich stark verändernden Gesellschaft, schon gar nicht Frauen, wenn sie sich nicht dauerhaft und nachhaltig um ihre eigenen Probleme kümmern. Im Gegenteil: es ist ein K(r)ampf mit dem politischen Kampf, wenn es um neue Machtverteilung geht.

2. Diskriminierung von Frauen in allen Lebensbereichen

Frauenfragen sind überall (zeitweise ganz) in den Hintergrund getreten und mußten erst wieder in die Öffentlichkeit geholt werden.

Nach dem Zusammenbruch der UdSSR im Jahre 1991 kam es im Zuge der vielschichtigen, teilweise widersprüchlichen politischen und wirtschaftlichen Umgestaltungen im Transformationsprozeß Rußlands zu einer verstärkten *Diskriminierung von Frauen in allen Lebensbereichen.* Kennzeichnend für die Diskriminierung der Frau in der russischen Gesellschaft ist das Verschweigen ihrer sozialen Situation in der Öffentlichkeit, ihre Ausgrenzung aus Politik und Wirtschaft, die verstärkte Zuweisung einer traditionell geschlechtsspezifischen Arbeitsteilung und soziokulturellen Frauenrolle im gesellschaftlich-familiären Bereich und insbesondere die kommerzielle Ausbeutung der Sexualität. Letztere ist nicht nur national verstärkt nachweisbar, sondern hat internationale Dimensionen angenommen. Für die erhöhte Gewaltbereitschaft und Kriminalität von Kindern und Jugendlichen sowie den steigenden Alkohol- und Drogenkonsum werden in vereinfachender und grob diskriminierender Weise erwerbstätige Frauen aufgrund ihrer Abwesenheit in der Familie verantwortlich gemacht.

Gab es früher nur wenig seriöse Artikel und noch weniger Monographien über die reale Lage und die Stellung der Frauen in Rußland und der GUS, bessert sich heute die Situation.[5] Das liegt daran, daß die Weltöffentlichkeit an der „Freiheit auf russisch" interessiert ist, die Medien, darunter ausländische Journalistinnen, den Alltag russischer Frauen porträtieren und mitunter viel über die tatsächlich oder vermeintlich „starken russischen Frauen, die im Kommen sind" (Kerneck 1994) gesprochen wird. Eine „neue" Frauenbewegung mit vielen inoffiziellen Gruppen und sehr heterogenen Strömungen ist nicht nur in vielen Teilen Rußlands, sondern auch in anderen mittel- und osteuropäischen Ländern entstanden und wirkt für ein größeres Bewußtwerden der sozialen Stellung von Frauen in der Gesellschaft und für eine eigenständige Geschlechterforschung (Godel 1995).

3. Diskriminierung im Arbeitsleben

In Polen, Tschechien, Bulgarien, Ungarn, Rumänien und Rußland enthüllte die sog. freie Marktwirtschaft die Schwäche des Systems von Garantien der Rechte auf Gleichberechtigung und brachte alte, längst vergessene und nicht gekannte neue Praktiken der *Diskriminierung von Frauen auf dem Arbeitsmarkt* zum Vorschein.

Die Zahl der berufstätigen Frauen ist in allen Ländern Mittel- und Osteuropas stark zurückgegangen. Überall bilden Frauen die Mehrheit der Arbeitslosen, insbesondere unter den jungen Arbeitslosen, den Langzeitarbeitslosen und den Arbeitslosen mit Hoch- und Fachschulabschluß. Frauen brauchen Lohn und Gehalt aus ökonomischen

---

[5] Moghadam, W.M. (1993); Posadskaja, A. (1994); Voronina, Olga (1988)

und sozialen Gründen, aber auch für ihre individuelle Persönlichkeitsentwicklung. Sie bringen den Wunsch nach Erwerbsarbeit in ihrer nach wie vor anhaltend hohen Erwerbsneigung zum Ausdruck. So wie die Armut weiblich ist, so hat die Arbeitslosigkeit in den Transformationsländern überwiegend „ein weibliches Gesicht". 1998 hat sich die Frauenarbeitslosigkeit in allen Ländern Mittel- und Osteuropa auf einem hohen Niveau stabilisiert. Am höchsten ist es in Rußland, wo sie bei 65 %, in manchen Regionen sogar bei 70-80 % der offiziell registrierten Arbeitslosen liegt. Ihre Partizipation an den neuen Wirtschaftsstrukturen bzw. ihre Integration im neuen Wirtschaftsleben ist begrenzt und auf die schlechteren Konditionen konzentriert. Der umbruchbedingte Abbau von besseren Arbeitsplätzen in Betrieben und Verwaltungen, im wissenschaftlichen Bereich usw. erfolgte zuungunsten der Frauen. Unter den registrierten Arbeitslosen mit Hoch- und Fachschulabschluß in Rußland, die 90 % der Arbeitslosen stellen, machen Wissenschaftlerinnen, Ökonominnen, Ingenieurinnen, Buchhalterinnen u.a. 73 % bzw. 76 % aus. Den Anteil der mit nichtqualifizierter Handarbeit Beschäftigen (10 %) stellen Männer und Frauen zu etwa gleichen Teilen. Nicht selten verdienen sich deshalb Akademikerinnen als Putzfrauen den Lebensunterhalt für sich und ihre Familien.

Berufliche Diskriminierung macht sich in begrenzten und fehlenden Aufstiegsmöglichkeiten bemerkbar; die gut bezahlten Jobs sind für Männer reserviert. Das betrifft insbesondere junge Frauen, die als berufsunerfahren und wegen einer zukünftigen Mutterschaft als unsichere Arbeitskräfte gelten. Wenn man trotzdem viele junge Frauen wie in Bulgarien bei der Arbeit trifft, dann liegt das daran, daß es viele ungeschützte Arbeitsverhältnisse gibt - ohne Arbeitsvertrag, ohne Sozialversicherung usw. (Wladimirowa 1996). Solche Ausbeutungs- und Diskriminierungsverhältnisse scheinen normal zu werden! Trotz des hohen russischen Frauenanteils bei den Hoch- und Fachschulabsolventen (61 %) sind auf den Führungsebenen von Wirtschaft, Politik, Wissenschaft und Kultur im Vergleich zu den Männern (48 %) nur noch wenige dieser Expertinnen (7 %) anzutreffen.

Viele Frauen üben körperlich schwere, wenig mechanisierte Berufe aus. Russische, ukrainische, bulgarische und rumänische Frauen arbeiten oft unter Bedingungen, die gesundheitsschädigend sind und den Bedingungen des Arbeitsschutzes nicht entsprechen. Trotz des weitgehenden Verbots der Nachtarbeit absolvieren derzeit Frauen in Rußland zwei Drittel der Nachtschichten (Godel 1995). Ein weiteres Problemfeld stellt die unterschiedliche Entlohnung von Frauen und Männern dar. Frauenarbeit wird in Osteuropa nach der Wende viel schlechter als die der Männer bezahlt: In Polen (Firlit-Fesnak 1998) beträgt die Differenz zwischen Männer- und Frauenlöhnen in der Industrie im Schnitt 40 % zu ungunsten von Frauen.

4. Benachteiligung im familiär- gesellschaftlichen Bereich

Obwohl die Erwerbsquote von Frauen weltweit steigt und immer mehr Mütter berufstätig bleiben, sind sie nach wie vor fest in traditionelle Lebensformen und -rollen eingebunden sowie Arbeitsbedingungen ausgesetzt, die Ungleichheiten zwischen Frauen und Männern eher befördern, statt sie abzubauen. Frauen tragen die Hauptlast der Kindererziehung sowie die Verantwortung für die Arbeiten und Organisation des familiären Alltagslebens und unterliegen damit einem erheblich größerem Zeitstreß. Frauen spielen weltweit eine zentrale Rolle für das Überleben vieler Haushalte. Das bedeutet u.a., daß das „Hausfrauenmodell" vom Modell der berufstätigen Frau und Mutter abgelöst wird. Allerdings scheint es in Mittel- und Osteuropa derzeit die gegenläufige Tendenz zu geben. Die Mutterrolle wird enorm aufgewertet und viele bislang berufstätige Frauen verlieren Arbeit, (nicht selten auch Mann und Wohnung). Die Erwerbsneigung der Frauen ist vorhanden, die soziale Realität der Frauen und traditionelle kulturpolitische Prägungen stehen dem jedoch oft entgegen.

Untersuchungen belegen, daß die berufliche Tätigkeit für die meisten Frauen in Polen und in anderen mittel- und osteuropäischen Ländern einen hohen Stellenwert einnimmt trotz der stark konservativ geformten Gesellschaftspolitik, einer am traditionellen (katholischen) Familienbild orientierten Sozialpolitik und der kulturellen Tradition, die Frauen eindeutig vor allem in der Familie plaziert. Es wird klar, daß Frauen Lebens- und Arbeitsmodelle bevorzugen, die Wahlmöglichkeiten und eine Vereinbarkeit von Familie und Beruf zulassen; ihre hohe Erwerbsneigung nicht zurückgeht und die Tendenz zur „Hausfrauisierung" vielfach Ausdruck einer verdeckten Arbeitslosigkeit von Frauen ist. Die „Renaissance des Patriarchats" (Rimasevskaja 1994) findet paradoxerweise bei manchen Frauen Akzeptanz, weil die im Alltag oft als schwach erlebten Männer jetzt durch Machtpositionen und Träger materieller Werte, als „Hauptverdiener und Haushaltsvorstand" eine höhere Stellung einnehmen. Angesichts einer verstärkten Religiosität und konservativer familienpolitischer Leitbilder verwundert die Anfälligkeit von Frauen nicht. Es gibt sowohl viele „freiwillige" als auch „unfreiwillige" Hausfrauen, was in geschlechtsspezifischer Arbeitsteilung tradiert und soziokulturellem Rollenverhalten verankert ist. Obgleich Frauen (noch !) eine bessere Ausbildung als Männer besitzen und deutlich Gründe für ihre Erwerbstätigkeit formulieren, sind sie auf dem geschlechtsegmentierten Arbeitsmarkt oft dauerhaft chancenlos.

5. Benachteiligung in der Politik und Wege zur nachhaltigen Problembewältigung

In den meisten mittel - und osteuropäischen Staaten bestätigte der beginnende Prozeß der Schaffung von demokratischen Strukturen im öffentlichen Leben die Vorherrschaft des patriarchalischen Modells „der Welt der Macht" (Firlak-Fesnak 1998).Die Offenbarung des wahren benachteiligten Status von Frauen in der sich transformierenden Gesellschaft und im Staat schuf in einigen mittel- und osteuropäischen Ländern - so in Polen - paradoxerweise eine günstige Situation für die Bildung und Anstieg der Aktivität von Frauenkreisen, die sich für eine Offenlegung der „Frauenfrage" und der sozialen Realität von Frauenleben einsetzten.

Das Ungleichgewicht in der Teilnahme der Männer einerseits und der Frauen andererseits an der politischen Leitung der Gesellschaft spiegelt sich in den angenommenen Gesetzen ebenso wie in der Hierarchie der Maßnahmen, die zu ihrer Realisierung in Angriff genommen werden. Während sich Frauen in umfassender Weise um das Wohl der Gesellschaft sorgen und dabei auch unterprivilegierte Gruppen im Blick haben, setzen Männer auf Konkurrenz und Individualrechte. Ein Gleichgewicht in der politischen Führung könnte entstehen, wenn beide Herangehensweisen miteinander verbunden würden, was allerdings eine gleiche Beteiligung von Frauen und Männern voraussetzt.

Die politische Emanzipation hat die Frauen Osteuropas eindeutig zurückgedrängt: besonders drastisch ging der Frauenanteil in Rumänien von 34,3 auf 3,5 % zurück, in der CSSR von 29,5 auf 6 %, in Ungarn von 20,9 auf 7 %. Auch in Bulgarien und der DDR sank der Frauenanteil in den Parlamenten deutlich: von 21 auf 8,5 sowie von 32,5 auf 20,5 %.[6] In der UdSSR hatte sich die Zurückdrängung der Frauen bereits vor der Wende vollzogen. 1989 betrug der Frauenanteil an den Abgeordneten des Volksdeputiertenkongresses nur noch 15,7 %. Bei den ersten freien Wahlen 1990 waren die Frauen Rußlands bei einer Repräsentation von 5,4 % angelangt. Der „spektakuläre Fall der Frauen in den Parlamenten" war Ausdruck mehrerer gesellschaftlicher Tendenzen: einerseits der von den Medien geförderten und auch von Frauen mitgetragenen „Renaissance des Patriarchats" -gleichbedeutend mit weiterer Marginalisierung der Frau als Individuum; andererseits drückte sich darin auch ein Rückzug von Frauen aus, denn Frauen zeigten neben der Wahlabstinenz auch generell Rückzugsabsichten aus der Politik. Die neuen Parteien hatten keine frauenpolitischen Programme, höchstens im Kontext familienorientierter Ansätze. Im Verlaufe der Transformation reagierten Frauen aus allen Schichten der Bevölkerung auf den unbefriedigenden gesellschaftlichen Zustand der Abstinenz und mangelnden Repräsentanz von Frauen in der Politik. Frauen meldeten sich in unterschiedlicher Art und Weise in der Öffentlichkeit zurück. Sie gingen zurück in die männerbesetzten Staats- und Parteistrukturen, organisierten aber auch „Graswurzelrevolutionen" (Voronina 1997) und eigene sehr unterschiedliche Selbsthilfegruppen. Mit der politischen Bewegung „Frauen Rußlands" bei den Wahlen zur Staatsduma 1993 hat sich die Lage in Rußland zeitweilig etwas verbessert. So sind die russischen Frauen nunmehr wieder mit 13,5 % der Abgeordneten im Parlament vertreten.

Trotz der schwachen Vertretung von Frauen in politischen Machtstrukturen gelang es in Mittel- und Osteuropa, neue Frauenbewegungen zu entwickeln. So gibt es in Polen schätzungsweise 120 Frauenorganisation, die verschiedene, mitunter entgegengesetzte Meinungen vertreten (Firlak-Fesnak 1998). Es sind zumeist kleine Organisationen, die

---

[6] Das Parlament Nr. 32/ 3. August 1990

sich mit Fragen der Sozialhilfe und Sozialpolitik beschäftigen. Sie arbeiten vereinzelt und suchen aus ideologischen Gründen auch keine Integration mit anderen Frauengruppen. In Rußland gibt es rund 300 Frauenorganisationen, Klubs und Vereinigungen (Voronina 1998). Auch wenn solche Gruppen nur teilweise erfolgreich agieren, sind es doch wichtige Ansätze für Frauennetzwerke, wie sie in Rußland langsam entstehen. Diese Frauenorganisationen lassen sich in politische, berufliche, wirtschaftliche sowie in feministische, ethnische, religiöse und Umweltgruppen, Wohlfahrtseinrichtungen und Selbsthilfegruppen einteilen. Sie agieren regional und überregional, wenige sind unabhängig von kommunaler Unterstützung, die meisten sind auf diese angewiesen.

Eine stabile unabhängige Frauenbewegung muß sich in den meisten Ländern erst wieder etablieren, um *nicht nur sozial, sondern politisch agieren* zu können. Politische Ausrichtung, Intensität, Arbeitsweise sowie Wirkungsgrad und Erfolge der verschiedenen Frauengruppen sind in Mittel- und Osteuropa sehr unterschiedlich. Angesichts eines um sich greifenden Fatalismus gegenüber der angeblich unvermeidlichen Globalisierung (ein verschleierndes Wort für das neoliberale Projekt totaler Marktfreiheit mit unfreien Menschen) sollten die wirtschaftliche Krise, die soziale Realität und der weitere Kampf um Emanzipation von Frauen (und Männern) in Mittel- und Osteuropa eine Herausforderung für alle sein, die den Zustand verändern und um die Durchsetzung von Menschenrechten kämpfen wollen.

Nur wenn gefragt wird, wozu und wovon Frauen frei sein wollen, mit wem sie sich konfrontieren müssen und mit wem sie kooperieren wollen, können Frauen (und Männer) die Frauenfrage nachhaltig weiter entwickeln und soziale Armuts- und Lebenslagen von Frauen verändern!

6. Ausblick

Frauen in Mittel- und Osteuropa befinden sich gegenwärtig offenbar in einem Zustand zwischen Machtverlust und Reformwillen, zwischen Solidarität und Differenz.

(N)ostalgie ist kein Programm, dennoch sollte auch bei neuen emanzipatorischen Ansätzen auf Bewahrenswertes geachtet und auf die vielen unterschiedlichen Lebenserfahrungen und -erwartungen eingegangen werden, damit sich die soziale Lage der Mehrheit Mittel- und osteuropäischer Frauen verbessert, Diskriminierungen in allen Lebensbereichen abgebaut werden und eine nachhaltige Entwicklung der Frauenfrage einsetzt. Die Position benachteiligter (lokaler Frauen-)Gruppen kann nur durch Aufklärungs- und „kulturelle Übersetzungsarbeit", durch Netzwerke und Lobbyarbeit, mittels Kooperation, anstatt Konfrontation verbessert werden.

Es bleibt zu wünschen und zu hoffen, daß in den mittel- und osteuropäischen Ländern Frauenbewegungen zu einem nicht unwesentlichen Stabilisierungsfaktor für die politisch instabilen, wirtschaftlich krisenhaften, sozial brüchigen und ökologisch schwer geschädigten Gesellschaften Mittel- und Osteuropas werden. Frauen sollten in stärkerem Maße ihre Sicht in den Demokratisierungsprozeß einbringen, indem sie Diskriminierung bewußt machen und auf vielen Ebenen gesellschaftlicher Entwicklung einen Beitrag leisten zu dem unvermeidlichen Ausgleich zwischen Arm und Reich und zwischen Mensch und Natur. Gegenwärtig sind Frauen in Ostmitteleuropa von einer gleichberechtigten Teilhabe am wirtschaftlichen, politischen und sozialen Leben nicht nur weit entfernt, der Mehrheit der Frauen droht der Ausschluß von ökonomischer und politischer Macht. In Folge der sich weltweit wandelnden Wirtschaft geraten grundlegende, in der Geschichte oft mühsam erkämpfte Rechte unter der gegenwärtig bedrückenden sozialen Realität in Gefahr. Diese Entwicklung stellt nicht nur die mittel- und osteuropäischen Frauenbewegungen, sondern alle demokratisch gesinnten Kräfte, die bereit zu interdisziplinärem, antihierarchischem Denken und verantwortungsvollem Handeln sind, vor neue Herausforderungen. Chancengleichheit zwischen den Geschlechtern und soziale Gerechtigkeit überhaupt darf nicht nur proklamiert, dafür müssen reale Bedingungen in Wirtschaft, Politik und Gesellschaft geschaffen werden, weil sie wichtige unverzichtbare Gradmesser für eine menschenwürdige Gesellschaft sind. Wir alle brauchen viel Phantasie für neue Visionen auch in der Frage der Gleichberechtigung zwischen Mann und Frau. Wer will, daß die Emanzipation der Frau ein Element ziviler und demokratischer Gesellschaftsentwicklung bleibt, kann nicht wollen, daß sie bleibt, wie sie ist.

Literatur

Der Spiegel 2/98: 110/111.

Firlit-Fesnak, G. (1998): Auswirkungen von Systemtransformationen auf die soziale Situation der Frauen in Polen. In: Osteuropa - Zeitschrift für Gegenwartsfragen des Ostens. 1/1998: 46ff.

Godel, B. (1995): Rußlands ungelöste „Frauenfrage": Probleme und Chancen. In: Bundesinstitut für ostwissenschaftliche und internationale Studien (Hrsg.) (1995): Zwischen Krise und Konsolidierung. Gefährdeter Systemwechsel im Osten Europas, München, Wien.

Kabernik, K. (1998): Ein Mädchen namens Mascha. In: Neues Deutschland vom 31.1./1.2. 1998: 19.

Kerneck, B. (1994): Die starke Seite Rußlands, Frauenportraits aus einem Land im Aufbruch. München.

Lipowskaja, O. (1997): In: ZiF-Bulletin Nr.14/ Januar 1997, Frauen in den ehemals sozialistischen Ländern: 104ff.

Margolina, S. (1997): Rußland. Weiberland. In: Berliner Zeitung 26./27.4.1997, Magazin II.

Mikich, S. (1998): Planet Moskau. Geschichten aus dem neuen Rußland, Köln.

Moghadam, W.M.(Hrsg) (1993): Democratic Reform and the Position of Women in Transitional Economies. Oxford.

Posadskaja, A.(Hrsg.) (1994): Women in Russia. A New Era in Feminism, Moskau.

Rimasevskaja, N. (1994), Social'no-demograficeskaja situacija i social'naja politika. In: Licnost' i sem'ja v epochu peremen, Institut social'no-ekonomiceskich problem narodonaselenija RAN, Moskau.

Ruzinina, O. (1998): The „Female Face" of Unemployement, Women in post-socialist Russia. Kongreß Europa Union der Bürgerinnen, Perspektiven, Bündnisse, Strategien für eine globale Zukunft, 21.- 23.Mai 1998 in Berlin, 5.

Voronina, O. (1988), O Zenscina w muzskomobscestve. In: Sociologicestie issledovanija, 2.

Voronina, O. (1998): Women in Russia after the USSR Disintegration, Kongreß Europa - Union der Bürgerinnen, Perspektiven, Bündnisse, Strategien für eine globale Zukunft. 21.-23.Mai 1998 in Berlin.

Wágnerova, A.K. (1990): Freiheit von oben verordnet, Nach dem Umsturz müssen sich die Frauen die Emanzipation neu erkämpfen. In: Das Parlament. Nr. 32/ 3.August.

Wladimirowa, K. (1996): Die Frauen Bulgariens unter den neuen sozio-ökonomischen Verhältnissen. In: Utopie kreativ. Oktober 1996, S. 31ff.

Veronika Bennholdt-Thomsen
Institut für Theorie und Praxis der Subsistenz e.V., Bielefeld

Nachwort

"Frauen und nachhaltige Entwicklung" war der rote Faden, der sich durch die Vorträge und Diskussionen zog. Gemäß des derzeitigen Stands der Frauenbewegung war nicht "die" zündende Idee zu erwarten, mit der alle Probleme der Nachhaltigkeit aus feministischer Sicht zu lösen seien. Vielmehr spiegelte sich in der Debatte der feministische Diskurs wider; denn die einzelnen Referentinnen vertraten sehr unterschiedliche Positionen. Verbindend war jedoch das Interesse an einem Austausch und das Erkunden gemeinsamer Zielsetzungen für Frauen in ländlichen Räumen.

Wir haben sehr verschiedenartige Beispiele von Frauen aus Europa und aus Ländern des Südens kennengelernt, die veranschaulichen, wie sie in unterschiedlichen ländlichen Kontexten tatsächlich leben, welche Eigenmacht und Eigenständigkeit sie besitzen. Vielfalt und Mannigfaltigkeit kennzeichnen den Frauenalltag. Auch ihre Kraft und Stärke wurden durch unsere Blicke auf die weibliche Lebenswelt sichtbar. An diese Stärke wollen wir weiter anknüpfen. Lernen von Frauen aus anderen Ländern heißt u.a. auch, Entwicklungsdiskurse aufzubrechen und die Frauen nicht weiter "kleinzureden" als arme, unterentwickelte Menschen, die in Entwicklungstrends einzuordnen sind. Frauen müssen nicht erst "empowered" werden, um sie dann doch nur dem ökonomischen Wachstumsdenken unterzuordnen.

Wir wollen nicht länger Unterentwicklung versus Entwicklung setzen, sondern die Lebenswirklichkeit von Frauen in Ländern des Südens und in Europa zusammenführen. Wir konnten zeigen, wie politische Maßnahmen die Möglichkeiten von Frauen beschränken und mit welcher Kraft Frauen gegen derartige Einschnitte vorgehen. Die vergleichende Perspektive verdeutlicht, welche Beharrlichkeit Frauen besitzen und mit wieviel Phantasie sie ihre Eigenständigkeit zu bewahren versuchen: Frauen aus südlichen Ländern können gerade an Frauen im Norden ablesen, was passiert, wenn ihnen ihre eigenen Wirtschaftsräume strittig gemacht werden. Gleichzeitig haben Frauen in Europa die Chance, sich von Frauen anderer Länder inspirieren zu lassen. Anstrengungen zur Eigenständigkeit betreffen gerade die Produktion von Nahrungsmitteln und die Ernährung.

Die feministische Methodologie, die die Tatsache, daß Frauen Kinder gebären können und daß sie in der Regel sich und ihre Kinder selbst ernähren, zum Ausgangspunkt der Analyse nimmt, öffnet den Blick für die Vielfalt des Lebens. Der Ökofeminismus weist den Vorwurf des Biologismus oder Essentialismus zurück. Es gibt keine Trennung zwischen natürlichem und gesellschaftlichem Sein der Frau. Gebären ist ein sozialer, kultureller und natürlicher Vorgang zugleich. Diese Herangehensweise ermöglicht, daß Frauen im Süden und im Norden sich einander annähern und zugleich in ihrer Vielfalt respektieren.

Auf vorbildliche Art und Weise zeigt die Arbeit des Schwerpunkts "Frauen in der Ländlichen Entwicklung" wie gegenseitige Annäherungen und das voneinander Lernen möglich werden und welche konkreten Erkenntnisse alle Beteiligten daraus gewinnen können. Unsere Aufgabe ist es nun, weitere gemeinsame Strategien zu entwerfen. Wir haben viel über die Verantwortungsmacht von Frauen gesprochen, über die Fäden, die sie in den Händen halten und wie sie ihre sozialen Beziehungen miteinander gestalten. Eine Herausforderung für weitere Diskussionen wäre es, die Landrechtssituation von Frauen zu thematisieren. Welche Besitzrechte haben Frauen in Zeiten der Liberalisierung und Globalisierung? In vergleichender Perspektive könnten auch hier wieder Frauen aus Nord und Süd, Ost und West, Wissenschaftlerinnen und Praktikerinnen in einen fruchtbaren Austausch treten.

MIX
Papier aus verantwortungsvollen Quellen
Paper from responsible sources
FSC® C105338

If you have any concerns about our products,
you can contact us on
ProductSafety@springernature.com

In case Publisher is established outside the EU,
the EU authorized representative is:
**Springer Nature Customer Service Center GmbH
Europaplatz 3, 69115 Heidelberg, Germany**

Printed by Libri Plureos GmbH
in Hamburg, Germany